"成都教育丛书"编委会

主　　编：谭文丽
副 主 编：袁　文　薛　涓
编　　委：黄祥勇　张学兰　何赳立　王　琴

成都教育丛书

好玩的语文课
——黄明勇老师教语文

HAOWAN DE YUWENKE
——HUANGMINGYONG
LAOSHI JIAO YUWEN

黄明勇 / 著

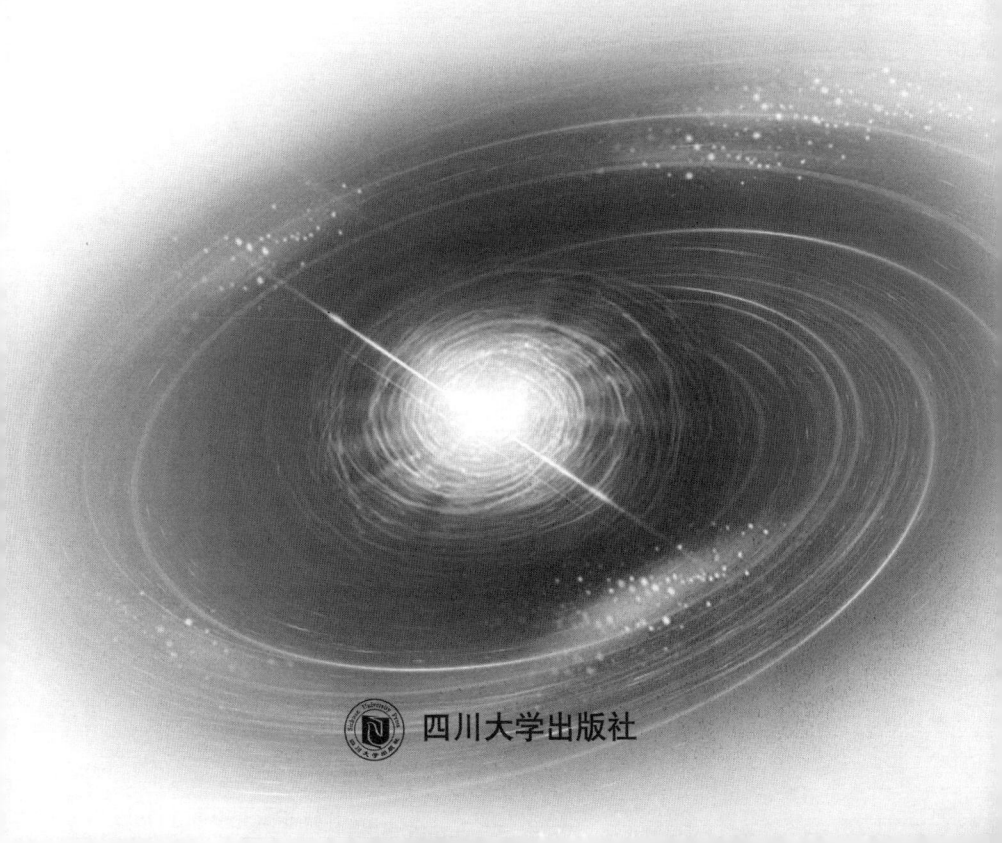

四川大学出版社

项目策划：梁　平　杨丽贤
责任编辑：杨　果
责任校对：孙滨蓉
封面设计：璞信文化
责任印制：王　炜

图书在版编目（CIP）数据

好玩的语文课：黄明勇老师教语文 / 黄明勇著. —成都：四川大学出版社，2020.9
ISBN 978-7-5690-3890-3

Ⅰ. ①好… Ⅱ. ①黄… Ⅲ. ①中学语文课－教学研究－高中 Ⅳ. ① G633.302

中国版本图书馆 CIP 数据核字（2020）第 188960 号

书名　好玩的语文课——黄明勇老师教语文

著　　者	黄明勇
出　　版	四川大学出版社
地　　址	成都市一环路南一段 24 号（610065）
发　　行	四川大学出版社
书　　号	ISBN 978-7-5690-3890-3
印前制作	四川胜翔数码印务设计有限公司
印　　刷	成都市天金浩印务有限公司
成品尺寸	148mm×210mm
印　　张	11
字　　数	292 千字
版　　次	2020 年 10 月第 1 版
印　　次	2020 年 10 月第 1 次印刷
定　　价	58.00 元

版权所有 ◆ 侵权必究

◆ 读者邮购本书，请与本社发行科联系。
　电话：(028)85408408/(028)85401670/
　(028)86408023　邮政编码：610065
◆ 本社图书如有印装质量问题，请寄回出版社调换。
◆ 网址：http://press.scu.edu.cn

四川大学出版社
微信公众号

都教之良，功有，成学

"成都教育丛书"学术顾问顾明远2016年5月题于成都

"成都教育丛书"总序

成都是我国西部重镇，文化历史名城，历史悠久，人文荟萃。成都人历来重视教育，有建于二千一百多年前的文翁石室，也有21世纪以来建设的优质学校。新中国成立以后，特别是改革开放以来，成都教育有了巨大的发展，率先普及了九年义务教育，率先进入了教育相对均衡发展的行列，教育改革取得了丰硕成果。

为了记录成都教育改革发展的轨迹，总结成都教育改革和发展的经验和成果，体现成都教育的历史积淀，展示成都广大教育工作者的实践创新、典型经验和学术成就，成都市教育局正式启动"成都教育丛书"工程。这是一项有巨大意义的事件，它不仅记录了成都教育工作者辛勤劳动、取得巨大成就的足迹，而且丰富了教育学术宝库，为成都教育今后发展奠定可持续的基础，同时必将在全国教育界产生重大影响。

当前，我国教育正处于发展的关键时期。国家正在制定2030年全面实现教育现代化的规划。教育现代化主要体现在教育的全纳性、终身性、个性性、多样性、信息化、科学性、国际性、法治性等多个方面。坚持把立德树人作为教育的根本任务，培养具有社会责任心，有创新精神和实践能力，并具有国际视野的中国公民，关键是要树立现代教育的观念，树立"儿童第一""教育第一"的理念，以改革创新为动力，建设现代学校制度，改革人才培养体制和方式。要继承我国优秀文化传统，充分吸收世界优秀文化成果，建设具有中国特色的社会主义教育现代化体系。

  我与成都教育有不解之缘。早在 20 多年前的 1996 年，在我任中国教育学会副会长之时，就应成都市青羊区教育局之邀，参加了青羊区教育综合改革的论证会，中国教育学会又在青羊区召开过学校、家庭、社会三结合现场会。2001 年我任中国教育学会会长以后，首先将青羊区作为中国教育学会的教改实验区，以后又将成华区纳入进来。自从 20 世纪 90 年代以来，我几乎每年都到成都。我到过青羊区、金牛区、锦江区、成华区、双流区、蒲江县，今年又到了青白江区。成都 20 多年来的教育改革和发展，可说我是真实的见证人。

  "成都教育丛书"邀我作序，我觉得十分荣幸，就写上这几句，是为序。

2016 年 5 月 30 日

  注：顾明远先生系著名教育家、中国教育学会名誉会长、北京师范大学教授、博士生导师。

这样的语文课还真的"好玩"
（代序）

《好玩的语文课——黄明勇老师教语文》一书，是成都市第七中学黄明勇老师语文教学实录的集锦。这部集锦按照事理关系把教学实录归纳为小说、散文、选修、梳理探究、作文五个部分。全书蕴含着一个语文人的款款深情，凝聚着一个追求者的点点心血，闪烁着一个开拓者的睿智火花。从中，我们看到的语文教学不是小气而是大度，不是封闭而是开放，不是死板而是灵活。黄老师把语文课上得有模有样、有板有眼、有血有肉、有情有趣、有声有色，这样的语文课还真的"好玩"。究其原因，那就是黄老师针对不同课型采用了不同的教学方法，而不同的教学方法中又灌注了先进的教育理念，施展了高超的教学艺术。下面，我就来谈谈我的学习心得。

一、关于小说的教学

小说是一种以人物形象的塑造为中心的散文体叙事性文学样式。19世纪波兰的现实主义作家奥洛什科娃说："我们可以把小说比作一面魔镜，不仅能反映出事物的外貌及它为众人所能看到的日常秩序，同样也能表现出事物的最深邃的内容，它们的类别和五光十色，以及它们之中所进行的相斥相引，它们产生的原因及存在的后果……"

为了让学生通过小说这面魔镜看出上述内容，黄老师紧扣小说文体的特点从以下方面对学生的阅读加以引导。

（一）把人物放在特定环境中考察

小说总是把人物放在一定的社会环境和自然环境中来展示。小说中的环境往往是人物心理情感的象征、人物性格的映衬。因此黄老师注意引导学生从环境考察中来了解小说中的人物以及由人物形象显示出来的主题思想。

比如在《药》的教学中，引导学生对坟场这个典型环境的描写，着重探讨"飞走的乌鸦"和"坟上的花环"。让学生从"飞走的乌鸦"看出夏瑜母亲对儿子为革命牺牲的不理解，也就写出革命者的悲哀与群众的麻木有关，从而揭示出辛亥革命未能唤起民众的弊端。接着又从对坟上花环的探讨中，让学生思考花环隐含的意义，让学生从革命的暂时失败中看到终有成功的希望。

（二）在理解情节结构的基础上窥视人物的内心世界，发掘小说的主题思想

小说的情节是人物性格形成的历史，是人物与人物相互间的同情和反感、联系和冲突的历史。小说的结构是作者在表现人物和情节时，把他所认识的生活材料加以取舍、剪裁和布局，从而构成一幅发人深思、引人入胜的活生生的人生图画的艺术手段和力量。小说的线索就是贯穿整个作品情节发展的脉络，也是结构。情节的高潮部分往往也是人物主导性格得以充分展示的部分，我们紧扣人物性格刻画，品味和剖析作者对人物的思想倾向，就可以从这一人物形象背后思想意义的探索中，大体认识到作品的主题思想。基于小说文体的这一特点，黄老师引导学生从情节结构的安排入手来把握人物的性格。

比如《药》的教学，黄老师的具体操作是让学生在阅读的基础上高度概括出明暗两线的发展脉络。让学生从华老栓、华小栓一家人这一主体，概括出明线的发展脉络（"买药""吃药""谈

药")；再让学生站在夏瑜的角度，概括出"被杀""被吃""被捕""最后它的影响"的发展脉络。在弄清两条线索中情节发展的轨迹之后，黄老师进一步引导学生将明暗两条线索联系起来思考，让学生明白小说虽然明写华家，实则是暗写夏家。写华家就写出了群众的"愚昧"，写夏家就写出了革命者夏瑜的悲哀。而本篇小说的主题正是群众的愚昧和革命者的悲哀。由此，就让学生明白："小说结构的精巧安排和主题的表达上是浑然天成的。结构上是明暗两条线，而主题上也有两个方面，形式和内容完全契合。"

比如执教《装在套子里的人》，黄老师引导学生阅读、思考、讨论"婚恋"这个情节，让学生看出，别里科夫的内心其实是有挣扎的，而这种挣扎更加显出他的脆弱，因为脆弱，才要用"套子"包裹，才要躲避和排外。

（三）扣住人物形象、主题思想来分析表现方法

人物，是小说整个形象体系的核心，融注着小说家的审美感知、审美判断和理想。尽管有的小说写的是某类动物或妖魔鬼怪，就像许多童话那样，然而这样的小说叙述仍然是拟人化的，仍然可以视为某种特殊类型的小说主人公。在小说里，小说家可以凭借各种艺术手段来展现人物的音容笑貌、言谈举止，来探索人物的心灵世界和思想感情等精神活动。当然，对小说表现手法的整个分析，要在我们所正确认识的人物性格、主题思想的主导下进行。小说的表现手法主要是指塑造人物形象借以显示主题的表现手法。黄老师的小说教学正是从刻画人物性格、表达主题思想出发来让学生理解各种艺术手法的具体运用。

学习《药》一课，黄老师让学生从人物的肖像描写中观察人物的性格特征。文中夏瑜母亲看到华大妈时，脸上露出羞愧的颜色来。学生就这段肖像描写进行思考，展开讨论，从中认识到：

夏瑜的牺牲别人不理解，就连革命者的母亲都不能理解，虽然她也知道自己的儿子被冤枉，但她毕竟不明白自己的儿子是为了劳苦大众求解放牺牲的，死得光荣，作为母亲应该为英勇牺牲的儿子感到自豪，为儿子上坟，就应该理直气壮。脸上露出羞愧的颜色，恰恰反映出她也把儿子当"犯人"看，为犯人上坟总是不光彩的，因此她不敢正大光明地去上坟，怕见人，只好偷偷摸摸地去。一旦见到人，就不好意思，脸上才会露出羞愧的颜色来。

学习《装在套子里的人》一课，老师让学生思考第4段中的心理描写："凡是违背法令、脱离常规、不合规矩的事，虽然看起来跟他毫不相干，但却惹得他闷闷不乐。"学生从"闷闷不乐"的心理描写中看出了别里科夫守旧腐朽的思想，而统治者的法令、常规、规矩正是他产生守旧思想的根源。该文教学中，黄老师又引导学生探讨文中人物的行动描写，即别里科夫滚下楼梯的时候，"连同他的雨鞋一起乒乒乓乓地滚下楼去"，并引得华连卡"哈哈哈"的笑声，将两个人物两种行动连起来思考，让学生明白了"雨鞋"象征的是"套子"。那么，华连卡一笑，就把整个"套子""揉碎"了！原先别里科夫是用"套子"把自己包裹起来的，现在"套子"被"揉碎"了，所以，他直接结束了自己的生命。

二、关于散文的教学

在中国现当代文学史中，散文是与小说、诗歌、戏剧并称的文学样式。它具有篇幅短小、题材广泛、形式自由、笔法灵活、文笔优美的特点。而"散文"最原始的含义则是除韵文以外的散行文体。它没有诗歌体的押韵，亦无骈体文的句式整齐，这就是广义的散文。它把文艺性散文、历史性散文、政论文以及序、跋、章、表、奏、议、书等应用文都囊括殆尽。

黄老师执教的两篇散文均属写人叙事的文艺性散文，但《荆

轲刺秦王》是历史性散文,是文言文,而《记梁任公先生的一次演讲》属现代散文。它们的共同点就在于不像小说那样编制情节、虚构故事,跌宕起伏、一波三折。不用在想象的叙事中传达自己的生活态度、人生理想,而是倚重真实,讲出自己的真实感受和真实心态。面对真实的人、事、物以及通过自身拷问来表达作者自身的人格、气质、胸襟、情趣、智慧。即便《荆轲刺秦王》选自《战国策》,是真实的历史人物和历史事件的记录,也许有细枝末节的添枝加叶,但仍然是本质的真实,仍然表达了作者对所写历史人物的真情实感。

散文的结构其实不只是形散而神不散,散文发展至今,已经出现了"形不散而神散"的写作态势,使散文主旨走向多元、多义。看看余秋雨、柯灵、忆明珠的散文就可见一斑。因此,我们要用现代开放的眼光来看待散文结构。此外,一个人的思想观点、审美情趣、人格气质在散文里绝不可能隐藏掩饰,有一个人就会有一种散文,有一种散文就会有一种格调。正由于如此,在散文的教学中教师尤其要关注语言表达与结构形式是如何创造的内容意义,又是如何表达作者独特个性的。

黄老师在教学中引导学生读散文时,有句话很精辟,那就是"要注意散文中的'我'"。可以说,散文的主旨就是散文所蕴含的作者的情感意绪,或者说是散文的"我之心"。黄老师的散文教学就很好地体现了这一理念。他在《荆轲刺秦王》的教学中,引导学生通过对荆轲语言和神态的正面描写来体会司马迁对荆轲忠诚和刚烈性格的赞赏,引导学生从秦武阳、秦王与群臣的表现反衬荆轲,以此来领悟司马迁对荆轲"智勇双全"的歌颂。在《记梁任公先生的一次演讲》教学中,黄老师设置语言的认知冲突,抓住梁任公外貌、神情、内心方面形成的反差来揭示梁任公、梁实秋所融注的个人感情,既明确了梁任公饱含的国运忧患且孤独悲凉的学术精神,也恰是梁实秋所崇尚的中华学者永久不变的人性。

至于《散文的准确性阅读》教学，它并非一篇散文的阅读教学，甚至不是任何一种文体的阅读教学，但它又是一个关于如何准确读散文的问题探讨式教学。教学中，黄老师从高考解题的角度来谈现当代散文的阅读技巧与方法问题。从"精确"与"模糊"两个方面教会学生对散文的"准确"解读。如果说前两篇散文的教学是"举一"，是得法于课内，那么《散文的准确性阅读》就该是"反三"，是得益于课外了。也就是说，从前两篇散文的教法中，学生已经初步懂得了有关散文的学法，再通过如何解答高考的散文阅读试题，就进入了由知到行的学习层面。黄老师用真题说"法"，让学生因"例"悟"法"，举一反三，抓住"一个"学会"一类"。散文命题的套路、答题的思路、解题的技巧、答案的设置等涉及高考这样一个沉重、深奥甚至有些枯燥乏味的问题，就在这一忽而生动的故事、忽而深沉地思考、忽而风趣地对话、忽而诗歌地吟诵声中一个一个地被"摆平"了。这样的教学化难为易、化深为浅、化繁为简、化虚为实，的确给人以"谈笑间，樯橹灰飞烟灭"的轻松愉快感。

三、关于选修课的教学

如果说必修课程的教学应立足于共同基础，那么选修课程就应突出差异性与层次性。课标对选修课提出了一个要求，就是要"尊重传统文化和外来文化"。这就要求必须选读古今中外文化论著。在整体了解论著内容的基础上，把握论著的主要观点和基本倾向，了解用以支撑观点的关键材料，拓宽文化视野和思维空间，提高文化修养。以发展的眼光和开放的心态看待传统研究，理解作品所表现出来的价值判断和审美取向，从而做出恰当的评价。

在选修课教学中，黄老师展示了《中外传记作品选读》之

《论语》与为仁、《论语》之为学、生活中的孔子、诗圣杜甫：一个人的长征四个教学实录，彰显了"尊重传统文化"的课程理念。儒家经典是传统文化的重要载体，被誉为世界十大思想家之首的孔子，他的《论语》更是传统文化精华之中的精华。宋初宰相赵普说"半部论语治天下"，足见作为儒家经典核心部分《论语》的价值。

黄老师在"《论语》与为仁"的教学中，让学生理解"仁"这一概念丰富的思想内涵，将其定格为"人格、人类、人贵、人和"，这是很有见地的。在"《论语》之为学"的教学中，针对学生不能正确对待学习中的苦与乐这一思想状态，黄老师用孔子"《论语》之为学"的思想去启迪学生的思想。用孔子赞扬颜回"安贫乐道"的治学精神来点化学生。让学生追求"孔颜乐处"的精神境界，明白要"消除人类追求快乐的悲剧"，读书学习便是良方，从而帮助学生建立一种乐道自足的强大的精神境界。执教"生活中的孔子"，黄老师又用独特的教学眼光和专业解读，引导学生透过一个人的言语和行为去深入解读一个人的思想，甚至灵魂，使学生不但看到了孔子的可爱和娱乐精神，而且看到了孔子这些"卖萌"的事情背后的精神境界、人格修养、教育方法。教《杜甫：万方多难中成就的诗圣》一文，黄老师就像是一名很专业的导游，用他幽默深刻的语言，引领着学生"走上杜甫一个人的长征"之路，去追寻杜甫一身的历史足迹，去了解他的时代、家世、诗才、交友等生平事迹，探究他如何从平凡走向伟大的原因，明白"人皆可以为尧舜"的道理。既让学生学会怎样读人物传记，又教学生形成良好的个性品质，成为真、善、美相统一，理性、意志、情感相统一的健康的"自我"。所有这些，都符合课标对选修课教学"要尊重传统文化"的具体要求。

在"《论语》与为仁"的教学中，黄老师对"仁"的诠释，还引入了英文的概念，将中国人与外国人对"仁"的理解进行对比。中西汇学，美美与共。这又符合课标关于"尊重外来文化""尊重、理解作品所体现的不同时代、不同民族、不同流派风格的文化"的要求。黄老师在选修课教学中还有一个最为突出的优点就是说古论今、以古鉴今、古为今用。他由课内辐射课外、由课外延伸课内，不断地将对文本的解读与对现实生活的关照联系起来，用古人正确的思想观点来审视包括学生在内的今人的思想言行，针砭时弊、有的放矢且矢能中的。

四、关于梳理探究的教学

社会进入信息化时代，面对海量的信息，教师要学会搜索、筛选、吸取、传播自己需要的有价值的信息。语文教学要拓宽学生的视野，培养学生的开放意识，培养合作与交往的能力，培养学生尊重多元文化的态度、正确的价值观念和鉴别能力，努力吸取人类优秀文化的精华。教师要尊重学生的个别差异和个性化的学习方式。这些都离不开梳理与探究。梳理与探究侧重培养学生积累整合、筛选提炼、归整分类、发现问题、解决问题、创新方面的能力。要完成这样的教学任务，如果仅仅依靠"粉笔+黑板+嘴巴"的传统的模式和手段，显然是不够的。这就必须培养学生对知识的梳理探究能力。那么如何梳理探究？黄老师给我们提供了行之有效的思路。

（一）将微课教学环节与课堂教学密切配合使用

在梳理探究学习中，黄老师将微课教学环节与课堂教学密切配合使用，这是将现代教育技术作为教学辅助手段的一次成功尝试。所谓微课，是指运用信息技术按照认知规律，呈现碎片化学习内容、过程及扩展素材的结构化数字资源。黄老师的微课设计非常得体，方式是信息化，素材是精选的对联知识，其知识点单一；学习时间只有五分钟，很短暂，围绕对联知识以投放的微视

频加以展示，学生利用电脑自学微视频中的对联知识并完成相关作业，课堂上又以知识回顾的方式给以自学反馈，这就充分体现了微课教学的特点。这样的微课，让学生在课前自学，为课内的梳理探究提供理论支撑，既节省了课堂学习时间，又培养了学生自学能力。

（二）立足课内，注目课外，向社会生活索取信息资源

语文与生活的外延相等，生活的天地有多广阔，语文学习的空间就有多广阔。语文天然是与生活联系在一起的，语文一旦与生活联系，马上就生动活泼起来。黄老师深懂此法。他拓宽了梳理探究对联知识的渠道，把学生的目光引向社会、引向生活。纸上得来终觉浅，绝知此事要躬行。学生在生活中去寻找"名胜""餐饮"对联，在发现、感受、鉴赏、思考、讨论中去识别、筛选、采集对联，这种亲身体验和实地考察，其本身就是一种现场学习，是一种感性知识的积累。学生在课堂上的梳理成果分享环节展出了大量照片、实物，为课堂上的理性思考提供了丰富的信息资源，奠定了坚实的梳理探究的基础。

（三）真实的小组合作，有效的梳理探究

合作学习是指学生在小组或团队中，为了完成共同任务，有明确的责任分工的互助性学习。合作学习方式有合作者积极参与、高密度的交互作用，使教学过程远远不只是一个认知的过程，同时还是一个交往与审美的过程。而一个有质量的探究过程，或者是老师精心策划而成，或者是老师密切关注学生的学习活动，及时抓住易于激发探究的愿望和行为契机，及时带领学生进入探究的情境。可惜我们一些老师很少能抓住这样的契机。而黄老师指导的分组合作探究学习时机恰当，组内个人承担的责任

9

明确，个人竞争意识转化为小组竞争意识有效，尤其是个人完成任务经小组合作加工后的质量有可靠保证，这样的合作探究学习真正实现了使每一个学生个体都得到相应的发展。

五、关于作文教学

当前作文教学的最大弊端在于它的无序性、无计划性和随意性。作文教学成了无舵之舟，随流飘摇、任意东西，脚踩西瓜皮，滑到哪里算哪里。从黄老师作文教学实录来看，他的作文教学是有计划、有步骤、有目标、有方法的，是一个专题接着一个专题地展开、一个能力点接着一个能力点地训练，集中力量打歼灭战、各个击破，目的单一、大胆取舍、一课一得、得得相连。下面我就几个教学实录略作分析。

（一）作文与文采

"言之无文，行而不远"，这说明文采之于作文是何等的重要。这恰恰涉及高考作文评分标准发展等级分中对作文语言有无文采的判定。判定是否有文采，"评分参考"给出了四条标准：一是词语生动，二是句式灵活，三是善于运用修辞手法，四是文句有意蕴。对文采这四个方面的评分标准我认为应该这样来理解：所谓"词语生动"，主要指选用的词语富有表现力，能让读者形成画面或形象，富有动感与活力，能使读者受到感染。所谓"句式灵活"，主要指主动句与被动句、陈述句与反问句、肯定句与否定句、长句与短句、整句与散句、常式句与变式句等能灵活地穿插运用，句式富于变化。所谓"善于运用修辞手法"，主要指在行文中能恰当运用比喻、反复、比拟、夸张、对偶、排比、设问、反问等常见修辞手法。所谓"文句有意蕴"，主要指文句内涵丰富，含蓄隽永，能启人深思。高考作文关于文采的评分参考为学生写出有文采的作文立起了标杆。但怎么才能立竿而

见影？

针对文采的教学，黄老师展示了"秋雨笔法"的教学实录。他借鉴了余秋雨先生的散文写作特色，创造性地提出"秋雨笔法"的概念，并提炼出了具体操作模式供学生习得，使考场作文也能在思想理性和文学感性两方面完美融合。这堂课通过学生自己的作文语言的比较、赏析和修改，帮助学生掌握"秋雨笔法"的特点及运用技巧，增加行文文采。

（二）作文与生活

目前，高考作文命题改革在把考生作文导向生活方面已经有不少的尝试，这些尝试都聚焦在要求考生眼光还是要由"内"而"外"，以自身的考察为入口，以社会的思考为出口，以对身边事实的观照为基础，结合自己的逻辑思维的能力，得出一个属于自己的结论。这已经不是简单地在"写作文"，而是要求学生"写生活"！一切高级精神层面的东西都会在日常"生活"中体现，因此对生活的关照思考就是对社会的思考。

其实，黄老师让学生仿"秋雨笔法"，那也是以生活为基础、以写真为准绳的。他执教的"叙述之真：诚实地再现生活"就是要解决如何"诚实地再现生活"这一问题。在这节课中，黄老师用他的下水作文《好人的温度》做示范，为学生提供写作思路：还原真实、紧扣主题、表达真情。这是借鉴"秋雨笔法"的基础。现在有一些高考作文也在仿"秋雨体"的文化散文，遗憾的是他们少了余秋雨几十年的生活积淀，仿到的只是走了灵魂的形。

（三）作文与立意

黄老师"叙述之意"的教学实录，从形意的距离来谈作文立意的技巧。可以说："形"为文之体，"意"为文之魂。如果魂不

11

附体，无魂之文便成了僵尸。一般来说，语文老师教作文的立意，多半偏重于对"意"之内涵加以诠释。所谓"意"，无非就是指"感情真挚""思想健康"。"感情真挚"就是要求在文章中自然地表达真情实感，使感情的流露给人真实感、真诚感，而没有附加感、装饰感。正如王蒙先生说："文章的生命在于真实，应情真、理真、事真。"作文要力求做到"情深而不诡""义直而不回""事信而不诞"，否则便不可能有生命活力。这就要求要用自己的眼光、自己的感情、自己的感受去写作。所谓"思想健康"，就是要写符合社会主流价值取向的内容，在写作中不要选择毫无积极思想意义的材料，不要用欣赏的笔调去描写生活的阴暗面，不要表达片面或错误的观点。这就要保持积极的人生态度，拥有正确的社会观点。这些内容固然重要，但道理不言自明，可讲而不必大讲特讲。重要的是怎么把这个作文的"意"立起来？这正是黄老师这节课要解决的问题。

黄老师借助对《醉翁亭记》的赏析对作文形与意之间的距离作了阐述。借助哲学上"形而上""形而下"的概念，帮助学生加深对形、意的理解。又以三篇学过的文章为例，让学生领会抒情议论在记叙文中的作用。还以《游褒禅山记》为例，让学生明白形与意之间的关系；再以三篇拓展文章为例，教会学生寓意于形的三种笔法。最后还以自己写的游记《穿越文化的边界》作结，引导学生把叙述的形和意结合起来。这样的立意教学方式不仅别开生面，更为重要的是把立意教学真正落到了实处，这才叫抓铁有痕、踏石留印。

（四）作文的形式

黄老师的几堂教学实录，解决了作文表达中的几个重点、难点以及学生在表达上的几个薄弱点问题。其中，"叙述之曲"解决"文似看山不喜平"的问题，旨在让学生写得波澜起伏、曲折

有致。"叙述之象",是让学生学会记叙文中对于环境、物象的描写与分析,重点解决物象的选择与表达问题。"描叙之赋形",是教学生学会用"反复"和"对比"这两个赋形思维的操作模型为文章渲染、造势服务。"描叙之摹状",是通过生动、灵动的多个语言片段和描写例子,带着学生真实地走进描写之摹状的语言世界,从而理解和学会运用"摹状"的方法。这样的作文教学看得见、摸得着、实实在在、不花哨、不矫揉造作。

六、关于教学艺术

什么是教学艺术?这要从教学的科学性与技术性谈起。

教学的科学性:指教学必须遵循也具有可以遵循的教学基本规律。教学科学是对教学的本质和规律的认识,是教学实践的理论升华。"教学有法",这个"法",指的就是教学规律、法则。教学的技术性:指教学必须体现有关教与学的规律(理论、法则),并将之转化为师生教与学的行为(技术规程和要领),才能实现教学的价值,最终表现为促进学生发展的现实教育生产力。教学科学是教学技术的理论基础,教学技术是教学科学的行为转化。如此说来,黄老师的教学被冠以"艺术"之称是当之无愧的。

我认为黄老师的教学艺术聚焦在这"四有"上,即有用处、有新意、有深度、有趣味,因而就有魅力、魔力、吸引力,对于学生来说,这样的语文课不"好玩"才怪!

(一)有用处

黄老师的教学不搞花架子,注重实际效果。所有的教学都聚焦在培养学生的语文素养特别是语言、思维、文化、审美方面的核心素养上。学生在黄老师的启发诱导下,迸发出强烈的思想火花,总是能提出新问题、发表新见解、作出新答案,让思维进入创新状态，并做到知行合一、学以致用。

（二）有新意

黄老师的课不仅教学内容新、观点新、角度新、语言新，其教学理念、教学方法也都能给人以耳目一新的感觉。纵观黄老师的教学实录，不难发现在教学理念和教学方法上主要有这样几个特点。

1. 教育理念新

新课程的理念就是要变"带着知识走向学生"为"带着学生走向知识"。新课程强调教学过程是师生交往、共同发展的互动过程。教师尊重学生的人格，关注个体的差异，满足不同需要，创设能引导学生主动参与的教育环境，激发学生的学习积极性。表现在问题的探讨上，教师要时时鼓励学生敢于说出与别人（包括老师）不同的想法，要支持学生在现成的答案之外探寻"新解"的尝试。其有效途径就是要提倡自主、合作、探究式的学习方式。但时下的一些自主、合作、探究式学习也步入了一些误区，出现了信马由缰的自主学习、形式主义的探究学习、层面肤浅的探究学习。究其原因是缺乏教师的有效指导。自主学习作为一种内在精神与品质，是对学生主体意识的磨炼、发展和提高。但这又是以教师的正确引导和课程标准的要求、教材的特点、学生的实际、教学的条件所制定的教学目标的控制为前提，而不是一种学生自由散漫的、盲目随意的、各行其是的学习行动。这种自主学习应该是教师的主导性与学生的主体性相结合，有意识的接受学习与带有体验、探究性质的发现学习的结合。黄老师开展的自主、合作、探究式的学习之所以有效，就在于充分发挥了教师的主导作用，体现了重学导行的教学理念。然而究竟什么是教师的主导作用，其实许多教师并不明白，理论上的缺陷必然导致

实践中的糊涂。但读完黄老师这本教学实录后，我从中悟出了教师主导性的真谛，它就蕴含在黄老师的全部教学过程之中，归纳起来就是为学生创设问题情境、激发学习动机、提供学习资源、指示学习方向、教给学习方法、质疑激思、点穴拨窍、升华结论、做出评价、督促管理等。这些就是黄老师教学过程中展现出来的主导作用。

黄老师的主导作用特别表现在质疑激思方面。所谓质疑激思，就是用问题来激活思维，人们在认识活动中，经常遇到一些难于解决的、疑惑的实际问题或理论问题，并产生一种怀疑、困惑、焦虑、探究的心理状态，这种心理又驱使个体积极思维，不断提出问题和解决问题，这就是思维的问题心理品质，也就是问题意识。可见，问题是人们认识活动的启动器和动力源，是从已知到未知的过渡形式、转换器、桥梁和中介。要培养学生的问题意识，培养学生的问题性心理品质，这是引导学生进行自主、合作、探究性学习的关键。黄老师所有的教学实录，都注重对学生问题性心理品质的培养。他设计的问题非常有质量，体现了"注重发展智能、对准重点难点、考虑学生差异、具体而又实在、形成逻辑序列、引导发现问题"等原则。这些提问设计的原则值得我们在教学实践中认真思考。更可贵的是，黄老师不仅自己精心设计提问，开启学生思维的门扉，还特别重视鼓励、启发、引导学生提问。美国的布鲁巴认为："最精湛的教学艺术，遵循的最高准则就是让学生自己提问。"黄老师的每一节课都无一例外地给学生提供了充分提问的权力和机会。这不仅让学生对教学内容思考更深，理解更透，最重要的是发展了学生思维能力，培养了学生问题性心理品质。

黄老师的主导作用还表现在主要以对话或谈话的形式进行教学，这是处理教师的主导作用和学生积极性发挥这一对矛盾的基本做法。学习方式的变革影响着师生关系的变革。自主、合作、

15

探究式的学习方式注定要突破以教师为中心的陈旧观念，重新建立一种新型的师生关系，即教师与学生之间应是一种合作关系，是一种平等的对话关系。教师应成为学生学习的导师，而不是居高临下控制信息的专制的权威。有人说，教师是平等对话的"首席"，这话不错，但很多老师却缺乏深入的思考。从黄老师的教学实录课中，我们可以明确："首席"的职能就是教师的主导作用，具体到与学生的对话之中，那就是调动学生对话的积极性、调控好对话的正确方向，确保对话的质量。教师要把"点拨""启发""引导""激励"留给自己，把"阅读""理解""领会""体味""品味""感悟"还给学生。

总之，黄老师在发挥教师主导作用的方方面面，都体现了《学记》中所说的"道而弗牵，强而弗抑，开而弗达"的精神。

2. 教学模式新

黄老师的教学模式表现在以下几个教学环节的灵活用：①趣味导入。或诗画歌舞起兴，或故事小品入题，或摆出问题激思，或给出现象质疑，以此导入新课。②创设情境。把学生置身于某种假设的或真实的情境之中，以吸引他们对老师提出问题的关注。③探究准备。教师引导学生围绕提出的问题查找相关资料，并根据收集的资料作独立思考。④划分小组。做好探讨问题的组织准备。⑤集体讨论。学生在围绕老师所给的问题查找资料，独立思考的前提下，或小组成员之间展开讨论，或全班发言。⑥归纳补充。针对学生讨论中的各种意见，老师引导学生归纳结论，然后由老师补充提升学生的结论。⑦知识迁移。根据"学以致用，举一反三"的原则，对教学进行拓展延伸，引导学生运用已得结论去分析解决问题，完成由知到行的过渡。⑧评教评学。通过教师写教学反思、学生写学习心得的形式对教学目标的达成情况以及对学生的学习表现、效果进行评价。

这样的教学模式在相当程度上体现了新课程的教学理念，师生双方的主动性、积极性、创造性在这种教学模式中均能得到发挥。可贵的是黄老师并没有把这种模式凝固化、唯一化、标准化、僵化，而是能从学生的实际、教材的特点、教学的环境条件、教师自身的风格和优势、时间与空间的变化情况加以灵活处理。或者颠倒顺序，或者有所侧重，或者寻找新法。比如在关于作文的文采方面的教学，他借鉴余秋雨先生的散文写作特色，创造性地提出"秋雨笔法"的概念，并提炼出具体操作模式供学生习得，使考场作文也能在思想理性和文学感性两方面完美融合。在课堂教学中，黄老师固然借鉴与吸取了他人经验，但关键是他能根据自己的实际情况，富于创新，努力营造出创新课堂、活力课堂、人文课堂。

（三）有深度

所谓"深度"，不是深奥、深辟、深涩、深不可测；不是把简单的搞复杂，把浅显的搞艰深，弄得学生一头雾水，而是指深刻、深透、深邃、深入浅出。时下的一些语文课，老师不能引导学生透过语言文字符号的背后去发掘出深沉的情感意绪，不能引导学生与文本进行深层次的对话。不过，在黄老师的教学中，无论什么样的课型，无论是对其内容或是表达形式的探究，都能引导学生透过现象看穿本质，深挖出语言文字背后埋藏很深的东西。比如执教《荆轲刺秦王》，黄老师引导学生紧扣文本分析，让学生认识到荆轲是一个智勇双全、敢为知己者死的英雄。而秦始皇是一个该杀的暴君、一个反面人物。这应该算是解读到头了，可是，黄老师又拿出张艺谋《英雄》的影片来与《荆轲刺秦王》比较，英雄一下子由荆轲变成了秦始皇。这就加大了评判历史人物的思维强度。在他的启发下，让学生用历史唯物主义的观点来看秦始皇顺应历史潮流，铲平诸侯割据，消除战乱，统一中

17

国的功绩，而荆轲刺杀秦始皇的行为是不合历史潮流的，无论是否准备充分都注定要失败。这就是在对历史人物评价上表现出来的深刻。

（四）有趣味

对黄老师执教的语文课，学生之所以觉得"好玩"，除以上原因外，恐怕最重要的是跟趣味有关了。课程改革强调"愉快教学""乐学"，这是针对传统教学的"苦学"而进行的改革。愉快教学是一种理念，它的提出要求教育者重视关注学生个体的学习状态——如何在轻松愉快的气氛中学习，这不只是在课堂形式上的改变，其本质是调动学生求知的兴趣与欲望，促进学生形成良好的心理体验，保持快乐与充实感。因此，教师要以美学规律为灵魂，通过审美活动去刺激学生的头脑，使教学按照美的规律运转起来，使教学活动适当地体现形象性、活动性、表演性、对话性，其总的旨归是将所传授的知识转换为种种艺术的形象活动，把死板的课堂教学变得生动活泼，使学生由苦学变乐学，由"要我学"变为"我要学"。

黄老师的语文课无论涉及多艰深、多抽象的教学内容，他都能通过讲故事、打比方、说笑话、举事例、搞活动等方式化难为易、化深为浅、化抽象为具体、化枯燥为生动。比如为帮助学生理解环境描写的作用，黄老师将散文《邻居》改编成同名电视散文，并由语文组八位老师亲自上阵排演。演员的认真投入、文本的细致刻画、场景的精挑细选……让学生们在观看时，既加深了直观感受，对环境描写的作用理解也更近了一步。

当然，愉快教学并非一种教学法的规范与模式，当教与学活动中的各个环节不加选择地纳入乐学模式的框架中，教学的本质就会发生异化。所以黄老师把教学中的"愉悦"拿捏得恰到好处，在他的课堂上会让学生碰到不少伤脑筋的"难题"，就像行

船一样，少不了"迂回曲折"，要闯过数不清的"急流险滩"。所以，黄老师课堂上的"乐"，大家是攻坚克难之后的"乐"，是经历了"山穷水尽"的体验之后突然又"柳暗花明"时的"乐"，是以战胜学习上的艰难困苦为乐。可是，有的教师将愉快教学搞过了头，甚至将其庸俗化。他们刻意追求课堂的趣味效果，过度地张扬愉悦，不适当地利用学生好玩、好奇的天性，这是离开实际需要大搞形式主义。当愉快教学一旦变为教学过程唱唱跳跳、师生对话说说笑笑、争论问题吵吵闹闹、学习练习难度不高、教学评价"你好、他好"的局面时，学生就会在连续亢奋的情绪状态之中难以平静下来。这样，他们对应该学习的知识就不会有深层次的心理体验。在这样的教学氛围中，学生不可能有内心冲突的认知过程，也就不可能产生对知识的感悟和内化。学生长期在这种快餐中吸取营养，就会变得缺乏耐心而性情浮躁，表面活跃而疏于思考。这样的学生将来又怎么可能有所作为？因此，该如何开展愉快教学，应该从黄老师的教学艺术中得到启发。

"学问尚精专，研摩贵纯一"，"功到阔深处，天教勤苦成"，黄老师先进的教育理念、高超的教学艺术就来源于专心致志、不辞辛劳的不懈追求。我们的语文老师都要像黄老师那样与时俱进，把新课教熟，把熟课教新，常教常新。"大鹏出海翎犹湿，骏马辞天气正豪"，黄老师就是"出海翎犹湿"的大鹏，雄飞高举在中国教育的万里长空；就是"辞天气正豪"的骏马，狂嘶奔驰在广阔的语文天地。

四川师范大学　刘永康
2018 年 12 月于成都

目　录

绪论：语文也可以玩出来……………………………（1）

小说：展玩人间百态……………………………………（17）
　　老人与海…………………………………………（19）
　　药………………………………………………（28）
　　装在套子里的人…………………………………（39）

散文：品玩语言意蕴……………………………………（53）
　　记梁任公先生的一次演讲………………………（55）
　　荆轲刺秦王（第三课时）………………………（70）
　　风吹绣帕见新娘…………………………………（80）

选修：顾玩个性人生……………………………………（95）
　　诗圣杜甫：一个人的长征（第一课时）………（97）
　　诗圣杜甫：一个人的长征（第二课时）………（111）
　　生活中的孔子……………………………………（125）
　　《论语》与为仁…………………………………（139）
　　《论语》之为学…………………………………（151）

梳理探究：赏玩生活文化………………………………（167）
　　结伴梳尺幅精妙　携手探长卷深幽……………（169）

1

作文：体玩妙笔辉光 ……………………………………（197）
　"秋雨笔法"点染华章 ……………………………………（199）
　叙述之真：诚实地再现生活 ……………………………（212）
　叙述之象：造物无言却有情 ……………………………（227）
　叙述之曲：文似看山不喜平 ……………………………（248）
　叙述之意：形意的距离在醉酒之间 ……………………（265）
　描写之摹状 ………………………………………………（287）
　描叙之赋形 ………………………………………………（304）

跋 …………………………………………………………（317）

绪论：语文也可以玩出来

　　语文的学科性质是什么，辩论至今依然没有定论；语文究竟教什么，各种教材选文林林总总，但都几乎没有一个系统的学科知识与能力体系；语文应该怎么教，既有方法论也有内容论，但仅限于大学教授的研究视野，在中学实践中基本上是老师演绎个性和经验。近年来，各路语文人打出的旗号让人目不暇接，诸如本色语文、精致语文、生命语文、绿色语文、正道语文等。语文的热闹可解读为语文的乱象，语文的乱象也可解读为语文的盛世。正如先秦之诸子百家，或如20世纪二三十年代之文学社团。争鸣即探索，探索即向本真的迈进。很多人都主张中学语文教学要回归本真或正道，那语文的本真或正道究竟是什么？窃以为应是文和言，以及由文衍生出的文字、文章、文学、文化、文道，由言衍生出的语言、言语、语感、语理，以及文言和师生主体在特定的生活情境中构成的阅读场。文和言生于生活，长于阅读，养于思考，成于表达。生活、阅读、思考、表达都存在于有序与无序之间。由此可见，以上的乱象恰是语文无序或称之为模糊特征的表现，虽然语文的追求是由无序走向有序，但无序状态其实才是语文最真实的状态。包括新课改提出的语文素养都是模糊的，即便是新课标新高考提出的四大语文核心素养，其本质特征依然是模糊的。当然面对无序状态的语文，很多语文志士努力建构其学科知识体系，努力从学理范畴探索语文教学的科学性，寄望准确把握文意，客观评价学业成绩，从而避免语文教学的低效甚至无效。同时，学生也渴求老师讲授一套放之四海而皆准的答题套路,从而轻松获得高分。

现代语文教学面临的现实困境就是教考脱节,语文教师在学生面前缺乏学科威信。现代语文遭遇最大的尴尬就是就是明知道语文需要慢功夫,需要贯彻传统意义的多听、多说、多读、多写、多记,即"听、说、读、写、记",但是,面对急于求成的学生和家长,教师无法淡定,被迫传授一些牵强附会的解题策略。总之,面对模糊的无序的语文本质状态,任何急功近利的做法都是徒劳的。它需要长期的滋养、熏陶、积累、积淀、感悟。一言以蔽之,需要"玩"。"玩文字""玩语文"可能是学习语文的最佳状态。所以,语文也可以"玩"出来。

二、玩语文也讲究玩法

既然是玩,当然有玩法。既然是玩,当然玩无定法。只要能够满足老师科学、艺术而愉快地教语文便为好方法,只要能够帮助学生有效、成长而愉快地学习语文就是好方法。大概有以下玩法。

(一)活动体验

语文活动包括课外活动和课堂活动。课外活动与课堂活动既相辅相成又互为补充。

课外活动分为两类:其一,以社团为依托的常设活动组织及其常规活动形式;其二,与课堂教学同步开展的灵活性活动。前者如我校语文组就有朝花文学社及其刊物《朝花》、国学社及其刊物《墨池微澜》和网站、话剧社、影视社、EYE 社、朗诵社等多个语文社团。这些社团在周五下午三四节课开展活动,有活动的组织、章程、计划、地点、导师、内容和评价办法。有些社团还和校外社团联袂开展活动,从而为学生的发展提供了更广阔的平台。比如,国学社和中国教育学会高中教育委员会以及台湾素书楼联系，每年派员参加由中国教育学会主办的中华传统文化夏令营。后者如必修1与现代诗教学同步开展的"青涩的邂逅"原创诗歌朗诵会；必修2与中国古典诗歌教学同步开展的"遥远的跫音"原创古典诗词吟诵会；必修3与文言文教学同步的"走近先贤"国学诵读比赛；必修4与中外戏剧教学同步开展的"戏如人生"课本剧表演，整个戏剧单元老师都不讲解，而由学生分组表演，在表演中进行角色、语言、冲突、结构分析。

课堂活动包括在文本解读过程中设计的随机性、理解性学生活动和为了配合文本解读组织的一贯性体验性学生活动。前者如在解读毛泽东《沁园春·长沙》中"鱼翔浅底"一句，问学生"翔"与"飞"哪一个字更好，即可请学生表演翔和飞的动作，老师也可表演。在表演中体验翔的自由。再比如《苏武传》，在比较分析卫律和李陵对苏武劝降异同时，便可设计同学进行卫律、李陵和苏武的分角色朗读，然后再请同学各自讲述对对方的劝说态度和策略，由此得出关于苏武的爱憎分明、威武不屈、忠君爱国的高尚节义。后者包括表演、诵读、讨论、辩论、角色朗读、批注、仿写、展示、即兴演讲、发言等。这类活动具有生成性、理解性、辅助性、灵动性诸特点。

活动性学习符合青年学生游戏的天性。学生喜表演，望表现，想表达；而且喜欢群体性活动，并渴望在群体中获得个体经验的增长和人格的成长。活动性学习也符合语文情景再现的学科特点。文本赏析、语词理解、口语交际、文字写作等也需要情景的还原和体验。

（二）诵读玩味

鲁迅先生说最早的文学流派可能是"杭育"派，他推测远古时人们参加劳动，比如抬石头，几个人抬累了，其中一个人发出"杭育"之声，引发其他人也发出"杭育"之声，于是，大家就有节奏地发出"杭育杭育"的声音,如此虽然身体很累但心情愉悦。这个关于文学起源的大胆臆测,说明文学源自生活,也说明诗歌本为节律性的吟诵。情到深处,手之舞之足之蹈之,歌以咏之。既如此,语文课堂应是书声琅琅的世界。学生试读,老师范读;齐读,朗读,默读;初读正音辨义,再读厘清思路,美读抒情达意;泛读拓宽视野,精读深挖细究,细读咬文嚼字。建立诵读观念,明白蕴藉在文字里的文意和词句的丰富含义不是靠分析出来的,而是靠品读玩味出来的。课堂读书绝不是为了营造气氛而应付了事,而是品味文意和词义最有效的办法。文字本是鲜活的,但不读它就是死的。只有反复诵读,文字的生命才可能被激活;只有反复诵读,文字的深意才能逐步显豁。比如,讲授《蜀道难》开篇"噫吁戏,蜀道之难,难于上青天"这句话,只有通过仰天诵读才能把蜀道的险峻和高耸品出来,味道就在于"噫吁戏"三个感叹词,用四川话可解读为"哎呀呀,我的妈呀,蜀道好高哟,都冲到天上去了"!而且,如果有节奏地从开头一句读到最后一句,如果边读边竖着划线,会猛然发现,高低起伏的线条就好比重重叠叠的险峻山峰一样。包括高三的训练课,比如诗歌鉴赏和现代文阅读,都不能局限于考、讲、练的枯燥循环之中,还应该在学生疑难之处通过诵读带领学生进入句群从而获得疑解。高三语文课堂也应是书声琅琅的课堂。诵读不但是玩味文意最有效的办法,而且也能帮助学习主体在触摸文字的过程中获得身心的快乐。

(三)抒情感动

子曰:"小子,何莫学夫诗?诗,可以兴,可以观,可以群,可以怨。"众所周知,孔子强调诗歌的教化作用,并把一部文学作品上升到经典的高度。其实,孔子看重诗歌的教化作用的前提是诗歌或者文学作品具有情感滋养和宣泄的作用。文以载道,道

以文传，文形为彩，文质为气，气乃情也。情感是文章的生命之源。首先，属文乃因情而生。所谓离骚者，犹离忧也。司马迁解析屈原之为《离骚》的缘由，实则道出了天下文章写成的共通路径，那就是情之所至也。其次，读文应缘情而动。很多文章都是作家用生命铸就的，正如王国维评李煜词所谓字字见血也。屈原的《离骚》思路混乱，然而我以为那恰是文章的妙处，屈原对楚王忠心耿耿却两次被放逐但依然心系国运，心中既忠且悲，既愤且哀，爱恨交织却不知从何说起，只能一篇之中三致志焉。而我们今天的很多公开课动辄探究讨论，不但缺乏讨论的实质内容，而且严重消解了文章的感情。由于过分强调课堂教学的师生互动，所以教师很难完整演绎课文的情感流动，当然也就很难体验到感人的课堂教学了。不仅公开课预设性强程式化严重，而且常态课也受制于PPT、白板、微课、视频等现代教学辅助手段，导致师生很难被课文内容感动，我们的学生很难为祥林嫂丢失阿毛的倾诉而悲伤，很难为刘和珍君罹难的噩耗而悲愤，很难为孑孓于雨巷的丁香而忧伤。课堂感知多、感悟多、探究多，而感动少。但语文课堂玩的就是一种味，而这个味就是情感的味道。

(四) 文字咀嚼

中国语文的历史据说就是一部"两性"关系的历史。对于"工具性"和"人文性"的争论其实质就是在语文的功能价值上的纠缠。太看重语文外显的功能价值就可能忽略语文本质的生命意义。就好比对一个人的生物认识，如果太在意其社会贡献，就已经脱离生物学而进入社会学范畴了。对语文的生命认识应该弱化其社会功能而直抵学科本质即语言文字。学语文的原初路径就是咬文嚼字。说穿了就是玩文字。

从语文的起源看，可追溯至汉字的六书：象形、指事、形声、会意、转注、假借。汉字自诞生伊始，就具备整合生活原味、图示符号和情义表达等美学特点。字形、字音、字义完美结合。其意义的呈现总可以透射出图像、色彩甚至音律之美，韵味无穷。因此，我们在文言教学中即可根据训诂学原理对文言进行阐释。比如"即"和"既"，其意义分别为"即刻"和"已经"，不过如果教学仅停留于此，虽然学生也感知了知识，但语文就不好玩了。如果图示"即"和"既"的篆文，可知"即"和"既"左边的形状类似，是一口锅的象形；右边不同，一个是一个人面向锅，一个是一个人背向锅。面向锅说明即刻吃饭，乃"即"也；背向锅说明已经吃完饭，乃"既"也。

从语文的发展看，文字由图像走向符号，由符号走向情感，文字的情感意义即文字的联想意义。学语文从某种意义上讲就是体味语言丰富的联想意义。朱光潜主张学诗即咬文嚼字。诗学意义上的咬文嚼字即体味语言文字的联想意义，也是林庚所谓诗歌语言暗示性之所在。比如古诗中"落叶"与"落木"除了共同暗示飘零，还分别暗示黄色、湿润和呆板、枯朽。"无边落木萧萧下"便可见夔州肃杀的秋景，表现杜甫的孤独之情是凄惨而不是凄凉。所以，诗歌下文唱到"艰难苦恨繁霜鬓，潦倒新停浊酒杯"。从诗歌语言的暗示性入手，玩味语言的联想意义，不仅可以准确解读诗歌情感，而且还增加诗歌鉴赏的趣味性。

从语文的归宿看，文本生命的对话应该是阅读的本质。阅读即激活文字的生命，从而实现作者与读者生命的对话。作者思想与情感的载体是文字，读者跨越时空通向作者生命本源的幽径是文字，只有玩味文字，才能真正走进文本，进入作者，进行作者与读者的生命对话。比如朱自清《背影》中首句，"我和父亲不见面已经很久了"，按语言习惯，应表述为"我和父亲没有见面已经很久了"。副词"不"显突兀，有悖常规，"不"可解读为"不愿""不能"。从"不"字似乎洞见朱自清与父亲的隔阂，从后文来看，我对于父亲的关爱很不耐烦，直到父亲爬过月台的肥

胖而艰难的背影深深地震颤了我。多年以后回顾父亲的背影，不仅表达思恋之情，还有忏悔内疚之意，作者这些丰富的生命情感，均系于一个不经意的"不"字。我们玩味"不"字才能实现作者与读者的生命对话，否则，便是浅读甚至误读。

（五）生活启迪

生活即语文，语文即生活。语文的外延就是生活。关于生活和语文教材的关系之密切，早有论断。语文教材的编辑就是时代生活的缩影，纵观教材变革大多与所处的时代有关。比如，新时代语文新教材增加了革命文学的内容，这就是对新时代政治生活的反映。至于语文高考与生活的关联也日益凸显。语言运用题，说到底就是检测学生在生活中对语言的运用能力。词语辨析、病句修改都是放在语境中检测，所选语言素材大多源自生活。至于得体的检测，纯粹就是考查现实生活中的中国传统文化和礼仪习俗。近年高考作文注重任务驱动和情景创设，显然是希望学生联系生活分析问题、解决问题或表达自己的思考和感悟。可以说，当今语文高考的选材都要切实反映时代生活特别是政治生活。鉴于教材编写和高考命题都要关注生活，所以，我们的语文课应该走近生活甚至走进生活。况且，课堂文化的层级追求也应该是从生存走向生成，再走向民主，走向生命，走向生活。课堂的生活文化应该是课堂文化的最高层级。因为教育即生活，生活即教育。每个人接受教育的终极目的不是升学考试，也不是单纯的知识和能力的获得，而是获取生活的技能、态度、情感和价值观。

综合以上三方面原因，语文课应玩出生活味，但是怎么玩出生活味呢？

首先，对文本的解读，可以结合生活经验理解。比如古诗教学，由于时间的距离，学生很难理解诗人的丰富情感，有的甚至做出完全相反的理解。所以，从文本解读学的角度，可运用情景还原法,即还原生活情景,从而调动学生的经验,理解诗人原初的情感出发点。比如,王维《山居秋暝》中"竹喧归浣女,莲动下渔舟",学生很难理解其句意,如果还原语序"浣女归喧竹,渔舟下动莲",再结合生活经验,就可以理解为:洗衣服的女人归来,在竹林里又说又笑,嘻嘻哈哈;打鱼的船儿回来,摇动了莲叶。回想自己小时候在农村生活的情景,就是诗人王维描写的乡村宁静的图画。其实,还原诗序也符合诗歌的本质规律。诗歌的语序不同于文言语序,具有"跳跃"和"破碎"的特点。比如李颀《送魏万之京》:"朝闻游子唱离歌,昨夜微霜初渡河。鸿雁不堪愁里听,云山况是客中过。关城树色催寒近,御苑砧声向晚多。莫见长安行乐处,空令岁月易蹉跎。"首联应还原为"昨夜微霜初渡河,朝闻游子唱离歌",这样就符合生活逻辑,从时间顺序看,肯定是先昨夜,再今朝。不过,倒装的语序,更有诗味:"朝闻游子唱离歌,昨夜微霜初渡河",先说今朝之别,再回忆昨夜之霜,表明尽管昨夜降霜,游子还是要别我而去,饱含对游子冲寒上路的关切、爱护、惜别之情。

其次,在课前学习或课堂讨论中,可以就近选取生活素材。让学生真正走进生活,将课本学习和生活体验相结合。比如,在学习《奇妙的对联》一课时,一改传统的单纯讲授对联知识的做法,而是要求学生在课前深入街区或景区,发现收集餐饮联、学校联、楼宇联等,课堂上以小组为单位分享,并梳理出对联的规律或妙处。然后运用对联知识给成都市最著名的三所学校即成都市石室中学、成都市第七中学、成都市树德中学撰写门联,要求学生把三所学校的文化要素嵌进去。

再次,将文本解读和生活启迪相结合,或者由文本解读到生活感悟。以文载道,是中国文学经典的传统。课堂教学,理应将文本解读和生活感悟相结合,以达到以文化人、立德树人的目的。比如,在教王羲之《兰亭集序》时可以请学生探讨"生死"

问题，甚至可以联同史铁生《我与地坛》、屈原《离骚》、海子《面朝大海，春暖花开》等群文共赏。同时，高考试题也经常在现代文阅读的最后一题，请考生结合生活实际，探究文本要义。高考作文的任务情境设置也会要求考生，结合生活实实际谈自己的思考或看法。如何实现教学生活化，其路径很多，在此仅列举一二。

（六）韵味熏陶

关于语文学科的语文味，曾在语文教育界引起持续讨论。有人感叹很多语文课没有了语文味，甚至把语文课上成了政治课。最让人担忧的是，不少老师把高三语文课上成了习题评讲课，把高三语文教学和高三语文训练混为一谈。有的高一高二的语文课也是草率结束课文阅读教学，重点搞习题训练，美其名曰讲练结合。即便不重视训练，语文课也是要么讲点字词常识，要么概括段落大意，要么神吹作者八卦，要么你说说我说说结果什么都没说。总之，语文课老师讲得干瘪无味，学生学得兴趣索然。因此，业界普遍认为语文课应该讲出语文味。那什么是语文味呢？

首先，从课型来讲，课型不同味道不同。课型可分为单元导读课、文意疏通课（俗称预习课或扫清词语障碍课）、文意赏析课、拓展阅读课、梳理探究课、作文导写课、作文评讲课、试卷评讲课等。课型不同，要达成的目标不同，因此，味道也不一样。试卷评讲课味在落实，知识要点明晰，方法策略具体，答案要件分明，语言表达准确，等等。而文意疏通课味在辨识，标注音义，勾画词句，理清思路，解读文意，提出疑问，等等。文意赏析课味在探讨，找准切入点，引发思考，组织讨论，联系生活，读写结合，等等。

其次，从文体来看，文体不同味道各异。文体有诗歌、小说、散文、戏剧、新闻、传记等。诗歌教学有诗味，味在吟诵。

吟咏成诵，意境渲染，或引吭高歌，或低吟浅唱，或悲不自禁，或喜形于色。戏剧教学有戏剧之味，味在表演。自编自导，表演体验，角色探讨，台词推敲。小说教学有小说之味，味在深刻。虚构故事，叙事人称，情节转换，人物性格，主题探讨。散文教学有散文之味，味在个性。顺序线索，景物烘托，自我抒怀。总之，不同文体，有不同的文体特征，语文教学之味贵在体现不同的文体规律。把诗歌当诗歌教，把小说当小说教。

再次，从授课教师看，教师不同味道有别。在所有学科中，可能只有语文是最能体现教师差异的。即便同一教案，不同教师会上出不同的特色自然就会散逸出不同的语文味。有的擅长诵读，有的博闻强识，有的见解深刻，有的风趣幽默，有的言简意赅，有的侃侃而谈，有的循循善诱。所以，要想语文课呈现更醇厚的语文味，贵在教师读书养气思考写作，提升自身修养，增加自身功力。

虽然语文味具有差异性，但也有共同点。其味道基本上都源于咬文嚼字、联想想象、读书涵养、吟咏体验等最具语文特质的素养和能力。

（七）精神内化

立德树人，是新课标、新教材、新课堂贯彻党的教育方针的总要求。语文是最应担此大任的学科，语文也是最能担此大任的学科。从选文来看，不管是教材，还是考题，都很注意选择的标准，即是否体现社会主义核心价值观。教材的传统选文如先秦诸子、孔孟文章、诗经乐府、李杜诗歌、唐宋散文、元明杂剧、明清小说等，不仅是中国文学的主线和精华，更重要的是彰显了中国传统文化的主流价值观，诸如《论语》之入世，《国风》之劳动，《离骚》之爱国，杜甫之忧民，白氏之大众，等等。高考选文更是紧扣时代主题，凸显当代社会主流价值。比如 2019 年高

考全国卷Ⅲ论述类文本阅读《论传统表演艺术的保护与传承》、全国卷Ⅱ论述类文本阅读《论杜甫七律之演进及及其承先启后之成就》、全国卷Ⅱ语言文字运用第17~19题"中国画"、全国卷Ⅰ语言运用第17~19题"中国传统音乐"都直接关涉中国传统文化主题,这也恰是当代提倡的教育主题。再比如,2019年全国卷Ⅲ文学文本阅读《到梨花屯去》、全国卷Ⅲ《史记·孙子吴起列传》、全国卷Ⅱ《史记·商君列传》、全国卷Ⅰ《史记·屈原贾生列传》三篇文言文都涉及改革的话题,而且他们在改革过程中几乎都遭遇了传统利益集团的阻力。这样的考题选文,显然是折射当今改革进入深水区高层不畏艰难险阻敢于碰硬的改革精神。如全国卷Ⅲ诗歌鉴赏题《插秧歌》(刘禹锡)——"冈头花草齐,燕子东西飞。田塍望如线,白水光参差。农妇白纻裙,农父绿蓑衣。齐唱郢中歌,嘤咛如《竹枝》"照应的是劳动教育的命题精神。总之,无论从教材选文还是高考命题看,都彰显了中华传统文化精髓和时代主流价值观。

因此,语文课堂教学在落实语言基础知识和基本技能的基础上,应该注重以文化人,以文传道,将文意理解内化为精神品德。诸如选修课《杜甫:万方多难中的诗圣》,在讲完杜甫的圣化道路后便可提出问题讨论:杜甫是凡人还是圣人?你是愿意做凡人还是圣人?可以说杜甫就是凡人:一介书生、官从八品、衣衫褴褛、食不果腹、居无定所、百病缠身。把他放在安史之乱的逃难途中,他就是一个普通的难民。也可以说杜甫就是一个圣人:出身仕宦、奉儒守官、才华横溢、友善高朋、忠君爱国、体恤百姓。学生可能会说愿做凡人,也可能说愿做圣人。有争锋更好,在明辨中,老师可抛出"人人皆可为尧舜"的观点。杜甫的伟大并非可望而不可即,而是一种平凡的伟大,即身逢乱世,历尽坎坷,仍然坚守理想,不断追求,不断超越,在深味人生的苦难中推己及人,成为人民苦难的代言人,并最终实现了个人精神和人格的升华。杜甫并非天生的圣哲，其伟大、崇高是环境使然，更是个人的追求使然。所以，一个人只要心中有伟大的理想和至善的灵魂，并坚守笃行，也就不难达到"圣"的境界，哪怕他最初是个极其平凡的人。这正是杜甫的意义所在。平凡的我们也可伟大，正如孟子言："舜，人也；我，亦人也。舜为法于天下，可传于后世。我由未免为乡人也，是则可忧也。忧之如何？如舜而已矣。"

如此学习，便将课文的文意理解转化为精神感悟。精神内化看似严肃而厚重，但是由于问题设置得当，环节安排自然，师生在对话中轻松完成，不露教育痕迹，便可谓"好玩"。

二、语文要玩出个什么境界

（一）语感境界

语文的表现形式首先是语言和言语。思想承载于语言，文化蕴含于语言，精神包孕于语言。而语言的学习更多的是一种外显的品读式学习。因此，诵读应该是学习语文的主要方式。在日积月累的文字诵读过程中获得一种无法定量分析的语感积淀。"玩语文"就是要玩出这种语感境界。

（二）语理境界

有人会说，学语文很难，这是众所周知的事实，你居然要"玩语文"，这不是戏弄人吗？又有人说，学语文很严肃，全国教材都统编了，肩负的是立德树人的重任，怎么能玩？其实，越难学的课程，越重负的学科，更需要我们遵循其学科规律。语文学科的本质规律应该是透过言语的认知体验审美或思维或文化或精神的愉悦。获得愉悦应该是语文学习的内在动力。但怎样才能达到愉悦的学习境界呢？那就要遵循语体和文体的规律，遵循规律

就是增强语理。当然,增加思维的含量也是增强语理的有效手段。"玩语文"就是要玩出语理的境界。

(三) 文化境界

语文课要上得有厚度、深度和宽度,就得上出思想。思想不仅是思维的结晶,更是文化的开掘。所以,语文核心素养之一就是文化传承。

文言诗歌自不必说,它蕴藉了沉淀了几千年丰厚的中华文化,但即便是外国文学文本阅读,也要透过语言文字挖掘其背后的文化底蕴。细数语文文化教育的特性,有民族性、地域性、交融性和差异性。玩语文就是要玩出所有语言文字背后的文化韵味,深挖、涵泳不同民族不同地域的文化特色。在尊重文化差异的基础上,彰显我中华民族的文化自信;在本民族文化自信的前提下,实现跨民族跨地域的文化交融。在古代,中国文化就有"胡服骑射"到"北元魏",有"东学西渐"到"西学东渐"的融合传统。博大的中华文化,自然需要语文课堂的博大文化。只有抱着"玩语文"的心境才能实现语文课的文化境界。

(四) 审美境界

语文核心素养之一就是审美,语文课也应该是最具有美学色彩的课。高考也非常重视审美能力的考查。比如,近几年诗歌鉴赏的选择题,不仅考查手法、句意等知识能力层级的辨识,也考查意境画面风格等审美层级的感悟。多年来,语文课堂教学追求知识的落实、训练的到位,特别是强调对信息筛选能力的训练,从而忽视了审美情趣的培养,导致中学语文课堂审美教学板块的缺失。因此,不仅是从课标要求,还是高考趋势,抑或教学现状,我们都应该追求语文课堂的审美境界,而"玩语文"的一个"玩"字,乃是追求审美境界的很好路径。

（五）生活境界

从教育学的角度讲，生活即教育，教育即生活。从语文教学的角度讲，语文的外延即生活。语文与生活的关系，甚至要追溯到文学与生活的关联，文学源于生活又高于生活。高考语文更是强调将所学知识运用到生活的迁移能力，观察生活、感悟生活、联系生活、表达生活、洞察生活等均为语文高考与生活的关联。学语文，不仅关乎高考，更关乎人生。在工作和生活中，运用语文能力的范围和效果日益凸显。交流感情、谈判事务、发表讲话、书写文件甚至反思感悟都要用到语文知识和能力。可以说，语文不仅是生活的交流工具，还是攀升幸福指数的楼梯。"玩语文"所追求的境界，就是这样一种联系生活、提炼生活、提升生活的境界。

（六）自由境界

语文学科的发展一直在工具性和人文性的讨论中纠缠。其实，我个人觉得语文的双性之外，似乎还有一性，那就是自由。阅读和写作是最具有私密性的精神活动，只有给予个人独立的自由的思考空间，阅读和写作方能真正地实现。阅读不仅要准确把握文本的含义，还要实现读者与作者的生命对话，而且其本身就是对作品的一次再创造。写作灵感的诞生、写作源泉的涌动、写作素材的选取、写作思想的升华等写作思维都具有鲜明的个性色彩和碎片色彩。没有自由的情怀、时空，是无法完成真正的阅读和写作的。

当下，我们中小学的阅读写作课确有严重的功利化倾向，出现了诸如"高考体"作文的伪写作模式。"玩语文"的教学观主张，在写作教学中应两条腿走路：一则规范写作，即每周一次的大作文；二则自由写作，即周周的练笔。后者尤为重要，因为自然地、自由地写作才是提高写作水平的关键。需要特别指出的是，按照马斯洛的观点，人的需要除了安全的需要、生存的需要，还应有爱的需要、尊严的需要、自由的需要。应该说，自由的需要是人的最高精神需要。而语文的学习，可以不断丰富和创造我们的思想，让我们的精神更能享受到自由。只有学会"玩语文"，才能达成这一崇高境界。

一言以蔽之，语文也可以"玩"出来，语文课也好玩。倡导"玩语文"，有其深刻的社会原因，有其沉重的学科无奈，更有其敢为人先的学科勇毅和担当。其实，"玩语文"也不是打破常规，另起炉灶，更多的是对语文传统的回归与坚守。

小说：展玩人间百态

老人与海

【可"玩"之点】

对小说的"玩味",就是展玩人间百态。切中肯綮的教学,不仅让学生豁然开朗,更让学生轻松习得,沉淀内化,甚至终身记忆。《老人与海》是经典小说,篇幅长,容量大,但故事看起来似乎并不复杂。这篇文章教什么呢?教会学生什么呢?本课围绕这两个问题精心设计,在教学内容和教学方式上既有"守正",更有"创新",打破常规,突破窠臼,言前人之所未言,这是本课最亮眼处,也是解读海明威小说最紧要处。

在"守正"上,遵循小说阅读教学的一般规律,从情节和人物形象(性格特点)两方面引导学生提炼小说主题;在"创新"上,根据学生原初阅读的提问(如"为什么老人一边在和鲨鱼斗,一边又在忏悔?""为什么说'它是美丽的、崇高的,什么也不害怕'?"),提炼出"叙述的悖反与和解"这一文本特质。这是《老人与海》的伟大之处,也是本课的成功之处。

【课堂实录】

师:读了这篇文章之后,你们有什么疑问呢?

生1:为什么桑地亚哥在费尽千辛万苦钓到鱼之后,却想"但愿这是一场梦",希望自己没有钓到呢?

师:因为这条鱼后来被鲨鱼吃了。

生2:为什么老人一边在和鲨鱼斗,一边又在忏悔?

师：这个提问很有意思，还有没有别的问题？

生3：鱼在被鲨鱼吃了一半之后，为什么桑地亚哥不把鱼放到船上呢？这样就不会被鲨鱼吃了。

生4：太大了。

师：太大了，不好放。最后这个鱼是被鲨鱼吃完了的，同学们解决这个问题要从象征意义上思考。如果把鱼肉切成一块一块的，可以藏起来，鲨鱼也许就不会来。但是从生物学上讲，鲨鱼闻到这个血腥味还是会来的。但是我们这篇小说没有这样安排，它背后一定是有象征意义的。

师：由于时间关系，不能让所有同学都来回答这个问题，但是我非常感谢你们对问题的分享。其实这些问题的解决，背后都必须要解决一个最重要的问题，那就是——这篇文章最主要的问题是什么？（PPT呈现：主题是什么？）难道就是一次和鲨鱼的搏斗吗？那么，主题怎么来提炼？我认为首先从情节和人物形象、性格特点两个方面去提炼。那么这篇文章的情节是——老人与鲨鱼有几次搏斗？

生全体：五次。

师：这几次搏斗中最让你动容的，或者说最触动你心灵的，是哪一次？为什么？

生思考。

生5：教材第33页前面的几段写的搏斗，这一次搏斗让我觉得他很有勇气，虽然可能不会胜利，但他还是想和鲨鱼去搏斗，就突显了他特别的执着。

师：这是第几次搏斗呢？

生5：应该是第四次。

师：好，好。还有别的吗？

生6：我和前面那个同学的观点差不多，我也是对第33页写的搏斗最为感动。

师：哪些词让你感动？

生6：第33页第六行的"不顾一切""用棍棒去劈"，还有下面那个自然段对动作的直接描写，比如说"抱住它""一次又一次地劈下去"。在最后，海明威笔下的老人桑地亚哥的鱼虽然已经被吃光了，按理来说常人这个时候已经泄气了，但他在这种情况依然保持搏斗的精神，令我十分感动。

师：这是第几次啦？

生6：最后一次了。

师：这是有一种精神在里面。关键是什么精神？

生6：敢于搏斗，不畏困难。

师："敢于搏斗，不畏困难"的精神。好，同学们可能对课文还不太熟，所以很自然地去找了后面几次搏斗，应该差不多都是最后一次。那么就很奇怪了，把最后一次写了不就可以了吗？之前为什么还要写这么多次呢？

教师展示PPT老人与鲨鱼五次搏斗的表格。

师：大家看一个表，他和鲨鱼这五次搏斗中使用的工具及最后的结局是怎样的？你们有没有发现这五次搏斗有什么不同？发现问题了吗？哪位同学告诉我？

生7：他的工具从专门的锋利的渔叉变成绑着的刀，最后变成的短棍根本就不是什么能打鱼的东西了。

师：最先是渔叉，这个是比较长的，然后一次比一次简陋。还有吗？

生7：还有他受伤的情况。第一次是手受伤，然后是流血，身体发僵，最后喘不过气。

师：他自己的身体状况是越来越差，不但受伤严重，体力上也消耗很大。"攻击者"最后是一群鲨鱼，也就是说，鲨鱼是越来越多，而且是越来越凶猛。好了，同学们，刚才我问哪一次搏斗最让你动容，大家都自然地说最后一次。我的问题是，既然最后一次最让你动容，为什么还要写前面四次呢？原来它是有作用的，每一次搏斗都是不同的。这样写的好处在哪里？

生全体：铺垫。

师：铺垫、递进作用。层层铺垫是为了什么呢？

生小声回答。

师：是为了表现鲨鱼这个敌人、对手是越来越凶狠，而他自己的力量越来越脆弱。可是桑地亚哥妥协、退缩了没有？文章有一句话是怎么说的？

生全体：你尽可把他消灭掉，可就是打不败他。

师：说得好。不仅读到了层层铺垫，你们还有没有读到什么技巧在里面？

生8：对比。

师：对比！将什么和什么对比？

生8：鲨鱼和老人对比。

师：这个对比大家看一下。（教师PPT展示）老人的状况是如此糟糕，鲨鱼是如此的凶猛，通过这个对比，自然就体现出了老人的一种精神，也就是勇敢、坚强、顽强、坚毅、不放弃、不屈服，无畏地面对厄运、决不屈服的硬汉形象。刚才我们明显感受到了老人身上的精神，但是语文需要用词语表达，那么你在读这篇小说的时候不得不提炼人物形象的特点。这个老人的人物形象的特点就是这样的。大家请做好笔记，这是很重要的。好，刚才那个同学就说得很好啊，为什么不把捕到的鱼切成小块藏起来呢？这里面就是我们小说用的一种手法，就是象征。我们把问题再变一下，为什么标题叫"老人与海"，而不叫"老人与鲨鱼"呢？原来啊，海，以及前面的马林鱼、后面鲨鱼都是有象征意味的，象征什么呢？

生：结合背景，作者是经历过两次世界大战的，像战争一样，海是个辽阔的整体，你无法改变海。即使你能杀死鲨鱼，还是会被残酷的现实压垮。

师：有点感觉，但是还没有提炼出来。最容易提炼的应该是鲨鱼。老人是想要获得这个马林鱼。想要的东西我们可以用什么词语来表达？

生全体：目标。

师：可能是班会课上讲太多次了，我们换一个词，"理想"，好不好？

生全体：好！

师：老人如果不把鱼弄到这么远的大海上来就好了，为什么要弄到这么无边无际的大海上来呢？大海又有什么样的象征意义？

生9：我认为大海象征着未知的恐惧和未知的困难。

师：其实，最好理解的象征意义就是鲨鱼。鲨鱼象征着什么？

生小声：邪恶势力。

师：邪恶这个词太吓人啦。我这里用了一个词，厄运。如果你们读了原著就会知道，老人是好不容易才捕到一条鱼，却被鲨鱼吃了，不但是被一条鲨鱼吃，而且有很多条鲨鱼来吃。现在同学们来看，题目叫"老人与海"是有象征意味的。老人面对人生、未知的世界，他要和厄运搏斗。如果他把鱼切成一小块一小块的话，表面上看是避免了和鲨鱼的搏斗，但是这篇文章中和厄运搏斗的硬汉精神就难以表现。这就是我们小说的力量。这篇小说最大的看点就在这里——人与厄运的对抗。

师：刚才这位同学提了一个问题，你再重新说一下。

生10：为什么老人在与厄运对抗的时候，又在想尽办法和厄运和解？

师：请看第28页。请你读一下这里最后一段。

生10读课文。

师：你的问题提得非常好，现在我也提出来。为什么说"它是美丽的、崇高的，什么也不害怕"？其他同学有思考吗？

生11：小说中的鲨鱼是美丽、崇高的，什么也不该怕，可能是在象征着自己。

生10：这个鲨鱼从某一个层面来说和老人是有一定共性的。老人出海是为了捕鱼，那么鲨鱼去抢老人的鱼也是为了自己的生存。所以说都是为了自己的理想和目标在奋斗。

师：说得好。我们掌声鼓励一下。老人在和鲨鱼搏斗的时候，他也想通了，他保护他捕来的那条鱼是为了生存的需要，或者说为了自己的理想、信念。那么他在和鲨鱼对抗的同时，他又和鲨鱼和解了。我直接使用了它的象征意义——我们一方面要和厄运抗争，另一方面又要和厄运和解。这种悖反与和解恰好表现了我们人类的伟大。面对无可奈何的命运的时候，你一方面要抗争，你一方面又要理解，这很不得了。我们一起来看最后这一段，全班同学齐读，从"他放下桅杆"读到最后。

生全体齐读。

师：这里差不多是到小说的后面部分了。你觉得桑地亚哥是成功了还是失败了？为什么？

生12：他肯定是成功了，因为他活着回来了。

师：这个同学观点是很鲜明的。还有没有别的观点？

生13：我觉得他失败了。

师：为什么呢？

生13：因为他出去的理由就是捕鱼，结果拿回来的是只有脊椎骨的死鱼。

师：你读一下文章中只有脊椎骨的死鱼是怎么描写的。

生13朗读文章。

师：嗯，这个同学认为桑地亚哥失败的原因是他出去捕鱼回来拿到的只有鱼骨头。

生13：还有老人最后睡觉的姿势。

师：为什么你觉得这个睡觉的姿势是失败呢？

生13：是脸朝下的。

师：哦，你觉得脸朝上躺着睡才是成功了。我觉得这个有点牵强。

生14：联系整本原著来看，其实前面是有背景的。桑地亚哥已经很多天都没有打到过鱼，周围的人已经有一点点质疑他了。他去打鱼的时候不仅是想打一条鱼回来，还有点想证明自己的感觉。所以说虽然他的鱼基本都被吃完了，但是那条鱼骨是他与鲨鱼搏斗后留下来的证明，留下来的这个证明说明他是成功了的。

师：所以你的观点是他是成功了。

生14：对。

师：别人是瞧不起他的，原著中有个小孩想和他一起去，但家长不允许，认为他是捕不回来鱼的。桑地亚哥想的是就算只有鱼骨头也要带回来，证明成功了。

师：这是文章最后的结尾，大家一起来看一看是怎么回事，你们发现了什么？

师：这几段是写游客看到鱼骨头，认为是鲨鱼的骨头。其实这并不是鲨鱼的骨头，是一个误解。关键是游客说了一句："我都不知道鲨鱼尾巴这么漂亮，形态这样美丽。"为什么要写这个对话？怎么理解？

生：小说结尾、前文老人对鲨鱼的理解，以及侍者对鲨鱼的赞美，都表现了人们对待搏斗对象的态度。

师：的确如此，结尾的深意是"和解"。黑格尔说，人格的伟大和坚强的程度，只有借助矛盾对立的伟大和刚强的程度才能衡量出来。从老人和鲨鱼的对抗中，我们很容易读到老人的硬汉精神，但是，为什么要和鲨鱼"和解"呢？这就是这篇文章伟大的地方,叙述的悖反与和解,体现了"悲剧精神"与"生命高贵",所以,这篇小说的主题是多重的——展示"悲剧英雄",张扬"精神高贵",主张崇高的"生命尊严"。

师:最后思考一个问题,本文的主题对你有什么人生启发?参考文中"你尽可能把他消灭掉,可就是打不败他"这句话。

生:文章想表达的是挫折很多,不仅要克服,更要与挫折和解。挫折一直都有,打败不完,最重要的是要懂得理解挫折。

师:联系生活谈谈呢?我们把这个问题抛出来,大家课后继续思考。下课。

【学后偶感】

叙事的悖反与和解
——听黄明勇老师《老人与海》课有感

恩斯特·海明威通过一本《老人与海》,将冰山之上彻头彻尾的失败与冰山之下永不屈服的超人精神描绘得淋漓尽致、赏心悦目。而怎样将冰山下的神秘一点点揭开,则是《老人与海》这堂课需要深入分析和解决的问题。

众所周知,桑地亚哥真是"倒霉",多次出海打鱼,结果连续八十多天一无所获,身为老渔人忠实粉丝的小男孩也被家长支开。好不容易捕获的马林鱼,也在一轮轮鲨鱼的围剿下化为哈瓦那海湾的白骨。从渔人工作的目的来看,他的确是一个失败者。然后,这堂课黄老师引导我们讨论的第一个问题"桑地亚哥到底成功者还是失败者",却将表面的倒霉蛋形象与骨子里的硬汉精神交相辉映,越是描写他持续不断的"倒霉",就越是能突出他不屈的抗争精神。

这堂课最让我震撼的是黄明勇老师创造性地提出一个观念:叙事的和解。我们进而讨论:鲨鱼为何能同老人和解?从这样的角度解读：老人和鲨鱼可以是各自为生存而奋斗、惺惺相惜的英雄，也可以是将险恶的大海、凶残的鲨鱼和人生中的厄运相类比的具体物象，通过这样的象征韵意，写出一个人的成长是在与命运激烈斗争并最终转向平和中实现的。当不同的理解能从这样的句段中被读到时，我想，海明威的内心真实所想也有所体现，这也是这堂课的成功之处。

　　黄老师在引导同学们解读这篇小说时，不落窠臼，采取了独特的解读视角，引导同学们分析老人的一些动作，如"老人躺下的姿势""扛着鱼骨架的姿势"等。一边是对梦想的坚持与执着，一方面是对崇高生命的尊重，为生存而奋斗，一切结束后又能淡然地"看狮子"，这是现代主义中透过些许细节表现大时代、真性情的体现，恰到好处。

　　这堂课行将结尾时，黄老师将小说《老人与海》真正的结尾部分展示给我们，引述了古巴侍者和美国游客的对话。当古巴侍者"指鹿为马"地将马林鱼认成老人的对手鲨鱼时，不也正能够证明敌我在对立关系中的同一性？不也能真正体现老人在战胜鲨鱼的过程中其实战胜的是自己？这堂课留给我们思考的空间其实还有很多。

（学生　陈科宇）

药

【可"玩"之点】

情之所至,文之所成。小说《药》,是鲁迅的代表作之一,是鲁迅用思想、情感乃至生命铸就的。其精巧的构思、跌宕的情节、克制的叙述以及浓厚的隐喻色彩让这篇小说成为现当代文学当之无愧的佳作。如何从这篇小说中窥见世态炎凉、品味人间百味,首先就要让这篇小说打动学生。如何才能打动呢?我认为,必须通过宏观的谋篇布局分析和微观的语意解读两个层面来完成。

考虑到文章比较难,我在课前先发给学生提问单,请每个学生针对文本至少提出一个"你认为有价值"的问题,写在提问单上。如此,同学之间就可以自行互相解答问题,产生思维碰撞后,再作进一步探究和辨析。这无疑督促了学生对小说文本深入细读。上课时,基于学生问题的教学设计,让学生听起来津津有味、句句落实、说到心上,在一节课中完整演绎了课文的情感流动,和学生一起体验感人的课堂教学。

【课堂实录】

师:今天我们一起来学习鲁迅先生非常有名的一篇小说——《药》。大家都预习了吗?(生纷纷点头)好,首先我想问同学们,在预习了这篇课文之后,有什么疑问?

生1:最后一节写"乌鸦"的地方看不太懂。

师：在这里写乌鸦干吗？还有没有？

生2：倒数第三段第一句"华大妈不知怎的，似乎卸下了一挑重担，便想到要走"，我不太理解为什么这里她像卸下了一挑重担一般。

师：也是课文最后的部分。好的，还有吗？

生3：第五段"有时也遇到几只狗，可是一只也没有叫"是写来做什么的？

师：这个问题我现在就可以回答你。最开始的时候华老栓去干吗？他是去买药。当时写了很多人那么早起来干吗，不一定都是跟华老栓一样是去买药，他们是为了做什么呢？是为了看稀奇——杀头。杀头这个事情恐不恐怖？恐怖。街上的狗根本叫也不叫，就是为了渲染一种恐怖的气氛。好的，有的问题我可以当场就回答，有问题就后面再解答。好，最后一个问题。

生4：第三节的最后，康大叔说："你没有听清我的话；看他神气，是说阿义可怜哩！"花白胡子说："阿义可怜——疯话，简直是发了疯了。"后面的人也说："发了疯了。"这段我也没看懂。

师：哦，这是在说夏瑜在监狱的事情。这个问题我后面会再解答。在课前呢，我也收集了同学们提交的疑问清单，大概都与刚才的问题差不多。有相当多的同学提到了"乌鸦"不好懂。也有一些同学问到为什么说阿义发疯了，有什么寓意，就和刚才的同学提到的一样。同学们，我们刚才交流的环节，其实不仅是向老师提出疑问，也是语文学习的一种态度和方法。也就是我们预习的时候不仅要认真看，还要提问题，上课的时候带着问题来。你们刚才的这些疑问要想解决的话，必须抓住这篇文章中的两个重要问题，或者说一篇小说读没读懂有两个重要的标志，你们知道是哪两个标志吗？第一，整个故事情节你能梳理清楚吗？第二，这篇小说的主题搞清楚了没有？所以，我想把这两个问题提出来，让同学们思考。一篇小说中这两点是最重要的，我们要想把刚才那些问题搞清楚，首先要弄清楚这两个问题。

师：你们觉得这篇小说情节设置或整个结构设置上巧不巧？这位同学在点头，你是怎么理解他的巧妙之处的？

生5："开头设置用环境渲染阴森的感觉，先引起读者的兴趣。

师：课前老师让你们给每节列了小标题，你是怎么列的？

生5："买馒头"—"吃馒头"—"去茶馆"—"去扫墓"。

师：其实你写得很好，我在你的基础上改一下。前两个都在说馒头，后面怎么就没了呢？"买馒头"—"吃馒头"—"谈馒头"—"变成馒头"，这样是不是要精炼一些？但是怎么一直在说馒头呢，这个词不太好，我们换个词。

生齐答：药。

师：对了，药。这位同学是怎么列的？

生6："取药"—"服药"—"药源"—"死了"。

师：老师给同学们布置的课前作业给课文取小标题，刚才两位同学完成得怎么样？

生齐答：好。

师：但是这样，我还是觉得没有回答刚才的结构特点问题。你们看一看，这篇小说写的人物有华老栓、华小栓、华大妈、夏四奶奶，还有一个很重要的人物是谁？

生齐答：夏瑜。

师：夏瑜是怎么出现的？华老栓、华小栓、华大妈这些人我们都看得见他们做了什么，但是文章是怎么描写夏瑜的？

某生：都是通过别人的口述知道的。

师：在写夏瑜的时候，是虚写，是通过康大叔这些人来介绍的。这篇小说在结构上很精巧啊，你们发现没有？

生7：在写到夏瑜的地方，也就是扫墓的地方，第三段写夏四奶奶的儿子"那个小家伙",刚开始读的时候会很疑惑,读到后面你会发现原来夏四奶奶的儿子就是夏瑜。

师:哦,开头部分写的是华老栓去买药,其实同时也是在写夏瑜,写夏瑜在干吗?

生齐答:被杀。

师:接下来第二部分是在干吗?华老栓回去把人血馒头给他儿子吃了,背后又是在写一件什么事情?——夏瑜的鲜血被人吃了。这句话,是可有可无的吗?这里暂且不说,后面再讲,看似表面没什么作用。然后第三部分是在茶馆里借康大叔来转化说一方面是在看华小栓吃了这个药的效果怎么样,其实背后是在写夏瑜怎么样。

生8:又回顾当时他被关押在监狱里的一些情况。

师:是的。最后,写华小栓吃这个药死了,也是在写夏瑜。那么是写夏瑜什么?这里我们留下一个悬念,当然也涉及这篇文章的主题。刚才我们在给文章列小标题的时候,用了"买药""吃药""谈药",其实是站在哪个主体上在概括?是不是华老栓、华小栓一家人?如果站在夏瑜的角度,开头我们就应该用什么词?"被杀""被吃""被捕""最后它的影响",现在你们看这篇小说在结构上有什么特点啊?

生9:倒序。

师:倒序,有点像《祝福》的感觉,但是又和《祝福》有点不一样。请看课后习题,用了一个什么词?

生10:明暗两条线。

师:说得好,就是这个词。所以,我们发现这篇小说在结构上设计得非常精巧,用了明暗两条线。接下来我们要解决第二个问题,这篇小说的主题究竟是什么呢?要想弄清楚主题,当然我们就要先来看人物。写到华老栓的儿子生了病,要治痨病,不去看医生,而要吃人血馒头,这件事情本身你们怎么看?

某生：荒唐、愚昧。

师：说得好。又写夏瑜，那又写了他什么呢？我们不要空说无凭，我们找几个点。首先，请看课文中间茶馆谈论的部分，从"包好，包好"开始，一起来读一下这一段。

生齐读。

师：刚才很多同学都集中讨论这里的疑问，我来帮助大家发现几个地方。你们看夏瑜在牢里说了些什么话，做了些什么事。"这大清的天下是我们大家的"，从这句话能看出夏瑜具有什么思想？

某生：共和的、民主的。

师：这说明了夏瑜当时在做一件什么事？反对帝制。这反映了当时的时代，这是什么时候啊？辛亥革命的时候。你们听说过吗？

生齐答：听说过。

师：辛亥革命是在帮助哪些人翻身呢？

某生：老百姓。

师：老百姓，就相当于小说中的哪些人呢？华老栓、华小栓、开茶馆的、二十多岁的人、驼背五少爷、花白胡子的人……这些人在听到康大叔讲那些话的时候，他们的表情是怎么样的？

生："坐在后排的一个二十多岁的人，很现出气愤模样。"

师：气愤模样，说明这些人理不理解革命者夏瑜在做什么？不理解。"壁角的驼背忽然高兴起来"，怎么那么高兴呢？

某生：被打了。

师：哦，被打了，他觉得高兴。你再看康大叔是怎么样的呢？——冷笑。为什么要冷笑？因为那个人没听懂。因为听不懂，连康大叔都瞧不起他，说明这个驼背具有什么样的特点？

生11：蠢，愚昧。

师："'阿义可怜——疯话，简直是发了疯了。'花白胡子恍然大悟似的说。"这一段对话让我们知道，夏瑜都被关进牢里了，他还在做什么呀？——宣传革命，他很勇敢，不怕牺牲，真的很了不起。可是，他要拯救的那些人居然对他所做的那一切根本不理解，而且还要嘲笑他。他们又在康大叔这个刽子手面前显示出很胆小、很害怕的样子。所以这一部分描写一方面表现了革命者夏瑜的伟大、勇敢、坚强，另一方面又写出了那些群众的愚昧。

师：好，接下来看第四部分。第四部分就是写两个母亲的儿子都死了，一个是华大妈的儿子小栓，一个是夏四奶奶的儿子夏瑜，死了之后他们俩都埋在同一个地方。这儿有一段非常精彩的描写，我想请一个同学起来读一下。从"西关外"读到"瞪着眼只是发怔"，哪位同学主动来争取呢？

生12朗读。

师点评：读得缓慢而沉重，恰恰把上坟沉重心情的调子把握得很好。

（生掌声鼓励。）

师：两个母亲上坟，作者的描写究竟有什么深意呢，你们感觉到有深意吗？如果有，怎么来把握呢？教给大家一个方法——比较法。你们比较一下两位母亲来上坟的相同和不同之处，一定要落实到字词当中去。相同的不用多说，儿子死去，两位母亲自然悲痛，我们主要来看不同之处。

生13：我觉得她们最大的不同在于由于一个坟在左边，一个坟在右边，夏瑜的妈妈走到左边自己儿子坟前看见右边还有人时，显示出羞愧的神情。

师：你发现了两处不同。一处是坟的位置不同，一个在左，一个在右，一个是枪毙的，一个是病死的。还有一处是夏四奶奶的表情——羞愧。我第一次读的时候就觉得很奇怪，为什么会觉得羞愧呢？现在终于知道原因了，因为她的儿子是死刑，是被枪毙的，是有罪的，因此她觉得羞愧。这是第一点不同，还有没有其他的不同？

生 14：两个母亲上坟哭过之后的反应也不同。华大妈是呆呆地坐在地上，仿佛在等待着什么。夏四奶奶是徘徊观望了一回，忽然手脚有些发抖，跄跄踉踉退下几步，瞪着眼只是发怔。

师：为什么会出现这种情况？分析一下。

生 14：不知道。

师：前面说华大妈是等候着什么。又说不清在等候着什么，你想一想，小栓生病了，人们说吃了人血馒头就能好，他们是抱着多大的希望去做这件事？请看课文前面"一面立着他的父亲，一面立着他的母亲，两人的眼光，都仿佛要在他身上注进什么又要取出什么似的"，这说明父母对小栓注入了很多的希望，可是后来怎么样呢？落空了。现在人死了，就说明她很失望啊！那么夏四奶奶的表情是什么？为什么发怔？是因为她看见了什么吗？坟上的花环，她觉得很奇怪。当然这里有难处，大家后面再说。

师：还有没有发现啊？这样，我给你们提出来。你们看华大妈上坟时，"排出四碟菜，一碗饭，哭了一场"。后面夏四奶奶是怎么做的呢？也是"排好四碟菜，一碗饭，立着哭了一通"，这儿有什么不同？这儿动作和补语都很有意思，你们是怎么体会的呢？你来说一说。

生 15：夏四奶奶的感情更复杂一些，哭了一通应该比哭了一场哭得更久。而且她是站着哭的，华大妈是坐在地上哭，夏四奶奶应该是还没坐下就开始哭。而且她觉得自己儿子是冤死的，哭得更冤一些，华大妈儿子毕竟是病死的，是事出有因的，所以哭的感情不一样。

师：那么我们从表面上看，华大妈是安安心心来这里哭坟的，所以哭的时间比较长，准备比较充分，感觉是应该可以来哭的。夏四奶奶是慌慌忙忙来哭的，立着，哭了赶紧走。现在我们终于知道了原因，为什么她慌慌张张、匆匆忙忙地来上坟呢？她的内心应该也是非常悲痛的，而且知道儿子是被冤枉的。原来她知道自己儿子是被枪毙的，她很羞愧。现在我们回到刚才同学提出的问题，夏四奶奶看到花环，很奇怪，一直纠结这个问题，原来儿子是冤枉的，她多么希望儿子是被冤枉的。为了印证这个问题，因此她提出了一个要求、一个祈愿，希望乌鸦能够飞上坟顶，结果乌鸦听话没有呢？没有，乌鸦竟然"直向着远处的天空，箭也似的飞去了"。我要留下一个悬念，我偏不讲乌鸦，先来讲这个花环。你们觉得花环在这儿有什么意思呢？有人说花环是平添的，没有什么逻辑。你们觉得有逻辑吗？

生16：我认为是有人在了解了这个革命事件后，承认了夏瑜。

师：你认为花环是谁送的呢？

生16：其他革命战士。

师：你是从哪儿得到这个结论的呢？提示：第六页上有一些描写，"不很精神，倒也整齐"。这句话其实是在表扬这个花环还是很美的。整齐，褒义词。不很精神，也可能是象征了什么东西，遭遇了挫折什么的。究竟是谁送的，夏四奶奶也很清楚，亲戚本家早就不来了，并且夏三爷还是告密者。所以只有一种可能，花环是夏瑜的同志送来的。所以关于花环，有人说是有逻辑的，代表革命是后继有人的。当然也有人说花环是平添的，但鲁迅说这是让革命充满希望。不管怎么说，花环的出现应该是象征着革命是有希望的。但夏四奶奶是不是往这个方向想的？不是。她一直在想一个问题，夏瑜是不是被冤枉的。你们说，夏瑜被杀是不是被冤枉？

生：不是！

师：也就是因为他确实革命了。他牺牲得伟大，他死得其所。但夏四奶奶能不能理解这一层啊？不能，也决不会因此而感到骄傲。所以最后乌鸦飞走了是什么寓意？其实就是对夏四奶奶想法的一种否定呐。好了，我们回头过来看，这场上坟，作者的喻义是什么啊？两面都已埋到层层叠叠，宛然阔人家里祝寿时的馒头"，说明不论是病死的还是饿死的人，多不多？

生：多！

师：而且他们的形状都是一个样子——馒头都是被人吃的。但是，两位母亲的心情完全不一样，夏四奶奶她居然感到羞愧。那么这儿究竟有什么深意？一方面，夏四奶奶还是有典型性，愚不愚昧？愚昧。连自己的儿子的死都不理解。另一方面，我们的革命者夏瑜死得可不可怜？连自己的母亲都不知不理解，死得悲不悲哀？

生：悲哀。

师：同学们，我不知道我这样讲，把你们刚才的问题回答没有。这篇文章的主题究竟在讲什么呢？你来概括一下。

生：这篇文章的主题是讲当时的革命者的行为不被他们拯救的人理解，也是对当时社会底层被封建思想所禁锢的愚昧之人的一种讽刺。

师：当然也不一定是封建思想，当时可能会有很多原因。我们这样来总结可不可以？这篇文章写了华老栓一家，写了那些无聊的看客，写了茶馆里投奔五少爷的这些人，甚至包括夏四奶奶这些人，他们算不算生活在社会底层的革命者要去拯救的对象？对于这些人我们可以用一个词来概括，他们是很愚昧的——不管他们是去买人血馒头，还是对革命者夏瑜的理解。革命者夏瑜的典型意义在哪里？他应该是很了不起的，他去拯救这些人，可是他的鲜血却被人吃，连自己的母亲都不理解他。你们说他悲不悲哀呢？

生：悲哀。

师：所以这篇文章的主题我们可不可以这样概括？它表现了群众的愚昧和革命者的悲哀。大家说可不可以？

生：可以。

师：那么同学们，我不知道这样把这两个问题讲清楚之后，回答你们刚才那些问题了没有？我没有一个一个去解答，但我想这两个问题弄清楚了，这篇文章读懂了，你们的问题也就迎刃而解了。现在回过头来再看一看，这篇小说结构的精巧安排和主题的表达上是不是浑然天成。结构上是明暗两条线，而主题上也有两个方面，形式和内容完全契合。

师：最后一个问题，这篇文章为什么取名叫《药》呢？为什么不取个名字叫馒头或者革命者夏瑜之死呢？药有什么深意？

生17：应该是他还是想要拯救这个社会，想要找到真正的药，同时人血馒头也是愚昧的群众所称的药。标题有一语双关的作用。

师：标题一语双关，既指治痨病的人血馒头的药，又指疗救群众的愚昧和革命者的悲哀的药。这篇文章我就讲到这里。下课，同学们再见！

【学后偶感】

精心设计　叹为观止

用心良苦　甚是感佩

——听黄明勇老师《药》课有感

在讲《药》之前，考虑到文章比较难，黄老师就先发了提问单给我们。我还记得大家的提问非常有意思，诸如"坟上的红白花环是什么意思""乌鸦为什么飞走了""小说开头写那些人伸长脖子在看什么""华小栓为什么一定要死呢，不死可以吗""鲁迅的这篇小说到底要说什么"……并且大家还在提问单上互相解答了一些疑问。在提问单上，虽然"乌鸦""花环"以及"发了疯了"有关的问题并没有在同学之间得到很好的解答，但是无疑督促了大家对小说文本深入细读，并积极思考。

　　课堂上，黄老师通过取小标题的方式带我们梳理了小说情节，便于我们理解和分析这篇小说的谋篇布局。于是大家的疑问被串起来，像瓜藤一样领着我们去摸到那个最终的"瓜"，又像光线一样渐次揭开眼前的迷雾。倒序的手法、明暗双线的并行，伴随着对社会环境以及出现的人物群像心理的深入理解，我们渐渐触碰到小说的主题。黄老师引导我们发现"夏瑜"这个重要人物原来是从众人的口中得到了形象描摹，又从人物的只言片语中推测出他的身份、行为以及最后的慨然赴死。

　　顺理成章地，我们开始讨论"乌鸦"的问题。由两位母亲上坟的不同的行为，我们感受到她们不同的复杂感情；又由那个貌似突兀的花环，我们看出了希望和未来。一步步地，我们了解了小说中种种潜藏却又合理的隐喻，比如那状似馒头的坟堆。

　　最终看回标题，"药"的一语双关似乎就显而易见。可是若没有老师的引导和串联，我们恐怕根本不能理解其中深刻的悲哀和对社会的呼唤，而只感到小说描叙中渗透的阴森可怕的气氛了。从课前的精心准备，到以"馒头"为中心语的小标题，再到对人物语言行为的解读、对全文结构的深度剖析，最终对主旨的理解，无一不体现出黄老师的匠心独运。

　　鲁迅的精心设计，让我们叹为观止。

　　黄老师的良苦用心，让我们甚是感佩。

（学生　张钰坤）

装在套子里的人

【可"玩"之点】

本课有两个"玩"法：其一，"以问代教"，全方位调动学生的参与性和思辨性。例如，课前让学生以"提出一个疑问"的方式来完成预习，课堂上也以有层级的提问来贯穿，这些问题的来源主要由两部分组成——同学自主提问、老师引导追问，即当学生提不出有意义的"好问题"时，教师负责引导、追问和铺垫问题。其二，让学生画漫画，将别里科夫的衣服层层"脱掉"，在画中体会主人公的形象及其意义。这样的"玩"法，由个人生活经历深入社会生活，由师生间的单向教学转为生生间的多向交流，打破常规，改变思维定式，培养学生独立解读文本的能力。

【课堂实录】

师：同学们好！

生：老师好！

师：今天我们一起来学习《装在套子里的人》。同学们读了这篇文章没有？

生：读了。

师：读了多少遍呢？

生：（学生自由发言）1遍。2遍。一遍又一遍……

师：那我想问几个问题——虽然显得幼稚，但是我还是想听听同学们的感受——第一个问题，喜欢这篇课文吗？第二个问题，读完之后你有哪些疑问呢？请同学们分享自己初读这篇课文的感受。

生1：我挺喜欢这篇文章的。因为故事的叙述手法非常成熟，而且用语非常简洁。但是我更喜欢契诃夫的其他文章。

师：你还读过他什么文章？

生1：以前读过他的一个短篇小说集，里面的标题都记不太清楚了，但是印象比较深刻，感觉他写文章很诙谐，有很多灰色幽默的意味在里面。

师：哦，都记不得它们的名字了啊？

生1：嗯，是小学时候读的。

师：那不错啊，小学就读了。不过呢，今天回家再翻一下书吧，看看它们的名字，读了文章忘了名字，还是有点遗憾的。不过我还是要表扬你，语文就是要多读书，从读一篇到读一类。

师：你刚才提到这篇课文的语言非常简洁，这是读书之后的感受。另外，你有疑问吗？

生1：有。课文最后写到"可是这种装在套子里的人，却还有许多，将来也还不知道有多少呢"，全文只写了一个装在套子里的人，就是别里科夫，那文章有没有在其他地方体现出还有哪些是"装在套子里的人"呢？

师：好的，似乎一个不够，应该多几个才好。还有其他问题吗？

生2：我第一次读这篇文章的时候，是开学发语文书的那天，大概读了一遍，没什么感觉，就跳过去了。昨天第二次读这篇文章，仔细读来，觉得还是挺不错的，叙事清晰，比如课文里讲了很多件事情，但每件事情都有一个比较完整的印象，知道发生了什么，结尾是什么，轮廓很清晰。我也有个疑问，"套子里的人"是指哪些人？

师：好的，你的问题需要弄清楚"套子"是什么东西，"套子里的人"又指哪些人。

生3：我也比较喜欢这篇课文。感受最深的是契诃夫叙事的节奏掌握得非常好，他以第三方的视角来叙事，娓娓道来，不紧不慢，把控力特别强。别里科夫是一个什么样的人，围绕他发生了些什么事，后来结局如何，都一一交代清楚完整。语言上很干净、干练，一看就是一个很有经验的小说家。

师：你认为语言很干练，那你觉得幽默吗？刚才前面几位同学都谈到小说的语言，我觉得挺有意思，大家用了许多词，如简洁、干练、干净，但很少提到"幽默"，大家觉得这篇小说幽默吗？

（学生中有点头的，有摇头的）

师：如果这篇小说你读到的是一本正经，那可能就没有读懂哦。（大家笑）这篇小说语言最大的特点就是诙谐风趣，只有第一位发言的同学提到了。相当于契诃夫给我们讲了一个笑话，结果我们没看懂，笑不出来，契诃夫就只有伤心的份儿了。（大家笑）

师：还有疑问吗？

生4：文章到底在讲什么？笑点在哪儿呢？

（大家笑）

师：这个问题提得好。读文章就是要善于发现问题，有问题才能弄明白文章到底在讲什么。我也想谈谈我自己的疑问：第一，别里科夫在学校只是一个小小的教员，地位不高，但是他却能把整个学校控制了足足十五年，那他是靠什么方式和手段做到的呢？第二，这么一个古板的人，怎么会进行一段婚恋呢？这个事情太不可思议了，当时的同事也都觉得可笑，还给他画漫画。第三，华连卡的几句"哈哈哈"的笑声就结束了别里科夫的性命，这个太荒诞了吧？这是我自己的疑问，不知道有没有同学与我有同感的？

（学生中有许多人点头）

师：刚刚有同学说"不可笑"，可是我觉得挺可笑。现在我们大家一起来看看到底可不可笑。请大家看文章第一段，一位同学来读读吧。

（生读）

师：刚刚听到旁边同学在笑，你笑什么呢？

生5：我觉得别里科夫的装束很可笑。他用棉花堵住耳朵，总是把衣领竖起，坐车还一定要支起车棚。

师：那能不能用你自己的语言把他的可笑之处描绘出来？

生5：一个笼罩在黑魆魆的笼子下的看不清楚实际样子的物体。具体来说还有：别里科夫穿着大衣，还要把领子竖起来，把耳朵用棉花塞住，削铅笔的小刀也要装进套子里。就连他的工作，教希腊文，也是一个躲避现实生活的套子。总之一切看起来都是用套子套住他的。

师：如果像这样穿衣服、做事情的人在我们班上出现，你觉得怎么样？

生6：异类。

师：是啊，如果我们身边出现了这样的人，我们会觉得太可笑了。为什么可笑，因为"反常"！跟普通人比起来，他和我们完全是两个世界的人，不属于我们生活的范围，跟我们不一样。而且，作者把他的"反常"行为极力描述出来，写得非常仔细，这就是作者的"夸张"。正如我们画漫画，就会用夸张手法。

师：那别里科夫为什么要把自己装在套子里呢？

生7：害怕，胆怯，憎恶现实，躲避现实生活。

师：有这么一段话，请大家在横线上填一个词。

【PPT示】

别里科夫凭他那种唉声叹气，他那种垂头丧气，和他那苍白的小脸上的眼镜，_____了我们，我们只好让步。

生8：战胜。

师：教材里用的词语是"降服"，对比一下，你觉得有什么不一样？

生8："战胜"是把我们打败了，"降服"比"战胜"的词义更重一些，重心在"服"字上面，不仅战胜了，还让我们臣服了。

师：还有另一段话，请大家在横线上填一个词。

【PPT示】

这个老穿着雨鞋、拿着雨伞的小人物，却把整个中学_____了足足十五年！

生8：统治。

生9：管理。

生10：领导。

生11：辖制。

师：这几个词当中，词义最重的是哪一个？

生齐：辖制。

师：他凭什么能辖制一个学校呢？甚至全城都受着他的辖制？这个人在学校是什么身份地位？在城里是什么身份地位？

生12：普通教师，教希腊文，一门古代语言。在城里就更普通了，就是一个普通老百姓的角色。

生13：别里科夫去找科瓦连科的时候，他们是同事关系，但是科瓦连科都很不尊重他，说话中带有鄙夷和讥讽，可以看出别里科夫确实是个不起眼的小人物。

师：对啊！这个细节找得好！科瓦连科应该是个新教师，而且是个年轻的新教师，对老教师、老前辈应该要尊重才对。可是科瓦连科还奚落他。但就是这么一个小人物，却把整个学校"辖制了足足十五年"！不觉得很奇怪吗？对这个问题，同学们是怎么想的呢？

生14：第10页第1段倒数第3排，提到"在别里科夫这类人的影响下","这类人"三个字说明别里科夫不是一个人,他只是一个代表而已,像他这样的人还有许多。小说虽然只写了别里科夫一个人,但他把这个群体的共性给集中出来,集中到一个人身上了。

生15:我想说的是第13页倒数两段。别里科夫死了以后,课文里说"埋葬别里科夫那样的人,是一件大快人心的事"。按道理来讲,我们学校就应该"解放"了,整个城市也该"解放"了,不再被"辖制"了,我们应该高兴啊,可是"一个礼拜还没有过完,生活又恢复旧样子","局面并没有好一点","这种装在套子里的人,却还有许多,将来也还不知道有多少呢"!所以,从这些话来看,别里科夫确实是一类人的典型代表而已,这样的人在当时社会上应该是有很多的,而且他们的思想、行为方式所带来的影响一时半会儿也不会消失掉。

师:课文里虽然只写了一个人,但这类人像影子一样,在我们身边,还有很多。这就是小说的艺术性。我们这几位同学的发言已经回答了先前那位同学提出的问题。虽然一个别里科夫死了,但是千万个别里科夫还活着。这算是一个观点。还有其他观点吗?

师:我们来看这幅漫画,跟书上的一样吧?

【PPT示漫画1】

师：再看第二幅漫画，和刚才第一幅有什么不一样？

【PPT 示漫画 2】

生 16：衣服变短了。

（生笑）

生 17：不对，是把外套脱了。

【PPT 示漫画 3】

生齐：脱得更多了，上衣、长裤都脱了。

师：我后面还有一幅漫画，你们猜猜，会是什么样子呢？

生 19：不穿衣服，裸体的别里科夫。

【PPT 示漫画 4】

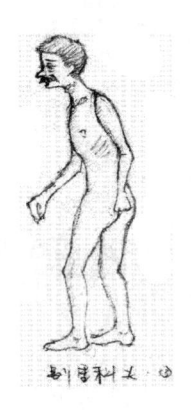

（生笑）

师：这一组漫画想表达什么？

师：我们把别里科夫的衣服全部脱掉了，你觉得他的套子还在吗？

生 20：在吧。

师：那是什么呢？

生 20：心态。

生 21：做事的方式。

生 22：是一种固有的思维观念。

师：能从文本中找到依据吗？

生 23：别里科夫还有一个口头禅——"千万别闹出什么乱子"。

生 24：第 1 段还写他"自己的胆怯"和"对现实的憎恶"。

师：那他是靠自己的胆怯来辖制整个学校吗？

生 24：不是。

师：那他辖制学校真正的武器是什么呢？大家再在文本里找找看。

生25：我觉得是第4段的"他那种慎重、那种多疑、那种纯粹套子式的论调，简直压得我们透不出气"。

生26：第2段写"别里科夫把他的思想也极力藏在一个套子里"，我觉得是他的思想。

师：什么思想？

生26：固执守旧。

生27：第9页第2段提到，只有政府的告示和报纸上的文章，规定禁止什么，他才觉得一清二楚。第4段又说了："凡是违背法令、脱离常规、不合规矩的事，虽然看起来跟他毫不相干，但却惹得他闷闷不乐。"

师：也就是说，凡是政府没有规定的事情，都不能做。那么，别里科夫拥有的武器是什么？就是统治者的法令、常规、规矩以及守旧腐朽的思想。而政府的法令、常规、规矩应该是他产生守旧思想的根源。那么这样就好理解了，虽然这是个小人物，但他只要拿着这些东西出来说事，其他人敢对抗吗？

生齐：不敢。

师：好，这个问题解决了。在这篇小说中，还有一个很稀奇的事，也是很重要的情节，就是别里科夫要结婚了。谈恋爱之后，有好事者给他画了一幅漫画，之后发生了很多事情。对这个情节，同学们有没有疑问？

生28：我想说说我的看法——对于别里科夫这样迂腐的人来说，能找到华连卡这样比较新潮的一个女人，我觉得简直是不可思议的！如果他们两个人真的结婚了的话，我并不认为他们两个能够维系这段婚姻，长久走下去。

师：嗯，你很有想法！我在这个情节中也提出了很多疑问，比如说：

47

【PPT示】

问题1：别里科夫可以恋爱吗？

生29：别里科夫居然谈恋爱，简直太过分了！（大家笑）

师：这个问题很有意思哈，我记得在大学里，我看到一个长得很丑的人谈恋爱了，觉得好奇怪哦，这种人竟然也能谈恋爱！（大家笑）你们有过像我这样奇怪的想法吗？（大家笑）

师：那别里科夫可以恋爱吗？

生齐：可以。

师：对哦，他是个健康人的嘛，当然可以恋爱哦。那么我还想问问：华连卡笑了几声，就把别里科夫弄死了，究竟怎么回事呢？

【PPT示】

问题2：为什么华连卡的几声"哈哈哈"就结束了别里科夫的婚恋甚至生命呢？

问题3：假设华连卡和别里科夫结婚了会怎么样呢？

师：这一连串的问题，同学们可以选择其中任何一个你感兴趣的来探究。

生30：我想说说第1个问题。别里科夫可以谈恋爱，他可以找一个和他一样的同类来谈嘛，没必要找华连卡这样的人。他们俩完全属于两个世界，华连卡的性格比较开朗。

师：嗯，"性格开朗""不是同类"，书上有依据吗？

生30：有，比如别里科夫从楼梯上摔下来，华连卡觉得他很狼狈，就哈哈哈大笑起来，非常随意，非常外向。还比如说，华连卡骑自行车，很新潮。另外，对于第3个问题，我想说如果他们结婚了，迟早也会离的。因为华连卡做许多事情，别里科夫都看不惯，就用哀叹的语调指指点点，华连卡肯定受不了他的。

师：你说的很有意思，分析问题的时候也能扣住文章内容，在文章中找依据，好习惯！同学们，这几个问题的答案应该都没有对错之分，只有合不合理，或者说，在文章中能不能找到点儿依据来支撑观点，这样就很好了。

生31：其实，我觉得别里科夫只有和华连卡才能谈恋爱。（生惊讶）为什么呢？中国有句古话"不是冤家不聚头"嘛。（大家笑）

师：那你觉得别里科夫真的喜欢华连卡吗？或者华连卡真的喜欢别里科夫吗？

生31：首先，我觉得恋爱是起于好奇的，就像哲学是起于好奇的一样。（大家笑）

师：可是书上说他们俩是被"怂恿"的。

生31：哪怕是别人"怂恿"，他们俩也是对彼此好奇的。他们俩是完全不同的两个人，对彼此的世界来说，都是陌生的，因为陌生才能产生好奇，这是他们恋爱产生的基础。就是因为他们性情不同，世界观、价值观完全不同，他们俩在一起才有意思，才好玩。所以，我觉得他们结婚了以后，都会被彼此影响，会变得更好玩，他们才会更长久地在一起。这才叫"天造一对，地设一双"。（生笑）

师：哦，他们俩性格互补，凑在一起，恰好弥合了。（生笑）

生32：我也想谈谈第3个问题。先前那位同学是从性格上来讲的，我想从小说文本上来讲。我觉得他们俩结了婚，会是很恐怖的事。因为小说最后说"像这样的人还有很多"，但这个别里科夫毕竟是死了，这类人一个一个都会死去，从这个角度来看，小说还是给人以希望，最终是可以战胜守旧的思想观念的。但是，如果华连卡和别里科夫结婚的话，那么这种守旧的观念就会深入影响到其他人，传播到一个家庭里去，这个思想就保留下来了。从这个角度来看，如果小说没有让人看到希望，那这个小说就失去意义了，太没有意思了。

生33：可是我认为改革应该是渐进的，他们俩结婚是渐进

的缓慢的改革。而不能用革命的方式把一个人一下子打倒了。（大家笑）

师：非常开心哈。刚才大家对于别里科夫的婚恋，大家讨论得非常热烈。我们把刚才大家的讨论归结一下：首先，不管他们俩结婚你同不同意，我们都能得出一个结论——这两个人绝对是两类人：华连卡代表新思想的人，别里科夫代表旧思想的人。我们从这个情节里再次认识到别里科夫的守旧思想。还有一点，别里科夫能恋爱，说明他还是喜欢华连卡的，至少对她是有好感的，那说不定别里科夫骨子里就是喜欢这种热情的人，正如刚才那位同学讲到的"性格互补"，有道理。

师：但是另一个矛盾就出来了——科瓦连科无论怎么随意的奚落他、不尊重他都可以，他都能忍受，但是华连卡只"哈哈哈"笑几声，别里科夫怎么就受不了了呢？这个笑那么厉害，甚至直接结束了他的生命？

生34：因为他心目中把华连卡看得还是挺重要的。

师：书上有一句话很有意思，讲到别里科夫滚下楼梯的时候，"连同他的雨鞋一起乒乒乓乓地滚下楼去"，这个"雨鞋"表面上是他生活中的"套子"之一，实际上在这里就是一个象征物，代指他的"套子"。那么，华连卡一笑，就把整个"套子""揉碎"了！原先他是用"套子"把自己包裹起来的，现在把"套子""揉碎"了，所以，直接结束了他的生命。

师：那么，现在你们说可不可笑？小说就是突出他的"反常"，因为"反常"，所以可笑。这些"反常"把别里科夫这个人物的性格特点塑造得更加明显了。因此，我们通过"婚恋"这个情节看出，别里科夫的内心其实是有挣扎的，而这种挣扎更显出他的脆弱，因为脆弱，才要用"套子"包裹，才要躲避和排外。

师：到现在，我们可以来总结一下了——别里科夫是多么可笑的一个小人物，可是他又很可恶，又是那么的可怜可悲；他是那么的小,又是那么的大,但还是那么的小;他是那么的弱,又是那么的强,但还是那么的弱;他的套子是那么的薄,又是那么的厚,但还是那么的薄。

师:那我们现在来看小说的标题,叫"装在套子里的人",为什么不叫"别里科夫"?

生35:因为这个人有典型性。虽然文章只写了他一个人,但他代表的是"这类人",即使他死了之后,人们的生活还是恢复了原样。所以,其实我们每个人都有一个套子,大家都在自觉接受、遵守,甚至维护这种秩序。

师:那套子产生的根源是什么呢?

生36:是政府的统治,政府的制度。

生37:我认为还有生活中习以为常的规矩、行为方式、思维定式。人们没有想过要去突破的东西。

师:两位同学从当时社会状况(沙皇专制)和文化、生活的角度来谈,非常精辟,现在我们的理解就比初读文章要深刻些了。

师:读了这篇文章,大家都可以思考,在我们今天的生活中,有没有这种带着套子的人。谢谢大家!下课。

【学后偶感】

全方位调动的课堂
——听黄明勇老师《装在套子里的人》课有感

一堂有意义、有效率且深入的课堂是能够全方位调动学生的自主性,全方位调动思维的思辨性的,这在《装在套子里的人》这堂课上得到了充分体现。

课文本身有着鼓励打破常规、改变思维定式的意味,这堂课本身的教学方式就已经打破了以往枯燥的老师单方面"灌输"的

模式。课堂一开始，黄老师就针对同学们对文章的整体初步感受提出了问题。我认为，这符合一般的阅读规律和学生的理解方式，因为只有先把握好整体感受才能更为准确地细读文本，深入地解读文意。

黄老师以提问的方式贯穿课堂，有利于加强师生互动，调动学生思考的主动性。而问题的提出又由两部分组成：一是同学自己提问，二是老师引导提问。这让我不禁想到雅典学院里苏格拉底的"助产式"教学方式，同样也是以"问"引导。这种教学方式本身是有难度的，因为有时学生提不出"好问题"，需要进一步引导。而这堂课之所以成功，就在于问题都是有意义的，对于文章的深入解读更是有大帮助，同时这也与老师机智的有效追问是分不开的。

课堂中还用到了"比较"的思维技巧，所谓"对比产生美"，正是对比思维可以让学生更突出地理解原文构思、人物形象塑造的巧妙之处。课上有多处"比较"点：其一是在PPT上填空，将两个词与相近但程度不同侧重不同的词语相比较，一下就能让学生看出作者和译者的良苦用心了。其二是用漫画形式将别里科夫的衣服一层层"脱掉"，这一比较的有趣之处在于，几张图片虽然衣物逐渐减少，但别里科夫从本质上却没有变化，这一比较体现出了他根深蒂固无法改变的落后思想。同时，这一环节也非常能够调动学生的积极性，让更多的同学加入思维的潮水之中。

总而言之，这堂课由浅入深，由实际个人生活经历深入社会生活层次，在学生毫无察觉之时灵活地变换运用教学方式与技巧，全方位地调动了课堂，让思维碰撞出火花。

（学生 王楚晗）

散文：品玩语言意蕴

记梁任公先生的一次演讲

【可"玩"之点】

对语文的生命认识应该弱化其社会功能,直抵其学科本质即语言文字。从语文的归宿看,文本生命的对话应该是阅读的本质。"阅读"这一行为,是品玩语言意蕴的积极行为,能激活文字的生命,从而实现作者与读者生命的对话。

《记梁任公先生的一次演讲》这篇文章有三处"可玩":其一,采用"原初阅读"理念实施教学,关键是如何引导学生在课堂原生状态下解决问题,本课最有特色的策略就是设置语言的认知冲突,如解读梁任公先生时的"审美悖反"。其二,学生对三段引文的解读是难点,作者梁实秋在听演讲后五十年依然能记起那些引文、那时场景,写下这篇文章,足见该演讲影响至深。其三,教学并不能仅停留在三段引文的解读上,从作者梁实秋的文学主张出发,结合本文的字里行间,窥见梁任公饱含国运忧患且孤独悲凉的学术精神,恰是梁实秋所崇尚的中华学者永久不变的人性。

至此,我们才能真正理解,读者跨越时空通向作者生命本源的幽径是文字,只有玩味文字,才能真正走进文本,与作者进行思想与情感的对话。

【课堂实录】

师:非常高兴,我们一起来学习这篇著名文章《记梁任公先生的一次演讲》。同学们初读这篇文章，可能生发很多疑问，请分享你们的问题。

生1：本文的题目是"记梁任公先生的一次演讲"，那么为什么本文没有用太多的篇幅来对梁任公进行语言描写？

师：也就是说，写他演讲的内容很少，写其他的要多一点。请坐，谢谢！继续。

生2：最后一段提到了"有热心肠的学者"，这个"热心肠"，它的含义是什么？

师：你觉得这个"热心肠"好像有深意，谢谢！还有吗？

生3：我觉得梁任公先生在演讲里涉及的韵文很多，但是偏偏提到这个《箜篌引》，《箜篌引》在这篇文章里究竟有什么作用呢？

师：最后一个机会了，近水楼台先得月。

生4：梁任公先生的演讲，开场白说"启超没有什么学问"，后面写到"可是也有一点"。为什么单单写了开场白，其他的语言都没有具体写？

师：重点写这开场白。（PPT展示学生预习提问）描写启超先生的外貌、神态、动作有何深意？《箜篌引》有何作用？文中说他很谦虚，又说他很自负，这是什么意思呢？"有学问，有文采，有热心肠"怎么理解？特别是"热心肠"有什么深意？为什么一会儿是"涕泗交流"，一会儿是"张口大笑"呢？梁启超先生晚年是不谈政治的，这是什么意思呢？梁任公先生作这个演讲有什么政治背景啊？为什么梁任公先生的这次演讲给作者如此深刻的印象呢？我大致整理了一下，你觉得黄老师整理得有没有代表性呢？有点身体语言好不好？（众掌声）

我把这些问题组织起来，找到一个突破口，来解决刚才大家提出的诸多问题，那就是梁任公先生的这次演讲为什么就给骄傲的梁实秋留下深刻的印象。有一句原文："这是一篇动人的演讲。"看到"动人"这个词,说"给我留下了深刻的印象"。(PPT展示梁实秋简介)梁实秋确是文学大家,他有骄傲的资本,但他真的很佩服梁任公的这次演讲,这是为什么呢?我们先把问题聚焦在这里。这个问题有点大,我们再把位置放低一点,我再给同学们提一个小问题。这篇文章写了梁任公先生很多的神态、语言,很精炼。这有什么作用呢?在写法上,你能够找到它的特别之处吗?请大家齐读这一段,"我记得清清楚楚,起……"(生齐读)

师:你们觉得他在外貌描写方面有没有特别的地方?

生5:我觉得这一段描写的梁任公先生的形象并不高大,没有刻意描写说他长得特别英俊潇洒,而是说他短小精悍、秃头顶,就是感觉他的外貌并不是特别好看,这就与他之后的这种自信、从容大气形成了一种对比。他的形象并不高大,但是他却有大气在里面。

师:嗯,我冒昧地问一下,你们这个年龄欣赏的长得比较帅的人大概是什么形象?梁任公这个长相,说他"短小精悍"已够给面子了,其实就是长得矮,而且"秃顶"可能比我这个还要多一点。(摸自己的秃头。众笑)你看我年轻时一头秀发。(众笑)还有"宽下巴",宽下巴是什么样子?你们历史课上学过北京猿人没有?(众笑)你看我们这位主角的形象:又矮又秃顶,又是一个宽下巴,丑不丑?(生点头)这个是已经够寒碜的长相,他又穿一长袍。你们学过形象课吗?矮个子,千万不要穿连衣裙、长袍。所以这个外形可以说是太丑了,但你看后文写了"步履稳健,风神潇洒,左右顾盼,光芒四射"。

生6:我觉得用了反衬法,先以他的外貌突出,然后笔锋一转,以各种褒义词来描写他。

师:用他外貌的丑来反衬出他的气质美。你们年轻人多喜欢年轻貌美的老师,像刘老师这种,而不是像我这种年老色衰的。

57

（众笑）同学们，为什么在这里他（梁实秋）就觉得很好，而且还有崇敬之情呢？文中还有这样的特别之处，找到了吗？

生7：我发现他在这篇文章中出现了很多反衬的点。比如第4段，前面同学已经说到了的：" '启超没有什么学问，可是也有一点喽！'这样谦逊同时又这样自负的话是很难得听到的。"还有第8段，他在讲到他是……

师：嗯，不着急。我们先来找。（第4段）你为什么说这是反衬？

生8：他先说自己没有什么学问，但后面又接着说他自己有一点哟。我们知道梁启超先生其实是一个很有学问的人，他在前面说"启超没有什么学问"，是一种谦虚的说法，而后面说"可是也有一点喽"，这里看出他是一个幽默的人。

师：你能不能把这句话的味道读出来？

生9："启超没有什么学问，可是也有一点喽！"

师：哦，你们后面有没有看到，他的眼睛翻了一下呢："可是也有一点喽！"一个"喽"字，一个"也"字，你看，读起来，用他的话来说是自负，但是你觉得"自负"有什么样的感情色彩？贬义啊，我们把它换成"自信"又如何？

生10：他前面用了一个谦逊性的褒义词，后面就不说，如再用谦逊词的话，这两个词语再相互碰撞，就不会那么激烈了，想要突出这个人物就没有那么明显。

师：确实是"自信"吗？

生11：他想要把人物突出，更为鲜活的话，就是……

师：不要着急，"自负"明明是贬义词，偏要用，这位同学，你讲得挺好的。

生12：他的话给了我启发，我觉得"自负"在这里虽然是个贬义词，但它应该是贬词褒用，这个地方单纯用"自信"已经完全无法概括他的自信，像余秋雨所说的"一个真正强大的生命

总能够简单的铿锵有力"。所以说"自信"这个词很难描摹他的自信，用"自负"更符合他的气质。（掌声）

师：我们这位同学阅读面很广。你刚分享了一个很有意思的词，叫"贬词褒用"。这里明明"自负"和"谦逊"的反差很大，但揉在一起恰好另有一种效果，让我们的梁任公先生更可爱。刚才你没有说完，现在又给你个机会，你说，还有一次反差在哪里？

生13：第8段，"听他讲到他最喜欢的《桃花扇》，讲到'高皇帝，在九天，不管……'那一段，他悲从中来，竟痛哭流涕而不能自已，接着讲到'剑外忽传收蓟北，初闻涕泪满衣裳……'梁任公先生又真是在涕泗交流之中张口大笑了"。梁任公先生先是痛哭流涕，然后张口大笑，这前后一反衬一对比，就体现出梁启超先生的真性情和对文学的热爱之情。

师：英雄所见略同啊。前面是"涕泗交流"，后面是"张口大笑"，这两个表情反差太大了，而且是在瞬间忽变。你刚才说的要点"真性情"，还有没有要补充的？

生14：我觉得从这里可以看出梁任公先生沉醉于古典文学，忧古人之忧，乐古人之乐。

师：你觉得它融入了个人感情，融入了个人的什么感情呢？

生14：应该是体会到了古人的悲喜。

师：古人？我明白了，很多同学说真性情，还有同学可能说梁任公讲课很投入，我认为这都是表层的，还要深入下去。

生15：我认为他这两次的原因是不同的，刚开始讲的是高皇帝在九天，他痛哭得不能自已，表面上看得出他的真性情，更能体现出他对当时统治者的无能让百姓陷入了战争的痛苦，痛心疾首，但后面"剑外忽传收蓟北，初闻涕泪满衣裳"，他在涕泗之中又张口大笑了，一定是有一种炽热的爱国之情。

师：你是怎么看出他的爱国之情的呢？

生15：因为战争终告结束了，从战争一下子恢复到和平状态，便会喜极而泣。

师：很容易理解到他的笑，打了胜仗，杜甫高兴得流泪，"我"就跟着高兴。但显然有一个困难，那就是前面《桃花扇》那里为什么要哭呢？

生15：他当时是由于高皇帝在九天不管什么，所以哭，而且哭得不能自已了，心里有一种痛。当时统治者无能，会让百姓陷入痛苦之中，他能够将心比心体会到百姓的痛苦。

师：我们交流一下，好不好？不好意思，我不该打断你的，你觉得是统治者的无能，你读过《桃花扇》没有？

生15：略看过。

师：略看过，你知道"高皇帝，在九天"什么意思？

生15：不太了解。

师：请坐。不太了解，你就说"老师，你能不能给我说下背景"？为什么没有这样的要求呢？老师是可以满足你的要求的。（众笑）同学们读到这，老是在说真性情，老是在说感觉，是什么感觉？就是说不清楚，为什么后面杜甫的诗又说得清楚呢？因为我们把诗读懂了。我们这里需要提供点背景，我从梁任公先生的原稿中摘抄的，大家一看就明白，原来是"高皇帝在九天……圣子贤孙还不如飘蓬断梗"，这是说崇祯殉国了，吊死了，他在这里恰恰是在悲崇祯皇帝。再联系到梁任公的经历，他曾经做过一个很大的政治革命叫什么？（生：戊戌变法）你们都学过这段历史吧？当时有个皇帝叫什么名字呢？（生：光绪皇帝）后来光绪皇帝也落得很惨，有没有悲光绪皇帝的意思呢？（生：有）所以不管怎么说，从后面那句话"17年，忧国忧民"可以看出，你刚才说到的爱国之情，我认为答对了。我们再来看梁启超的另外一句话，他说他写文章的时候，"一个个字都带着鲜红的血呕出来的"，可以看出他的爱国情深，是他内心情感的奔迸。悲光

绪皇帝，悲国家衰亡，悲自身一腔爱国热情。

那么，《箜篌引》在这里又有什么作用呢？之前你们提出这个问题，现在我们通过一些铺垫，到这里同学们有没有一种顿悟，《箜篌引》的作用是什么？我们要把它的内容本身理解了，才能知道它在这里的具体作用，哪位同学愿意起来读一下《箜篌引》？

生16："公无渡河。公竟渡河！渡河而死；其奈公何！"

师：读得好不好？（生：好！）他读了，我也想读。"公无渡河，公无渡河。公竟渡河！渡河而死；其奈公何！"我这样读，在技巧上做了一点处理，你们觉得处理后有什么效果？

生17：你用了反复，把"公无渡河"反复了一遍，我觉得你反复一遍后就体现出"公无渡河"是一种劝告，意思是千万不要去渡河，可是他非常执着，并没有听劝告，选择了去渡那条河。他非常执着、义无反顾地去渡那条河，但他葬身于此。你说"其奈公何"，那我拿你怎么办呢？你有那种无可奈何，他又那么义无反顾。

师：谢谢你对我的欣赏。这位同学理解得非常棒，黄老师在他的基础之上灵感突发，做了一点小小的处理，仅仅就这么几句话，其实这里有一个情感的起伏，先是劝告他不要去渡河，要死人的，可是这个公就不听，明知道要死，偏要去渡，结果死了，很悲壮。那么，这首诗什么意思呢？

生17：我是这样理解的，梁启超原来参加过戊戌变法，当时这种事情是很危险的，肯定会有很多人劝他不要去。他内心有一种对国家的责任，不管多么危险，他也要义无反顾地去闹革命。

师：那么这首诗可不可以说，为了自己的理想，哪怕是牺牲自己的生命？（生点头）你刚才联系到梁任公先生的政治经历，我觉得阐释得非常好，这是《箜篌引》的背景（PPT展示）。你

61

刚才说到梁任公的政治背景，我突然想到了谭嗣同"我自横刀向天笑，去留肝胆两昆仑"，当年很多人劝谭嗣同，"我们走吧"，谭嗣同非要留下来，他说"革命从我开始流血"，是不是明知要死还一定要去？所以，这个地方很悲壮。

生17：《箜篌引》这首诗的作用，应该说就是要表达自己为了理想而执着追求，哪怕牺牲生命，再联系到梁任公的经历，那就是忧国之深情啊，要和这段国运联系起来理解。

师：那么，说"梁任公先生晚年，不谈政治，专心学术"，又说"也不是因为他是云南起义的策划者，实在是因为他的学术文章对青年确有启迪引导作用"，这里矛盾，同学们也提出了这个问题，现在我们可以这讨论一下，你觉得矛盾吗？

生18：我觉得不矛盾。他这里不谈政治，不是说就没有爱国之情了，这是两种概念，只是说他在革命的道路上没有继续去发动政变或起义之类的，但他的爱国之情在他的心里已经生根了。演讲中他的爱国之情随时都会自然而然地产生。

师：你说这个人的爱国之情已经融入他的血液中了。表面说不谈，实际上在谈，但是这样说来理解文本是不够的。我这样帮助你一下，联想到我们初中学过《从百草园到三味书屋》，里面有一个句子跟它很像，不什么什么。

生19：好像是"不必说碧绿的菜畦，光滑的石井栏，高大的皂荚树，紫红的桑葚"，鲁迅在文中虽然说不必说什么，但就是要说。

师：对的，这种语言形式就是看起来否定，实际上肯定。说梁任公不谈政治，但实际上要谈，我想再补充点，讲一下，你们知道梁任公先生在戊戌变法前后做了些什么事情？

生20：他和康有为是公车上书的发动者，后来他又办了《新民丛报》，都是在戊戌变法之后。

师：讲得很好！他在戊戌变法失败后，他还在继续办报纸，后来虽然在专心搞学问，但他在新闻方面是很有成就的，也就是说应该证明他仍在关心政治。

生21：他说的不谈政治，只专心学术。我先看到的是专心学术，从《记梁任公先生的一次演讲》看得出，梁任公在专心学术之后，他的很多言行对当时的青年人都有深刻的影响，所以我对这句话的第一层理解是，"落红不是无情物，化作春泥更护花"，现在的我们在表面的洪流中看不见他的身影，但是他的精神和骨血在一代一代的青年的血液中流传。第二层理解，我就想到傅雷先生说的"赤子孤独了，会创造一个世界"。

师：谢谢，好有文采！你刚才发言有一个词"孤独"，我觉得这样理解更能体会他的孤独。1921年时，戊戌变法已经失败很多年了，梁启超的很多政治观点和那时代洪流已经不相合了，他的这个"不谈政治"，好像跟这个时代洪流不适应，有没有一种孤独之情呢？

生21：有，他把孤独之情，化在学术研究中，我认为这个时候看起来是冷的，而实际上背后是热的，而这个热恰恰突出了他的热心肠。

师：回到开头的问题，为什么梁任公先生的演讲给梁实秋如此深刻的印象呢？你们现在找到这句话："有学问，有文采，有热心肠的学者，求之当世能有几人？"好多人抓的都是前面有"有学问，有文采"，可是同学们抓得很好，抓的是"热心肠"，他的学术研究背后是有忧国忧民的情感，可是我在读的时候我还读到了后面一句："求之当世，能有几人？"梁实秋写这篇文章，你们知道大概是什么时候吗？1974年，那时他在台湾，72岁了，他在那里回想几十年前先生的演讲还如此动情，我觉得他的心情跟梁任公先生一样，有对国运的忧患。为什么？那个时候海峡两岸是分隔的，国家依然没有统一，所以他实际上有一种孤独悲凉。梁实秋先生也有一种孤独悲凉，哪里看得出来啦？

生21：第37页这一段：从20年之后，偶然记得在茅津渡，但见黄沙弥漫，黄流滚滚，景象苍茫，不禁哀从中来，顿时忆起先生讲的这首古诗。

师：梁实秋，他为什么哀呢？而且是在20多年之后，你们算一算，20多年之后，这时是什么时候呢？大概是1942年，1942年又是什么时代背景？抗日战争最艰难的时候，这时看到的"黄沙弥漫"有没有暗示时局混乱呢？有没有暗示当时国运衰败的景象？所以你看，梁任公先生讲学术融注了忧国忧民的情怀，梁实秋先生听梁任公的演讲也融注了个人的情怀，这是梁实秋先生晚年说的一句话，相当于他的遗嘱，他的遗憾（PPT展示梁实秋得几大遗憾）。其中有一条，他说，他有一种"但悲不见九州同"的遗憾，我觉得这句话可以佐证我刚才的观点，你们赞成吗？（生点头）（屏幕显示：写人辩证法：反差），所以这篇文章在写人这方面，在记人叙事上面，我们今天找到一个突破口，那就是反差，通过这个突破口，我们解决了刚才这些问题没有？我觉得我们在读散文时还要注意散文中的"我"，我们刚才反复在说梁任公、梁实秋他们都融注了个人感情，所以这篇文章的主旨应该怎么来归纳呢？

生21：表达了作者对梁启超先生的敬佩之情。结合文章最后一段，还有作者对当世难以再见到这样的伟大人物的遗憾之情。

师：梁实秋是学问大家，在他的文学作品中，他主张描写永久不变的人性，从这个角度出发，这篇文章的主旨我们可不可以这样概括：梁任公饱含国运忧患且孤独悲凉的学术精神，恰是梁实秋所崇尚的中华学者永久不变的人性。从这篇文章，我们读到了他的国运忧患和孤独悲凉。（鼓掌）

师：（屏幕显示：作为当世之中学生，请联系生活实际，谈谈你对学术精神与国运忧患的看法）这个问题，同学们课后作为

读写练习。我们今天生活在一个什么样的时代？作为中学生的我们应不应该把我们的学术精神和国运忧患结合在一起呢？我们今天很多中学生只是关心学问，只注重个人价值的实现，以为只要成绩好就行了，国家的问题跟我们有没有关系啊？有，大家都在点头，所以最后，我希望通过这篇文章的学习，你们今后在钻研学问的时候，像我们梁任公、梁实秋先生一样，心系国运。今天就讲到这里，下课。

【课例点评】

尊重个体阅读体验，提升学生语言理解力
——听黄明勇老师《记梁任公先生的一次演讲》课

这节课是国家级课题"高考改革背景下语文原初阅读研究"成都市成果推广会上黄明勇老师执教的示范课。

我们认为这节课在高考改革背景下具有非常典型的意义。下面着重从教学理论的探索和教学策略的选择两方面谈一些看法。

一、"原初阅读教学"的理论依据

黄明勇老师首倡"原初阅读教学"，即从学生的原初问题出发，针对学生的思维瓶颈，设置语言认知情境（冲突或背景），引导学生克服功利主义并在阅读体验中获得理解力的提升，进而让学生达成更高层阶的原初阅读体验。一个人的阅读理解力源自其原初阅读体验的积淀而不是训练策略的熟练。

其教学价值主要体现为：尊重学生个体原初阅读体验，提升学生语言理解力；注重文道结合，以文化人，滋养学生生命情怀和精神品格。

黄明勇老师在实践中摸索出了可操作的原初阅读的教学范式：问题发现—主问聚焦—认知情境—教师启迪—问题解决—以文化人—精炼巩固—类文阅读—整书阅读—读读写写—读书报告

会。其课堂文化的核心要素是：发现和聚焦问题，设置语言认知情境（即语言冲突、语言规律和语言背景），以文育人。

语文阅读教学的最近发展区就是学生原初阅读时的感悟和疑问。学生对《记梁任公先生的一次演讲》的文本理解是一个意义建构的过程，通过其阅读此文的原初感受和课堂新知的相互作用，来形成、丰富和调整自己对此文的认知结构。

二、基于学生问题的"原初阅读教学"策略

（一）初读展示疑问，聚焦主问

"原初阅读"首先要有真实而充分的学生独立阅读与思考。因此，黄老师在正课前一天向该班学生明确了自读要求，即认真阅读《记梁任公先生的一次演讲》一文，然后写下自己在初读这篇文章时生发的问题。接着，黄老师梳理并选示出学生的20个有代表性的问题。例如：启超先生的外貌、神态、动作描写有何深意？《箜篌引》有何作用？文中说他很谦虚，又说他很自负，这是什么意思呢？"有学问，有文采，有热心肠"怎么理解？特别是"热心肠"有什么深意？为什么一会儿是"涕泗交流"，一会儿是"张口大笑"呢？梁启超先生晚年是不谈政治的，这是什么意思呢？写这个演讲有什么政治背景？为什么梁任公先生的这次演讲给作者如此深刻的印象？

这节课，黄老师将教学重点聚焦在"为什么梁任公先生的这次演讲给作者如此深刻的印象呢？"这个主问最能关联学生提出的其他疑问，主问得到很好的解答，其他疑问在教学过程中大多迎刃而解。

原初阅读教学的前提就是引导学生发现问题、分享问题和教师聚焦问题，难点是教师聚焦问题和为解决主问题设计问题梯度。而黄老师在这点上做得比较成功。

（二）细读重点文段，巧设子问

《记梁任公先生的一次演讲》是写人记事的散文。单元教学

提示："要透过对人与事的描写，仔细揣摩人物的言行、心理，体察人物的个性、情操，看作者如何在人物描写中体现对人物品行的评价，如何在叙事中表现或隐或显的情感倾向。"黄老师从全文 10 个段落中抓住三类重点文段：①人物形象（段 3）；②诗文意蕴（段 5、8）；③文章主旨（段 10）。

为引领学生深入解读这些重点文段，黄老师精心设计了三个子问题：①你们觉得他在外貌描写方面有没有特别的地方？（问文段内容，引出生 5 对梁任公先生的形象的把握）②《箜篌引》在这里又有什么作用呢？（问文段作用，引出生 16 的原初朗读和生 17 对《箜篌引》意蕴的理解）③这篇文章的主旨应该怎么来归纳呢？（问文章主旨，引出生 21 对本文主旨的阐述）。

（三）引导品读过程，丰富追问

《记梁任公先生的一次演讲》的主要层次：演讲的印象、讲稿、入场、开场、引诗、情状、影响、评价等。在没有教材外参考信息的独立的原初阅读中，绝大部分学生不易发现这些层次有由表及里的逻辑顺序，更难深入文本的情感内核去把握这次演讲的主要内容和梁任公先生的个性与情操。

因此，黄老师运用看似不经意却展现他多年教学智慧的追问来引导学生深入品读文本，主要追问：①你为什么说这是反衬？（追问文本解读的依据。引导生 8 去寻找依据，进而品读出梁任公是一个幽默的人）②你觉得它融入了个人感情，融入了个人的什么感情呢？（追问文中人物的情感。引导生 14 注意到梁任公的"悲喜"和生 15 品读出梁任公"炽热的爱国之情"）③《桃花扇》那里为什么要哭呢？（追问文本解读的原因。引导生 15 对梁任公讲到《桃花扇》时哭因的思考）④你觉得是统治者的无能，你读过《桃花扇》没有？（追问文本解读的过程。关注学生原初阅读真实的情况，为引出梁任公悲戊戌变法，悲光绪皇帝，悲国家衰亡的爱国热情作铺垫）⑤他演讲的时候大概是 1921 年，那个时

候是个什么样的时代背景？（追问文本的时代背景。引导生21对梁任公"晚年不谈政治"的深度思考）

（四）设置认知情景，回归主问

原初阅读教学策略实施的关键是如何引导学生在课堂原生状态下解决问题，而解决问题的有效策略是设置语言认知情景。认知情景包括语言冲突、语言规律和语言背景。黄老师在引导学生解决问题的过程中，最有特色的策略就是设置语言的认知冲突。比如，抓住梁任公外貌描写的反差。外在的丑："短小精悍""秃头顶宽下巴""肥大的长袍"。内在的美："风神潇洒""左顾右盼""光芒四射"。再比如神情的反差，哭：讲到《桃花扇》"高皇帝，在九天，不管……"痛哭流涕。笑：讲到杜诗"剑外忽传收蓟北……"于涕泗交流之后张口大笑。最后回到内心的反差。冷："梁任公先生晚年不谈政治，专心学术"。热：文中引用的几个素材都表现了梁任公先生对国运的关心和忧虑。以上几组反差极大地激发了学生的思维兴趣，让学生在语言认知冲突背景中解决问题。

从聚焦主问到设计有梯度的子问，通过设置认知情景（语言冲突）引导学生层层解决问题，最后又回到课堂开头的主问，从而实现了原初阅读教学的课堂完整的节奏美，不至于被学生的问题牵引导致课堂教学的散乱，这是黄老师这堂课的又一亮点。主要从以下五步来体现了这一课堂节奏美：①确实是"自信"吗？（引出性格特征。生12读出"自负"是对梁任公的贬词褒用）②不太了解，你就说"老师，你能不能给我说下背景？"为什么没有这样的要求呢？（引出历史背景。融合文本解读，让学生对梁任公爱国情怀的理解有了历史纵深）③他读了，我也想读。（引出教师范读。在学生原初朗读和教师范读的比较下，生17领悟到梁任公的"义无反顾"）④联想到我们初中学过《从百草园到三味书屋》，里面有一个句子跟它很像。（引出写作技法。生

19明白了"不必说什么,但就是要说",黄老师顺势讲到写作技巧中的"否定式肯定",即用形式上的否定来表达实质上的肯定)
⑤回到开头的问题,为什么梁任公先生的演讲给梁实秋如此深刻的印象呢?(引回课堂主问。在对此前子问和追问的听取、思考与表达中,学生对主问的深入理解水到渠成)

三、结语

黄明勇老师倡导"原初阅读"理念,展示学生在"原初阅读"中生发的有代表性的20个问题,聚焦一处主问,设计三处子问,即兴五处追问,最后回归主问,通过五步来深入推进"原初阅读",引导学生成功地解决一个重点(为什么梁任公先生的演讲给梁实秋如此深刻的印象呢)和三个难点(引杜甫诗、《桃花扇》《箜篌引》的情感内蕴)。这真是一堂基于学生问题的"原初阅读教学"展示课,也是一堂"目标集中、策略有效、过程丰满、教得智慧、学得落实"的阅读教学实践课,在具体实施"原初阅读教学"理念方面,也充分展现了"语文核心素养"的正道探索。

(丁红杰)

荆轲刺秦王（第三课时）

【可"玩"之点】

《荆轲刺秦王》，是文言文教学中最有表现力的篇目之一，学生喜欢，教师喜欢，基于情节，源于技巧。笔者认为，本课有两处可"玩"：其一，活动性学习。由学生分组导演、表演课文中的场景，在表演中进行角色、语言、冲突、结构分析。这样的活动性学习符合青年学生游戏的天性。学生喜表演，望表现，想表达。而且喜欢群体性活动，并渴望在群体中获得个体经验的增长和人格的成长。活动性学习也符合语文情景再现的学科特点，文本赏析、语词理解、口语交际、文字写作等需要情景的还原和体验，教师在课堂上可以为学生提供这个机会。其二，以文化人。课堂最后环节，提出"你对英雄的看法""你怎么评价荆轲刺秦王这件事"等开放性、思辨性问题，引导学生交流，是在语文课堂教学应该在落实语言基础知识和基本技能的基础上，注重以文化人、以文传道，将文意理解内化为精神品德的理念。

【课堂实录】

师：上节课老师提了一个什么问题？

生：上节课说这篇文章用了多种手法，使荆轲的形象十分突出，问：文中用了哪些手法？

师：哦，这篇文章是写人物的，有着一个突出的特点就是使用了一些手法。我们上一节课说用了哪些手法呀？

生齐答：正面描写和侧面烘托

师：希望同学进一步讨论和思考，哪些地方用了正面描写，哪些地方用了侧面烘托，这样写有什么作用。这个问题很重要，是一个问题的两个层面。

生1：文中有一处地方写太子嫌荆轲走晚了，荆轲非常生气，连客人都不等了，就直接上车离去了。

师：这是正面还是侧面描写？

生齐：正面。

师：说到正面描写，首先必然要弄清楚一个概念，什么是正面描写——就是直接描写这个人物的语言、动作、神态、衣着。这里是描写荆轲的什么呢？

生齐：语言和神态。

师：对，重点就是一个"怒"的神态和"叱"的动作，后面具体说的话就是语言。语言当中"竖子"，你们觉得是在骂谁呀？是骂自己还是骂太子丹？

生齐：自己。

师：哦，骂自己。下面的注释有解释，应该不是骂太子丹。如果是骂太子丹，就是品质有问题了。那么骂自己实质是要表达什么？

生齐：决心。

师：决心和愤怒之情。这充分表现了荆轲的什么性格？用一个词。

某生：傲气。

师：我觉得用傲气这个词还不是很准确。

某生：刚直。

师：太子丹的地位很高，和荆轲是主仆关系，荆轲也要骂他，非常刚直，也是很忠烈的。还有吗？找错了，说错了，都没关系。为什么高中语文课堂要求大家积极发言，就是需要主动学习，主动思考。另外，本身语文课就需要表达。

生2：第13自然段，"荆轲顾笑武阳"，对荆轲动作和语言的描写，可以看出荆轲是一个随机应变的人，表现出来的是荆轲机智的特征。

师：秦武阳的色变振恐是令人意想不到的，荆轲面对这个突发事件，不但镇定自如，而且还机智善变。很好，镇定和机智往往是结合在一起的。就这一点，涉及秦武阳的表现，是正面还是侧面描写？

生齐：侧面。

师：昨天说了，侧面烘托又叫衬托，又分为两种情况。一个叫正衬，一个叫？

生齐：反衬。

师：那么这里秦武阳是正衬还是反衬呢？

生齐：反衬。

师：秦武阳很有意思，十二岁就杀人。就这个事实来讲，秦武阳应该是什么样的人呢？

生3：勇武。

师：勇武之人，说得好。这么一个勇武之人，就是因为他这个优点，所以才被选去荆轲刺杀亲王。没有想到到朝廷之后这种人居然还怎么样？

生齐答：害怕了。

师：秦武阳害怕得不得了，而荆轲根本没有什么害怕。所以，应该是反衬。还有吗？

生4：从秦武阳这个地方还可以看出荆轲非常大义凛然，不怕死。因为如果他像秦武阳一样的话，也会害怕、色变。

师：不光是镇定、机智，还应该有一个词——勇敢。

生5：倒数第2、3自然段，主要是荆轲的动作描写和语言描写。

师：具体到字词上去。

生5：倒数第3段，用秦王、侍医夏无且和左右的慌张来衬托出荆轲的镇定。"荆轲废，乃引其匕首提秦王。"荆轲在左股受伤的情况下还能想到用匕首去刺秦王，表现出他的镇定。

师：这里就涉及对这些人的描写：一个是秦王，一个是群臣。这儿是正衬还是反衬？

生5：反衬。

师：秦王是谁呀，你们知道吗？

生齐：嬴政。

师：哦，秦王就是嬴政。嬴政又是谁呀？

生齐：秦始皇。

师：秦始皇是谁？秦始皇横扫天下，流血漂橹，杀人如麻，这个是怎么样的人？

生齐：残暴、暴力。

师：我想表达的是，秦王应该是一个很厉害的人。但是当他面对荆轲刺杀他的这个突发状况是怎么样的？"还柱走。"并且他还忘记了自己身上背负的宝剑，左右提醒他"王负剑！王负剑！"时他才想起来。说明秦王此时此刻是什么状态？

生：惊慌失措。

师：群臣又是什么样子的？直接用一个词——惊愕，而且还失去了方寸。相反，同样是面对这样一个情况，荆轲是怎么样表现的？刚才同学已经分析了，都已经断了左股了，荆轲还不忘用匕首刺秦王，后面还要"倚柱而笑，箕踞以骂"。我们可以用对比手法来分析，这个时候的荆轲是勇敢、镇定、毫不怕死。这个地方一方面展现了他真正的气度，另一方面也是为了维护尊严。所以这个地方用了什么手法呀？

生齐：反衬。

师：还有没有？

生：宾客的话语"风萧萧兮易水寒，壮士一去兮不复还！"渲染了非常悲壮的气氛。而在这种悲壮的气氛下，荆轲"就车而去，终已不顾"，从"终已不顾"这个词正面写出了荆轲的大义凛然、坚定不屈、视死如归。

师："易水送别"在全文中是什么地位？这篇文章如果没了这段话，会是什么样的？这段是不是写得非常感人？

生纷点头表示赞同。

师：要去刺秦王，气氛确实很紧张刺激，但是易水送别却很有文学意味。所以我们认为不光荆轲刺秦王这个行动很悲壮，更主要是艺术作品这种文字写得也很精彩。我们进一步来加深印象，全班同学一起来把这一段朗读一遍。

生齐读。

师：如果把这段删掉，故事情节受不受影响？

生：不受影响。

师："遂发"，马上就是"既至秦"，故事情节完全可以勾连，但是它又不可少。为什么不可少？因为它在这儿起了一个什么作用——烘托。这又是什么烘托作用呢？它和前面的秦王、秦武阳的描写，是一样的作用吗？

生齐：不是。

师：这部分描写的是什么场景？

生齐：送别的场景。

师：我们说它主要起到的是环境的烘托作用。什么样的环境？实际上有两个。一个是这些人物所构成的环境，这些来送别的人都穿着白衣服、戴着白帽子，还要弹琴，还要唱歌。你们说这是一种什么样的氛围呀？

生：悲凉、悲壮。

师：大家都心照不宣，这一次是一去不复返，是生离死别的送别的场景。风吹起来让人感到寒冷和萧瑟，而易水送别让人感

到悲凉。所以不光是百官、送行之人很悲壮，更重要的是自然环境让人感到悲凉，所以这段环境描写很有意思。既有自然的，也有人文的，共同来烘托出荆轲的大义凛然、慷慨赴义。好，这样的还有没有呀？大家看荆轲和樊於期说话那一段。想一想，他这次去拜访樊於期，是要叫樊於期做什么？

生齐：自杀。

师：拜访一个人去叫他把脑袋拿下来，这个任务难不难？

生齐：难。

师：你们看看荆轲是怎么讲话的。

生6：利用秦国对樊於期的行为来激发他对秦国的仇恨，再引出刺杀秦王不仅对燕国有好处，还可以为樊於期的兄弟、父母报仇。

师：如果你是樊於期的话，你听到荆轲说的哪句话，你就自愿地会去杀头——不光是自愿，还想要感谢荆轲？

生6：首先他说"秦之遇将军，可谓深矣。父母宗族，皆为戮没"，荆轲又说"臣左手把其袖，而右手揕其胸"，即这整个过程非常简单，可行性比较高，又说"然则将军之仇报，而燕国见陵之耻除矣"，这两方面的好处就很让人动心。

师：先帮助他回忆了一下秦王对他是如何刻毒的，这一下激起了樊於期对秦王的仇恨之情，然后又给他说这样做的好处有两点，一是可以报仇雪恨，二是可以报答太子之恩。这两点很重要，因为他知道樊於期对太子丹是有感恩之心的，所以他愿意这样做，而且这样做可以成就一番大业。由此看出，荆轲是一个很有智慧的人。如果说在他面对秦武阳在朝廷上的反应我们可以用"机智"这个说法，但是他想要取樊於期的头，还要到樊於期那儿去，我们还不能用"机智"这个词来形容他。我们应该用什么词来形容他啊？

生众：智慧。

师：有没有智慧？不要以为荆轲是一个野蛮之人，是一个只知道杀人的人，他其实是有智慧的，包括后面他用匕首刺秦王。同样是说到樊於期的头的问题，他当着太子丹的面的时候，又是怎么讲的？

生7："夫今樊将军，秦王购之金千斤，邑万家，诚能得樊将军首，与燕督亢之地图献秦王，秦王必说见臣。"

师：而当着樊於期的时候，他说这句话没有？

生众：没有。

师：他敢不敢说这句话？

生众：不敢。

师：说这句话就说明他有私心了，但是他对着太子说的就说明这是整个刺杀计划中非常重要的一个环节。对不对？我这样说有两个意思。第一，荆轲有智慧，他非常聪明。第二，他在语言上也是一个非常聪明的人。再看前面一句话，"微太子言，臣愿得谒之"，这句话也很有意思。什么意思？太子你就算不说的话，我也要去刺杀秦王！这句话反映了荆轲什么？为什么太子不说他也要去？因为他知道太子想做什么，太子丹和他之间是主仆关系，是主人和门客的关系。说这句话其实就是在干吗呢？

生：讨好主人、忠诚。

师：包括前面我们讲了樊於期。写樊於期对荆轲是一种什么作用？

生众：侧面烘托。

师：正衬还是反衬？

生众：正衬。

师：樊於期正衬了荆轲的什么？

生众：忠诚。

师：他对太子丹有知遇之恩，同时也有他的那种勇敢。我觉得忠诚这一点是最重要的。说到忠诚，就可以想到古人一句古

话："士为知己者死。"这种感恩的情怀还是我们中国传统文化的一部分。好，同学们，我们刚才是通过手法的角度去体会人物的性格特点。其实我们可以归纳一下，你觉得荆轲这个人物身上可以用哪几个词来归纳一下他的性格特点？

生8：忠诚、刚直。

生9：傲骨。

师：你们都概括得很好。我觉得概括起来有这样几个：一个是非常智慧，二个是非常勇敢。大家一下就想到一个词——智勇双全，是不是拿来概括荆轲是非常恰当的？这就是古时候对英雄的一个界定。在智勇的背后还有一种东西在起作用，这就是什么？

生：意志。

师：这个意志就是我们刚才讲的——

生众：士为知己者死。

师：好，接下来我们就要讨论一下，你对英雄的看法。我们要求大家提前写一个东西，都写了没有？

生众：写了。

开始分小组讨论。

3分钟后——

师：一个组内有没有明显不同的观点、对立的观点？有没有觉得荆轲不是英雄的人？我们请一个小组的代表来交流一下小组内的观点。

生10：荆轲是一个英雄。首先他很爱国，他对于太子丹是忠心的。其次，他是勇敢的，有勇气的。

生11：我认为荆轲没有我们想象中的伟大，他只不过是历史潮流中的一个小人物。不过这些小人物都被卷进了历史，并且是在历史中起到关键作用的人。

师：关于英雄，关于荆轲刺秦王这件事，不同的人有不同的看法。如果你们看过张艺谋的电影《英雄》就会知道，张艺谋就有自己的看法。在这篇文章里面，秦王是一个反面人物，而在张艺谋的电影《英雄》里面，秦王却是一个正面人物。他认为秦王是顺应了历史的潮流，横扫六国，才是真正的英雄！在张艺谋的电影里，他没有批评荆轲，但是荆轲就显得更加的悲凉，为什么？荆轲这次刺杀似乎准备不充分，在易水送别里面，大家都认为他必死无疑，非常的悲凉和悲壮。在张艺谋的电影《英雄》里，更增加了一番悲凉。什么悲凉？面对历史潮流，荆轲注定失败。哪怕你准备充分了，把那个人等来了，同样只有失败。

下课！

【学后偶感】

侠士荆轲的正侧面光影
——听黄明勇老师《荆轲刺秦王》课有感

黄明勇老师的这堂课，用正面描写和侧面烘托贯穿整篇课文，贯穿整个课堂。

首先弄清楚了一个概念，什么是正面描写——直接描写这个人物的语言、动作、神态、衣着。紧接着剖析荆轲的正面描写。通过对荆轲的语言和神态之正面描写，表达荆轲的决心和愤怒之情，从而充分突出荆轲的忠诚和刚烈的性格。

黄老师接着和我们讨论了秦武阳的表现，此处是侧面烘托作用。黄老师强调，侧面烘托又叫衬托，又分为两种情况，一个叫正衬，一个叫反衬。这里秦武阳是反衬。这是在厘清和巩固我们概念上的知识和记忆。同样，黄老师还讲到了秦王与群臣之反衬；还分析了"易水送别"的环境烘托作用；还讨论了樊於期对荆轲的侧面烘托作用，正衬出荆轲的忠诚。

黄老师的课堂深刻睿智，充满的是师生之间平等的对话和不

歇的讨论。黄老师一直鼓励大家，找错了，说错了，都没关系。语文课堂要求大家积极发言，就是需要主动学习，主动思考。黄老师说，语文课本身就需要表达，这也启发了我自己。在黄老师精心设计的层层设问和追问中，我们不断获得新的思考和领悟，获得的是自己充分思索后得来的学习体验，实在是妙极。

  最精彩的，我认为是黄老师最后提出的一个问题：有没有觉得荆轲不是英雄的人？小组讨论后，黄老师引入了张艺谋导演的《英雄》作为结尾，在这里秦王是一个正面人物，因为秦王是顺应了历史的潮流，横扫六国，才是真正的英雄！一千个人眼中有一千个哈姆雷特，关于英雄，关于荆轲刺秦王这件事，不同的人有不同的看法。这里，出现了和语文课本上不一样的视角，我觉得很有意思。

（罗丹伶）

风吹绣帕见新娘
——散文的准确阅读

【可"玩"之点】

　　每个人接受教育的终极目的不是升学考试,也不是单纯的知识和能力的获得,而是获取生活的技能、态度、情感和价值观。对文本的解读,可以结合生活经验理解。由于时间和空间的距离,学生很难理解作者的丰富情感,有的甚至会做出完全相反的理解。所以,从文本解读学的角度,可运用情景还原法,即还原生活情景,从而调动学生的经验,理解作者原初的情感出发点。本课在教学设计上,便采用"生活启迪"法,即教学生活化,将学生对文本的陌生感和畏惧感逐渐消解在生活化场景中,培养并保护学生的成功感,达到让学生通过亲近文字、体验文字,最终正确感悟文字的效果。

【课堂实录】

　　师:上课!同学们好!
　　生众:老师好。
　　师:请坐。同学们,高三辛苦吗?说真话,肯定很辛苦。现在复习到哪个部分了?现代文部分做了吗?没有。但现代文的题肯定做了很多。你们都做了哪些现代文的题?
　　生众:小说、传记。
　　师:散文做过没有?

生众：没有。

师：高三是学过散文的，我们高三也有可能要考散文。不管是小说还是散文，都属于文学作品。文学作品题好做还是难做？

生众：难。

师：那有什么困难呢，或者说什么感觉？我想请同学们分享一下。

生众：有一些文字让人理解不了作者想要表达什么情感。

师：文章读不懂！是不是有这种感觉？文学作品，当然同学们接触最多的是小说，我今天为什么要讲散文呢？因为散文也要考，而且同学们接触少，所以我们更应该看一下。据我调查，我们现在的文学作品，特别是散文的阅读，存在着这样一种情况——似懂非懂，答题全凭想象，一切跟着感觉走。你们说，是这样吗？

生众：是这样。

师：那好，不知道我这个"病"看得准不准。文学作品考试的赋分还是很高的，你们知道多少分吗？

生众：25分。

师：平时你们得多少分啊？

某生：18分！

师：18分！那很崇拜你哟（笑）。不错，但一般的同学只能得10分左右哦，那看来我们在座的同学都很优秀。黄老师今天就要说，我们可以做到准确解读。怎么准确解读呢？尝试一下。

我们在解读散文的时候，首先要学会——

【PPT示】

形象思维方法的顿悟

师：我们在读一些形象的语言时，要学会将感性变为理性，将主观变为客观，将隐喻变为直白。

师：我们就开始进入训练环节了。大家有没有信心？大声一点!

生众:有!

师:现在,请同学们看着我们第一个训练材料。这是选自张腾蛟《读山》的一个选段。我问一个问题:请问,画线句子什么含义?

【PPT 示】

在读山的时候,也会读到一些偶发的事件。就像那年春天,当我正在一片新鲜的山野时,听到喊声从四面八方响了起来,并且,在喧嚣中还隐隐约约听到一些砍砍杀杀的声音,我便立即攀登山巅,举目远眺,哦!看到了,山脚下,一群群勇壮的嫩芽,正在追撵着一个败阵的冬天。

生默看2分钟。

生4:我认为画线文字就是说春天到了,万物都开始复苏了,冬天就慢慢消逝了。

师:你是从哪儿看出春天到了呢?

生4:因为文字上面说到有一些嫩芽生长,就是"一群群勇壮的嫩芽,正在追撵着一个败阵的冬天",从"嫩芽"看出的春天。

师:"败阵的冬天",是什么意思?

生4:冬天被春天打败了,落荒而逃,就说明春天替代了冬天。

师:你认为这句话使用了什么修辞,能不能帮我们解读一下?

生4:我认为它用了拟人手法。

师:哪儿拟人?

生4:"追撵"。

师:追撵!是人的动作。还有吗?

生4:"败阵""勇壮"。

师：好。这儿有困难吗？有疑惑吗？都懂啦？但是我还有点不懂。你说"一群群勇壮的嫩芽"，这个我懂了。地上有一些嫩芽长起来了，你说这儿用了拟人，我也懂了。但是"正在追撵着一个败阵的冬天"，这儿的冬天又怎么理解呢？真的就是指的冬天吗？冬天的意思又是怎么来的呢？来，这位同学在喃喃细语，好像有感觉了。说错了没关系，我们来一起碰撞。

生5：我觉得"败阵的冬天"也可以指冬天的荒芜、凄冷的意象。

师：你觉得这儿可能有一些荒芜、凄冷的意象。现在还原生活，在那个新春时节，可能会有一些什么意象？这儿有同学举手，请说。

生6：我认为败阵的冬天是指冰雪在消融，渐渐退去，嫩芽冒出来，就很形象。

师：有没有可能冬天的枯草还在这儿呢？

生6：也有可能！就是嫩芽代替了枯草。

师：哦，现在你看，这段文字大概描绘的是一幅怎样的景象？

生6：描绘的是冬去春来、春意盎然、万物复苏的景象。

师：哦！好，请坐，非常棒。同学们，我在想，如果今天在座的是小学三年级的小朋友，你们读到"砍砍杀杀的声音"的时候，会怎么理解？在打仗啊，是不是？但是实际上刚才没有一位同学说，就说明你们现在对文学语言的把握已经很强了。这儿实际上是什么意思？就是发芽、冒出来了。这儿用了什么修辞？

生众：拟人。

师：还有夸张。这儿实际上并不是说嫩芽长得很茂盛，而是要表达读山的人——作者内心的激动、喜悦，看到嫩芽长起来了。刚才这个同学说"败阵的冬天"可能是指还没有散去的冰雪，或者是枯草，那么这儿用的是什么修辞呢？好像不是拟人吧。

某生：借代。

师：借代！说得好。就是用没有消去的冰雪或者枯草来代替冬天。这一段如果只解读到新春时节嫩芽长起来，显然是不够的。它应该有这样一个场景：新春到了，有嫩芽长起来了，还有一点枯草和冰雪。作者在读山的时候看到有这样一个场景，他才有一种兴奋的感觉，好高兴呐。所以这句话，它的准确理解，就应该是这样的。

【PPT 示】

参考答案：新春时节，冬天的枯草还未散去，一片初生的嫩草已经长起来了。新春的到来让人无比兴奋。

师：其实又回到刚才我们说的文学语言和日常语言的转换上。我们现在就用最直白的话把这句话的意思理解过来了。

我觉得我们在解读文学作品时，很多时候不需要细细分析，但是需要一种直觉。比如说这个地方的感情，我们一读，就感觉出是一种兴奋感。这个情感意义是要读出来的。没问题吧？同学们看，刚才发言的时候，哪一位同学答得非常准确呀？或者说更准确一点呢？

生指出。

师：不容易啊，同学们给点掌声！

师：这个环节呢，同学们做得很棒。接下来，看一下。我喜欢这首流行歌曲：《掀起你的盖头来》。高三的训练太紧张了，我们来轻松一下。刚才掌握了两种语言，现在我们要和她对话，就好比要把新娘的红盖头掀起来，看看她究竟是什么样。大家有这种期待吗？

生众：有！

师：好！我说我们在读高三的文学作品的时候，可以做到"准确解读"，可以做到"定向解读"，是什么意思呢？我们很多同学读文学作品的时候都是凭感觉，无法深入句群、深入具体的语境、深入语词。你们是不是这样？哦，粗略地看一下就开始答题了，两种语言都没有搞清楚就开始答题了。现在，就请我们同学看下一则训练——《寂夜的虫子叫》。我希望同学们不要再凭感觉做题，一定要深入句群，并且把老师讲的两种语言的转换结合起来。

生默看。

师：同学们可以勾画，也可以把答案写一下。

一分钟后。

师：我们的问题是：这个虫叫的特点是什么？你们是怎么回答的？分享一下。

生7：这一段我读出的虫叫的特点有"特别清脆，特别晶莹"；我在下一句"一会儿是合唱，一会儿是二重唱，一会儿又变成了独唱"，读出特别有节奏性，特别欢快。我在"只有感激和赞美"一句，读出虫叫特别有感染力。

师：念一下你写的答案。

生7：我读出的虫叫具有清脆和晶莹的特点，很密集、有节奏、很欢快，并且具有感染力。

师：为什么就能把清脆、晶莹找到呢？

生7：因为说了是虫子的叫声。

师：那你为什么不把"不是一只，是一群。一会儿是合唱，一会儿是二重唱，一会儿又变成了独唱"直接抄下来作答案呢？

生7：那是虫子的特点，不是虫子叫声的特点。

师：我们刚刚在做这个小小的练习的时候，大家都知道要答虫叫的特点，清脆、晶莹、欢快，我们可以直接勾出来作答案，这就是所谓的关键词。老师经常讲，你们在答题的时候一定要抓关键词。接下来有一个问题就出现了，你凭什么就知道这是关键词呢？原来这些词就已经很直白地揭示了虫叫的内涵。我们面对这样的一些关键词，就可以用一个什么样的方法呢——抽取的方法，把它拿来当作答案。但是刚才我们明显觉得"不是一只，是一群。一会儿是合唱，一会儿是二重唱，一会儿又变成了独唱"也是在写虫叫的特点。我们刚才有没有同学直接把这句话抄下来作答案呢？

生举手示意。

师：哦，那太棒了。我在我班上讲的时候，好多同学都抄了。抄下来好像觉得也是，但是我认为，就是没有注意两种语言的转换。这是文学语言呐，我们把它变成日常语言，就需要提炼一下了。刚才这个同学提炼的是"有节奏"你们觉得可以吗？

某生：可以。

师：还有什么词？

某生：变化。

师：我们的同学真的太棒了。整段来讲，是不是都在表扬虫子叫得好、唱得好，而且都是褒义词？而这些刚好是在说音乐的特点，也刚好和这儿特点的变化结合起来。所以刚才就是一种提炼，我们从它"象"的背后去寻找背后的意义。所以虫叫的特点就出来了。

【PPT 示】

虫叫的特点：清脆、晶莹、富于变化、欢快

师：你们是这样答的吗？刚才有同学把要素都答到了，只是语言不够简洁。答这个题，它主要就是要用抽取的方法，当然，区分度就在于"富于变化"。有的同学就答不来了，要注意两种语言的变换。接下来，我们再看下面一个练习。《寂夜的虫子叫》下面一段，我们的问题是：在第六段作者从哪些方面谈了自己应该感谢的对象？审题，"哪些方面"，就需要同学们概括提炼。

生默看。

师：请同学们注意，我们刚才讲要注意定向阅读，你们看应该从哪儿定向去找呢？

某生：第六段。

师：第六段，而且是从第六段的这些句群中去找。

【PPT 示】

感激一份简单的早餐，感激吹到我脸上的风，感激我身上的棉布裙子——也连带着感激那个种棉花的农人，感激一杯水，一个苹果——心里对它说："你的核要在我的身体里生长，你来世的嫩芽要在我的心中萌发，你的芳香要成为我的气息，我们要终年地喜悦。"最后感激我的先生，是他，不是别人，陪伴我走了大半旅程。

师：我们一起来读一下这一部分。"感激一份简单的早餐"，起。

生齐读。

师：现在同学们把答案的要点写下来，这段从哪些方面表达了要感激的对象。

生默写。

师：好，有感觉吗？

生8：是从自然的方面，因为说了感激风、感激棉布裙子、感激一杯水、感激一个苹果，这些都是来自大自然的馈赠，还要感激自己的物质条件——一份简单的早餐让她足以温饱，还要感激创造这些物质条件的人，比如种棉花的农人，最后感激自己的先生，也就是她的亲人。

师："自然"是一个日常用语，你是从哪里提炼到的？

生8：风。

师：后面还有"物质条件"这个答案要件，你是从哪里提炼出来的？

生8：一份简单的早餐、一杯水和一个苹果。

师：你为什么不把风、简单的早餐直接作为答案呢？

生8：因为这只是一个片面，需要从片面概括主体。

师：哦，一个是太片面了，一个是我们刚才讲的要看语言是不是很形象的文学语言，我们答题要加以概括提炼。怎么概括提炼呢，我们这儿是不是可以总结方法呢，你觉得总结方法可以怎么说？

生8：第一个可以以小见大，由"风"可以想到"自然"。

师：哦，可以以小见大。我换一个词怎么样。如果"风"是具体的意象的话，我们用"自然"这个词进行归类，那么你看，同样是"早餐"，我们用"物质"归类，"先生"，你用了一个什么词？

生8：亲人。

师：归类为亲人，这个就是概括提炼。当然，我们也可以用一个词——伴侣。注意，有时概括多了，概念太大了，可能就偏了，所以我们要注意，有时一次性概括更准确，最多二次就可以了。好，同样是写人，前面的农人你是怎么概括的？

生8：能为他人创造物质条件的劳动者。

师：哦，归类好重要。能不能把先生和农人混为一谈啊？那就出问题了，不能混淆啊，所以我们得这样概括。你们平时上课经过自己认真思考，突然冒出这种答案，是不是有一种豁然开朗的感觉？我刚才从你的表情看得出来。大家说这个回答准不准确？

生众：准确。

师：大家看一下我们的参考答案。

【PPT示】

参考答案：1. 大自然的赐予。2. 简单的物质条件。3. 为我创造物质生活的劳动者。4. 陪伴我的亲人。

师：答得怎么样？太棒了，为我们自己鼓掌。

生纷纷鼓掌。

师：这个题是非常难的。我们刚才在概括题的时候，用的方法就是"由具体到类别"这样一种概括方法。到这里我们是否可以小结一下了？黄老师说现代文阅读是可以准确解读的，那么这个"准确"怎么来理解？我对"准确"的理解就是——"精确"。我们在写散文的时候，有些语言已经很直白了，很精确了，我们就可以用一种方法——"抽取"，也就是我们所说的抽取关键词。但是还有一些语言很形象、很含蓄，用了一些修辞或者寓意很丰富，我们对这种语言就可以采用"提炼"的方法。

【PPT 示】

"抽取"和"提炼"

师：好多人看不起我们语文老师（笑），说我们语文老师说话酸不溜秋的，明明是很直白的东西为什么不直说呢？那是因为我们的语言就是这样的。其实每一个学科的语言都有模糊性，这种语言的模糊性也是文学作品的科学性的表现。那么，对于这种语言我们就要提炼。接下来就有一个问题，抽取什么？我们可以总结一下，就是抽取文中直白的语句和词语。怎么抽取呢？就是看它的提示性、归结性和概述性。关键的困难就出来了——提炼，提炼什么呢？就是提炼它的修辞义、潜在义、归结义和情感义。大家可以回想前面我们的练习，就可以明白。

【PPT 示】

抽取什么？文中直白的语句和词语

怎么抽取？提示性、归结性、概述性

提炼什么？修辞义、潜在义、归结义和情感义

师：接下来，一个最麻烦的问题就是——怎么提炼？平时在做练习的时候，老师会这样说："同学们，这个地方要概括提炼哦。"那怎么概括提炼呢？说过没有？

生9：说过。就是找相同的地方，比如不同的东西要找相同的点，归类。

师：好。我给大家介绍的方法，很简单，就是这两个东西——由象到义，由具到类。我们文学作品，有很多的形象，怎么来提炼？就是提炼这个形象背后蕴含的含义，它的含义通常有两种：一个是普遍的文化义，比如一说诗歌当中的"柳"，大家自然会想到它的文化义是什么？

生众：留、送别。

师：对了，送别，古人有"折柳送别"的习俗，这就是普遍的文化意义。这样的意象有很多。还有一种就是在语境当中，可能为了表达特殊的情感，我们这时就要抓住这个形象特点和人的情感的内在联系。我用了一个词，就是"物性"与"人性"之间的练习，我们要用类比的思维来想出来。再一个就是"具"和"类"，"具"就是具体，"类"就是类别。大家刚才已经有体会了吧？接下来我们再巩固一下，我们的巩固训练就是《我与地坛》。这个文章难度加深了，比刚才《寂夜的虫子叫》可能更难了，不过大家不要害怕，可以把老师刚才讲的方法尽量地用。

生默看。

师：我的问题是："为什么园子荒芜但并不衰败？"我们刚才讲了定向阅读，大家就看我们怎么来定向，要到哪些段、哪些语句去？我先提示一下，这句话应该是这儿的归结句，所以我们就应该从哪儿去找信息呀？

生：上文。

师：说得好，那么大家写一下。

（生继续默看思考，老师走到学生旁看书写情况）

师：好，我们现在来分享一下。

生10：因为问题是"为什么园子荒芜但并不衰败"，就是让我们来分析从哪儿看出园子荒芜，哪儿看出园子不衰败的。我们就可以从第三段前面"四百多年里，它一面剥蚀了古殿檐头浮夸的琉璃……"这一处所有的描写，加上第五段"园子无人看管"

的原因，可以看出园子是荒芜的。但是五段的后面又在说各类昆虫，如蜂儿、瓢虫、蝉蜕，就能看出园子的生机勃勃和不衰败，所以作者会认为园子是荒芜但并不衰败的。

师：你的语言是怎么组织的？请念一下你的答案。

生10：通过第三段的描写可以看出园子的荒芜，通过第五段后半部分的描写和昆虫的表现可以看出园子的生机，并不衰败。

师：你答案里的关键信息是什么？我好像听到你的答案里有一个"生机"，你是从哪儿得到这个答案要件的？

生10：蜂儿、瓢虫这些昆虫的动作都是很活泼、欢快的。

师：你觉得这些动作描写特别精彩，你能不能读一下，特别是这些动词的描写？

生10朗读。

师：读得很流畅。但是好像没有读出刚才说的"生机"的感觉。这样，前面的动作太多了，你就从"露水在草叶上滚动"读到"金光"，尽量从动作中读出它的生机。

生10朗读。

师：大家觉得读得比刚才是不是有生机一点？但是还不够有力量哦！能不能把力量读出来呢？

生10再朗读。

师：我都情不自禁跟着一起读了。来，同学们一起来读一下。

生齐读。

师：这几个动作，是不是铿锵有力！请坐。好，你刚才的定向，就是句群，找得非常好，这几个动作不仅是生机，还有力量啊。这里写的意象，是什么样的对象，你们注意到了没有？蜂儿、瓢虫、蝉蜕，如果这里不是写这些东西，是写狮子、老虎会怎么样？它们这些也有动作，也很猛啊。不是这样，这些对象属

于哪一类呀？微小的生命。这儿为什么要写微小的生命呢？同学们知道史铁生的经历吗？在19岁风华正茂的年龄，突然双腿残疾了。你们初中应该学过他的课文，这时候他想到的是什么？

某生：自杀，绝望。

师：这时候他就来到地坛，看到那些微小的生命都有生命力，所以他也感觉到有力量了。所以就回到我们前面讲的"象"与"义"，后面都是义。我们就归类为这些微小的生命都有生命力，这就是我们前面讲到的"具"与"类"。其实啊，"生机"这个词还可以从哪儿直接抽取出来呢？后面"满园子都是草木竞相生长弄出的响动"，这个"竞相生长"，前面还有"沉寂"也可以抽取。所以参考答案就可以这样说——

【PPT示】

参考答案：因为连弱小的生命都充满生机与活力，从而让我感受到生命的意义；地坛的沉静和宁静让我也沉静下来反思自己。所以园子荒芜但并不衰败。

师：史铁生走到这个园子里，很安静、幽静，他也感受到一种安静的力量，所以园子荒芜但并不衰败。同学们在审这个题的时候，要注意这是一个转折句式，重点应该是在"但"的后面。"但不衰败"的意思就是说有生机，有力量。好，那么同学们，到了这个时候，虽然读散文作品那么难，但是最后大家都做得比较好。真的是那句流行歌词啊——"爱你没商量"。

师：我们这儿就可以总结一下，看一看今天的内容对同学们有没有帮助。

【PPT回顾本堂课所讲内容】

师：我们对散文是可以做到准确解读的，总的方法就是这个东西。我们用文学语言来怎么总结今天讲的内容呢？最后，我用文学语言来总结一下。一开始，我们不是说好像是在看新娘吗，假如我们把读散文比作见新娘的话，会是一个什么样的感觉？我作了一首打油诗。

【PPT 示】

新娘

黄明勇

喜帕藏娇怜玉颜，殷勤凤楼哪得见。
共道幽香闻十里，不及风吹绣幕掀。
珠钗首饰具类分，桃靥娇羞象义联，
撷取天真凝香露，掬得水月出暮烟。

（生纷纷鼓掌）

师：好，我们今天就讲到这里。同学们表现很棒，谢谢大家。下课！

【学后偶感】

爱散文不那么难
——听黄明勇老师《散文的准确阅读》课有感

很长一段时间以来，散文阅读于我而言是一种朦胧的感觉，迷茫之中夹杂着无味的干涩，想要爱上散文，真不是一件容易事。

高三的散文课按道理应该很沉闷、紧张。黄老师一开始却并没有直接开始讲课，而是了解了我们的问题，果然，好多同学和我一样都觉得散文太"朦胧"了。针对这个问题，黄老师讲了一个农村女人吵架的故事，引得全班同学笑得不行，黄老师别出心裁的开篇让整个课堂氛围一下轻松起来，接下来便自然引出了课堂主题"文学语言和日常语言的转换"，即"形象思维方法的顿悟"。

整堂课，我们都在黄老师"循循善诱"的启发式课堂中浸泡着。对于同学们的答案，不够完美的，黄老师都不会彻底否定，他会鼓励我们答案中合理的成分，根据我们的回答进行追问，并且引导我们走得更深，逐渐引导我们更加靠近准确的答案。这让我们不再有"说错"的畏惧心理，几乎每个同学都敢于积极思考和大胆表达自己的想法。比如在回答"败阵的冬天时"，我们能答到拟人、夸张，但对于"借代"就不是很熟悉，最后在黄老师的引导下我们终于读出了借代，整个过程大家都积极发言，似乎得到答案就是一件水到渠成的事。此外，黄老师很注重和我们的互动交流，整堂课我们不会沉溺于埋头记笔记，而是大部分时间都在积极思考和回答黄老师提出的问题。这样的课让我感到我不再只是被动地接受知识，而有了一种自己发现知识的快乐！再加上黄老师对答问同学的鼓励、启发与点评，我对散文的印象大大改观，散文真的不吓人了，反而像黄老师说的新娘那样"亲切可人"。

　　课堂还有一处最亮眼，也最让我们惊喜的，就是下课前看到了黄老师写的一首诗《新娘》，把读文意比作见新娘真颜，用格律诗把这堂课讲的内容"翻译"成了形象的表达，真是妙极了！

　　感谢黄老师，黄老师的这堂课却让我对散文有了一种亲切的感觉，那些看起来曲折的、令人费解的文字，似乎变得跳跃，有生命了。我特别开心，终于不再"读得头昏脑涨"了。通过黄老师智慧的启发和我自己积极的探索，我终于能对散文说声"我有点喜欢你"了！

（学生　万陆祎）

选修：顾玩个性人生

诗圣杜甫：一个人的长征（第一课时）
——中外传记作品选读之《杜甫：万方多难中成就的诗圣》

【可"玩"之点】

　　品读人物传记，就是顾玩个性人生。本文是一篇传记，如何阅读并读懂长篇幅的传记，是学生的痛点；如何通过传主的代表作展开对传主人格、文品的探究，是教学的难点。为了达到"长文短教""清晰深刻"的效果，本课在设计时，结合传记的普遍性特点和本篇传记的独特性气质，将杜甫的"漫游路线"和人生轨迹、思想轨迹等虚实结合地黏在一起，讲杜甫"一个人的长征"，从时代、家世、诗才、交友等多个角度对传主的思想、人格追求进行演绎、剖析，深入探究诗人如何从平凡走向伟大，乃至最终被"圣化"。第一课时重在虚实黏合与思路梳理，"情境性教学""生活化体验"依然是本课奉行的可"玩"之点。

【课堂实录】

　　师：非常高兴今天来给大家上课。今天我们一起来学习的是冯至《杜甫传》的节选《杜甫：万方多难中成就的诗圣》。大家读了几遍呐？
　　某生：三遍。
　　师：读了怎么样？感受如何？这样，我问一下，你们读了之后有什么疑问没有？

生1：觉得节选的读起来有点尴尬。

师：你读了原著吗？

生1：没有。

生2：我搜了原著来读。

师：那你读了原著什么感觉？

生2：我认为可能就是这样坎坷而跌宕起伏的人生才是真正成就了杜甫成为一位诗圣以及他名号诗史的契机。

师：你觉得杜甫人生坎坷，但就是坎坷的人生更成就了他。

师：有没有疑问？我很关心同学们的疑问。

生2：我想说关于杜甫之前出游的一个很尴尬的问题，就是他和李白。

师：他和李白的出游很尴尬，为什么呢？

生2：因为他和李白两个那么伟大的生命，就只相会了一年，他们之间的友情可以在杜甫的很多诗里看到，但是李白的诗却从来没提到过他。

师：因为李白当时是名人，杜甫相当于他的粉丝。

生2：我看过一些书籍，是说他们和高适一起打猎时，他们俩是很要好的朋友。

师：确实杜甫写了很多怀念李白的诗歌，但李白从没说过他。虽然他自己号称是李白的朋友，但实际上李白当时名气很大，没有怎么注意到他。还有什么疑问没有？

生3：在我的印象里，读杜甫的诗，感觉杜甫是一个四五十岁白发鬓角的中年人，风尘仆仆在路上。读李白时，感觉是二十多岁仗剑天涯的侠客。但实际上，李白应该要比杜甫大很多。

生2：我觉得我能回答这个问题。我们大部分是从一个人的作品中去感受这个人，而李白之所以出名就是因为他洒脱的情怀，他写的很多诗是在安史之乱前写的。所以他主要表达的是他个人的洒脱和浪漫。而杜甫身为诗史和诗圣，成名作是在安史之

乱期间以及之后写的，给人的感觉是对于整个国家和人民的体恤，反映的很多是关于战乱的情绪抑郁的东西，所以整个精神年龄就变老了。

师：短短几分钟的交流，同学们十分积极，非常好。我很关心同学们读这部书的困难，但是大家好像都没有我感觉的困难。虽然原著只有三万多字，节选也就一万多字，但读起来是很困难的。为什么？因为这里有很多的诗歌，作者写的那些故事很多是根据他的诗歌去演绎的，所以难度很大。究竟这篇文章讲了什么，我们先来热身一下。我先来搞点游戏：同学们，你们知道被称为诗骨的人是谁吗？

【PPT示】

诗骨——陈子昂

师：这个人是哪个地方的人？我们四川的，遂宁的。

师：被称为诗囚的诗人是谁？猜猜看。

生：文天祥。

【PPT示】

诗囚——孟郊

师：这个是民间的说法，没关系。被称为诗奴的人是谁？

【PPT示】

诗奴——贾岛

师：诗奴和诗囚差不多，都是写诗歌写得很惨的感觉，都是苦吟诗人。有人猜到吗？

师：被称为诗佛的人是谁呢？

生齐：王维。

【PPT示】

诗佛——王维

师：为什么你们异口同声就猜到了呢？哦，味摩诘之诗，诗中有画，画中有诗。被称为诗鬼的是谁？

生齐：李贺。

师：对，李贺。李贺是个鬼才啊。

【PPT 示】

诗鬼——李贺

师：被称为诗仙的呢？

生齐：李白。

师：为什么异口同声地这样讲啊？

生众答。

师：对，李白被称为谪仙人。

【PPT 示】

诗仙——李白

师：我们讲那么多，最后就是要推出诗圣。大家说是谁呢？

生齐：杜甫。

【PPT 示】

诗圣——杜甫

师：同学们，这是我国文学史上民间的一些称呼。可见，杜甫在我国诗史上地位是很高的。但是就有一个疑问，杜甫为什么被称为诗圣呢？其实你们刚才提到了这个问题，当然你们是在说李白和杜甫的比较，但我们这节课不是来说李白和杜甫的比较的，我们重点是来说杜甫的。读了这本书，我有一个很大的疑问，杜甫为什么会被称为诗圣，杜甫是怎么成为一个圣人的？我们标题是怎么说的呢——万方多难中成就的诗圣。这就是我的疑问。

师：要解决这个问题，我们首先要了解这个概念。什么是圣人？什么是圣？古人说"才德全尽谓之圣人"，这个要求高不高？要会写诗，更重要的是要有德。德是什么样的德呢？孟子讲过这样一句话："圣人，人伦之至也。"李白也会写诗，为什么不把李白叫圣人呢？你们想过这个问题吗？好，我们就带着这样的疑问

来读这篇传记。传记我们学了几篇了呀？

生众：两篇。

师：传记你们知道应该怎么读吗？说一下。

生纷纷议论、回答。

师：我有一句话，觉得对同学们读传记有帮助："他在什么时候与谁做了什么事有什么影响。"好记吧？传记肯定是有一个传主，就是那个"他"。你把传记读完了连传主都不知道，那就笑话了。杜甫是一位诗人，肯定要关注他的诗歌。但只是关注诗歌肯定不行，还要关注他和谁接触过，做了哪些事情，究竟有什么影响。我们读传记最终是要探究传主有哪些精神品格。而且还要弄清楚他为什么要这么做。我就归纳了这么几个要素（PPT呈现）：时代背景、接触人物、事迹、原因。

师：很多人在读《杜甫传》的时候，很关注杜甫的诗，当然要关注。除了要关注杜甫的诗之外，还要关注他做了哪些事，和哪些人打了交道，哪些人对他影响很大。刚才同学们已经在关注他跟李白的交往等。怎么去了解杜甫的一生呢？我给大家提供一个思路，看好不好。你们去杜甫草堂玩过没有？

生众：去过。

师：你们发现什么没有？我在杜甫草堂门口看见有块石头，上面画了一幅杜甫漫游的地图。我把那个地图找出来了，一起来看一看杜甫的"漫游路线"。

（幻灯片呈现，红色笔勾出轨迹）

师：你看到杜甫到哪儿去过？他是哪儿人？

生众：河南。

师：河南，中原这一带。接着又到了什么地方？

生众：江南。

师：哦，江南。这就是他最先漫游的地方，后来又回来了。接着又走，这个大概是在什么地方？

生众：山东一带。

师：他和李白的交往大概就是这段时间。他又回来了，又来到了什么地方？西安，也就是当时的长安。长安当时是个什么地方？

生众：首都。

师：我们的教材的选文大概就是选的这儿，前面的部分就没有选，但是《杜甫传》里是讲了前面的。他大概就在这一带活动，这是哪个地方？凤翔这一带。然后这儿是什么地方？利州。然后这儿是什么地方？成都。我们现在就在什么位置？

生众：成都。

师：你们知道杜甫当年就在成都住过，所以我们身上是很有诗人的气质的。杜甫到成都住实在是太了不起了，但是你知道他当时为什么要来成都吗？

生众：安史之乱。

师：安史之乱，逃难来的。他在一位朋友的帮助下，修了一座草堂。那个朋友是谁啊？严武。杜甫在成都的时候，曾经游到绵阳、阆州这一带，如果你们去到阆州，可以见到杜甫很多的墨宝。接着杜甫又跑到哪儿去了？夔州。夔州在哪？

生众：重庆。

师：重庆，三峡。我们学的《登高》就是在这儿写的。又到了哪儿呀？岳州。岳州就是今天的湖南一带。同学们，你们看，我们学传记，可以把杜甫的漫游路线理一下。我们的选文基本就是他困守长安后的一些事情。这部看上去很难的传记，这样就比较简单了。你要了解杜甫，就要大概知道他的这几个阶段。

【PPT示】

一、读书与壮游（712—745）

二、困居长安（746—755）

三、陷贼和为官（756—759）

四、漂泊西南（760—770）

师：要探究杜甫是怎么成为一名圣人的，首先我们就要来看他的第一次壮游。我把它称为"壮游"，书上是没有的，这一段我来讲好不好。我希望看过原著的同学可以互动。我提一个问题：杜甫的第一次漫游，究竟是为什么？刚才我们说了他的第一次漫游是到了哪儿？

生众：江南一带。

师：他怎么会跑到那儿去呢？你们猜一下。

生4：他年轻。

师：年轻的话为什么不来四川呢？

生5：江南的话，在古代给人一种柔美的感觉。作为一名青年，二十多岁的杜甫，就比较喜欢这种。

师：还有什么想法？看过原著的同学。

生6：那儿有很多以前诗人的遗迹。

师：有哪些遗迹？

生6：忘掉了。

师：这个你们没有猜到也没关系。有一首诗《望岳》，很有名。其实我刚才说的第一次漫游，不光是到江南，还有包括到山东一带。

生6：杜甫去泰山看过。因为泰山是古代文化和文学特别发达、汇聚的地方，他就在那儿到处漫游古代先贤的遗迹，拜访名山大川。

师：泰山你们去过没有？你们觉得杜甫这次就真的登上泰山了吗？

生众：登上了。

生6：我记得诗的最后说"会当凌绝顶，一览众山小"，后面补了一句说他并没有登上泰山。

师：这首诗你们是什么时候接触的？

生众：初中。

师：这次杜甫到山东去，确实想拜访一下泰山。但是他没上去，只是看了一下。这看一下可不得了，最后写了一句很有名的诗——"会当凌绝顶，一览众山小"。这句诗表达了杜甫的胸怀和壮志，以凌云之志要爬到泰山的顶上去。其实杜甫在同一时期还写了一首非常有名的诗，叫《画鹰》——"何当击凡鸟，毛血洒平芜"。好多人只知道《望岳》最后两句表达了杜甫的雄心壮志，那你下次写作文就知道黄老还说了一首诗叫《画鹰》，最后两句和"会当凌绝顶，一览众山小"是一样的，表现了青壮年时的理想。所以杜甫当时去登泰山，为什么会有想要干一番事业这样的思想呢？

生7：第一，杜甫受儒家思想影响很重；第二，他很年轻，有一番做事业的想法；第三，这时是在唐朝的盛世，在这样的盛世，一个青年没有一点豪气也是不可能的。

师：所以你把它和杜甫的身世结合了起来。杜甫出生于什么家庭？他的祖父叫什么名字？

生众：杜审言。

师：是一位当时的高官、诗人。杜甫的家世是奉儒守官，而且杜甫从小就立下了壮志，什么壮志？有没有人知道那句话，大家记一下——"致君尧舜上，再使风俗淳"。尧舜，大家都知道，是明君圣主。他从小就有这样的志向。刚才这位同学从时代背景来讲，他那个时候正值唐朝盛世，想干一番事业，讲得好。还有没有想发言的？

生8：游历过那么多地方的杜甫，山川大河给予他无边的魄力。

师：虽然泰山没有登上去，但那些名山大川还是会给他一种力量。好。所以刚才的提示很重要，现在总结一下。

【PPT 示】

时代：开元盛世。

家世：杜氏家族世代奉儒守官。

诗才：七龄思壮游，开口咏凤凰。

交友：郑州刺史崔尚，豫州刺史魏启心。岐王李范"岐王宅里寻常见，崔九堂前几度闻"。

师：杜甫很有才华，从什么时候开始写诗？七岁。你们第一首诗什么时候开始写？

生纷纷回答。

师：杜甫写的不是爱情诗，是什么？开口就咏凤凰啊！所以他的诗都不得了啊。这一点非常重要，他有才。再一个，他结交的朋友都是什么朋友？这些人都是当时的名人啊！结交的不光是当官的，还是那些有抱负、有思想的。我们说要考察一个人的思想历程，一定要考察他的朋友。我们在考察杜甫的时候，特别关注杜甫的朋友。虽然你们没有读过原著，但是你们联想小学、初中读过的他的诗，就可以知道他交的不是一般的朋友。而且有个更重要的朋友是谁啊？

生众：李白。

师：这个时候他接触的最有名的朋友就是李白。李白对他的影响有多大，你们猜一下。

生9：在他后期，有既想归隐又想入世的矛盾，这个归隐应该就是李白的浪漫主义色彩对他的影响。

师：但是那个时候的李白，是什么状况你们知道吗？

生众：万人迷。

生10：在李白不是万人迷之后，杜甫还是对他非常的敬重。当时由于李白陷入政治漩涡，用古人的话就是"世人皆欲杀"，但是杜甫写了一句诗就是"世人皆欲杀，吾意独怜才"。

师：讲得好，所以要多读书才行啊。那时候的李白已经在长安待不下去了，得罪了权贵，已经被排挤出去了。他经常出去喝酒，喝得烂醉，显然是不得志的表现。但是杜甫那时刚好是对未来充满希望的人，看见李白，心情是非常复杂的。一方面，我是这么崇拜你；一方面，我看你喝酒的状态也不太对呀。杜甫写了一首很出名的《饮中八仙歌》（PPT展示全诗）。从诗中来看，杜甫对李白是不是非常崇拜？不但崇拜李白的诗词，还崇拜他狂放不羁的性格。但是，我们在另外一首诗里看到他是这样说的——"痛饮狂歌空度日，飞扬跋扈为谁雄"。你们不觉得他面对李白这种终日喝酒的状态有点意见、看法呀？说明杜甫那时有想法呀，他想干一番事业呀。其实还有一个很重要的东西，杜甫在江浙一带时去拜访了一个很重要的地方，就是吴越之地。吴越之地对他的影响也非常大，为什么，你们知道吗？越王勾践和吴王夫差，都是春秋时的霸主，了不起，都是干了一番大业的人。他去拜访这些地方，就是有雄心壮志。

师：这一部分是原著的前面部分。同学们是没有怎么去读，是我带着大家去"猜"的。这时总结一下，他的思想是不是想干一番事业？他的理想，说他爱国也可以，说他忠君也可以，因为那个时候忠君爱国往往是连在一起，总之是想干一番事业。好，我们这样总结行不行，杜甫这个时候的眼光是向上的，可以不？杜甫想要干一番事业，只是拜访名山大川，拜访李白这些名人是不行的啊，他还需要做什么，你们说？

生众：参加考试。

师：对，还要参加考试，还要去拜访那些权贵，希望能得到他们的推荐。于是杜甫面对现实，来到了什么地方？

生众：长安。

师：来到了长安。好，我们的教材节选就从这儿开始。来到长安是一个什么样的状况呢？

生11：杜甫本来是胸怀壮志，但来到长安之后其实没有得

到自己想要的东西，没有得到重用，雄心壮志受到一些打击，这个时候的他比较消沉，所以流亡途中也比较落魄。

师：杜甫到长安来，包括流亡途中，实际上对杜甫的一生影响非常大，他思想发生了转变。由此提出两个问题：第一，他的思想究竟是怎么转变的，转变是从什么变到了什么？第二，发生了什么事情让他思想转变了？

生12：我数出来，杜甫在长安早期有三次挫折。

师：你能不能具体说说是哪一页，哪一段？

生12：第四页第一段，是他第一次寄托所有希望，但没有中。第二段是他在长安流浪，十分穷困，不得不在高官家里卖他的才华来得到钱财。

师：怎么卖才华的？

生12：陪他们诗酒宴以维持自己的生计，甚至在山里采一些药草来献给他们，活得非常尴尬。

师：你觉得杜甫在做这些事情的时候内心怎么样？

生12：内心其实很酸楚的。因为他是一个文人，看得出来，是活得很高傲的，自视为一个天才。

师：好。

生12：第三次是玄宗赞赏他，一群学士围绕他，但是他还是没有得到仕进的希望。这个时候已经绝望了，仕进的前途没有希望了，就努力作诗了。在这个时候，杜甫的为官之路已经彻底断掉了，而且在这之前还出现了他最早的一首自白诗，这时的杜甫为官上的失败已经让他把作诗作为他宣泄情感的东西。

师：说得非常好，掌声鼓励一下。第一，她讲的确实是扣着文本在说。第二，梳理的东西很有价值。但是这个还没有结束，还有很多。同学们接着说。

生12：因为他的穷困，已经贴近民间了。

师：哦，因为穷困，所以他已经和普通人交往了。哪些普通人？

生12：杜甫生病给他的友人写诗，不是权贵也不是文人，都是普通人。

师：有名字的，是什么人？

生12：王倚和咸、华两县的友人。

师：书上明确说了这两个人不是什么了不起的人，不像前部分我们说的都是有名的名人，都是普通人。杜甫在长安那段时间，包括流亡途中，究竟发生了什么，对他的思想转变产生了影响？其他同学有发现吗？

生13：杜甫写了一篇赋献给玄宗，但没有得到官。后面甚至为了得到官职放下身段写给了一些他不喜欢的权贵，就是要做官。

师：给点鼓励，讲得很好。

生14：我想补充。问题是"长安十年及流亡途中，诗人的思想有什么转变"？先看到第七页，杜甫目睹了李林甫专政弄权，以及平民的一些现状，在诗的方面出现了唐代被剥削和奴隶的人民，他的思想就因为他仕进的失败，认识到了政治集团的腐败，通过自己的贫困认识到了虽是盛世，人民还是非常痛苦的。以及后面他认识了郑虔，从仕的方面启发了杜甫部分诗，由于受郑虔影响而充满了幽默感。

师：在这里我插一句，关于友人对他的影响，文章中特别提到了两个人。一个是李白，还有一个是谁呢，就是你刚才提到的郑虔。李白让他有雄心壮志，郑虔对他的影响主要是表现为什么？

生14：在穷困潦倒时还有幽默感。

师：杜甫的诗你读起来很难有幽默感的，因为他活得非常艰苦。但是在这个苦难的时候，郑虔对他是有影响的。反过来说杜甫当时在长安的生活是非常艰苦的，他有点自嘲，自我调整。其

他同学有没有什么想法？

生15：长安十年到流亡途中，从杜甫思想的转变这些内容中我们可以推出杜甫在这一过程中的一些事迹，即从思想转变可以推出他的人生历程。

师：你能不能说具体一点，文章里写了些他什么事情，看出他什么转变？

生15：我找到的是第七页的上面。他在流亡途中看到士兵出发时的情景，加上自己悲惨的生活，写了第一首为人民说话的诗。

师：叫什么名字？

生15：《兵车行》。

师：对！这首诗我们以前好像没有读过，听说过吧？

师：杜甫这次到长安来，主要是做什么？

生众：求官。

师：求官，当时他做的第一件事情是什么？参加考试啊。你看文章里说到考试是怎么说的？

生众：作假。

师：考试作假，被欺骗了。我们考察他的人生经历，书上讲了的。本来考试是他求官很重要甚至是唯一的途径，结果失败，就是官场太腐败了。那么同学们要看清楚，求官的第二个途径是什么，是不是去拜访那些权贵？这首诗歌里是怎么说的呢？"朝扣富儿门，暮随肥马尘"，我们就可以想象杜甫去拜访这些权贵的样子，早上去扣这个权贵的门，晚上去扣那个权贵的门，结果是怎么样的呢？"残杯与冷炙，到处潜悲辛"，不但没有得到厚待，反而遭受冷遇。刚才已经说了，杜甫是个诗人呐，是奉儒守官，家庭出身也非常好，很高傲，有理想，可以说人生遭到了挫败，可以想象，他还做了很多事情。下节课，我们继续读杜甫。下课！

【学后偶感】

　　黄老师这堂课用幽默深刻的语言，通过讲杜甫"一个人的长征"之路，从杜甫的时代、家世、诗才、交友等多个角度对人物进行剖析，深入探究了诗人如何从平凡走向伟大，让我们明白"人人皆可为尧舜"这个道理，鼓励我们不断净化心灵，追求人性的真善美。课堂上同学们讨论激烈，思维活跃，回答问题很积极。这些都给我留下了很深的印象。我觉得我从这堂课中获益匪浅，不仅学会了如何读传记，更明白了如何做人。

（学生　张知然）

　　非常喜欢这样的模式。这种课堂一直是我的向往。

　　喜欢学识渊博而不失幽默的老师，就像说书人一样，听醒木一声收，合扇说从头。

　　思维活跃又见解独到的同学，时常有发言让现场沸腾一片。

　　我觉得选修课是新课改最成功的一笔。这样的课堂让人感觉很舒坦很放松，没有丝毫的紧张和压迫感。也可能是我本人对语文的热爱，觉得很有收获。

　　问"收获"是什么又仿佛答不出来，因为不只是"知识"什么的那么简单乏味。

　　如果非要回答的话，大概是一种心灵的共鸣和震动。

（学生　江心月）

诗圣杜甫：一个人的长征（第二课时）
——《中外传记作品选读》之《杜甫：万方多难中成就的诗圣》

【可"玩"之点】

　　这是第二课时，在梳理了杜甫的生活经历、思想转变、文学生涯等圣化道路后，带领同学们体会杜甫的人格追求。在设计上，很容易落入俗套，让学生失去对课堂的兴趣，对杜甫产生标签化的理解。为了避免这样的情况，教学设计就该大胆寻求突破，让学生有兴趣，让教师有成就，让教学有实效。

　　因此，讲完杜甫的圣化道路后，我提出问题，讨论："杜甫是凡人还是圣人？""你是愿意做凡人还是圣人？"学生在现场十分激动，针锋相对，甚至出现了在争抢话筒的局面。讨论后，教师的引导也甚为关键，因为不能在课堂高潮处浇灭思想的火花。在明辨中，老师可抛出"人人皆可为尧舜"的观点——杜甫并非天生的圣哲，其伟大、崇高是环境使然，更是个人的追求使然。所以，一个人只要心中有伟大的理想和至善的灵魂，并坚守笃行，也就不难达到"圣"的境界，哪怕他最初是个极其平凡的人。这正是杜甫的意义所在。平凡的我们也可伟大。如此学习，便将课文的文意理解转化为精神感悟。"精神内化"这一方式，看似严肃而厚重，但如果问题设置得当，环节安排自然，师生在对话中轻松完成，不露教育痕迹，可谓好玩。

【课堂实录】

师：上一节课同学们表现很棒，希望这节课有更好的发挥，积极表达自己的观点。杜甫经过努力还是做了一个官，做了什么官呢？管仓库。级别有多高呢？从八品。而且当时皇帝已经到四川来了，太子在监守。太子最后没办法，临危受命做了皇帝，就是历史上著名的肃宗。那个时候杜甫就去了肃宗那里，杜甫跑去的时候是什么样子呢，你们看看，书上有。走着路，穿的是草鞋，完全是难民的样子。杜甫到肃宗那儿，正是用人之际，肃宗也确实给了他机会，给他做了一个官，是什么官？

生众：左拾遗。

师：左拾遗是多大一个官呢？

生众：从八品。

师：过去的县长是什么级别？七品。七品芝麻官，从八品比它还小。我读到这个的时候，读到杜甫去见肃宗的时候应该是很激动的，但衣衫褴褛的样子。好不容易给他一个左拾遗，从八品。而且肃宗对他信任吗？你们看，不信任。所以说为官也是很困扰的，为官也不能施展他的抱负。他自己的诗歌里也说，那个时候他的内心应该是很煎熬的。那么他看到了什么呢？刚才同学们已经讲了，他看到了老百姓在战争年代过得很艰苦，也就是在《兵车行》这首诗里写到的。那些人哭号啊，哭天抢地啊，"牵衣顿足拦道哭，哭声直上干云霄"，表现在这个地方。因为我们是在读传记，不是讲诗歌。我们引用诗主要是来说明他究竟发生了什么事，考察他思想的一个转变。这就是当时《兵车行》里描绘的老百姓困苦的生活。

【PPT展示《兵车行》诗歌和相关图画】

除了老百姓困苦的生活之外，他还看到了什么？这是你们刚才没有说的。

生众：丽人行。

师：哦，丽人们，她们是谁啊？杨氏家族的，杨贵妃家的人。她们在那儿干吗呀，你们看一下——纵歌、荒淫。在考察这一段的时候，这个非常重要。我们经常说到一个词叫"炙手可热"，好多人都不知道炙手可热是写人的。不但是写人，而且还是写不好的人，贬义词。"炙手可热"这个词就是出自这里——"炙手可热势绝伦，慎莫近前丞相嗔"，这是说的哪些人呐？就是杨贵妃那些人。我们这篇文章一开始就讲了，当时杜甫跑到长安去是什么时代背景？是不是唐朝盛世的背景？不是的，而是什么状况？坏人当道，李林甫这个宰相和杨贵妃的哥哥。这些坏人当道，有才华的人有没有机会为国家做事？没有。我们一开始就说了读传记要考察时代背景。杜甫跑到长安已经是安史之乱的前夕了，整个国家的政治已经非常腐败。所以他把看到的景象用了一句诗来形容，非常有意思——"朱门酒肉臭，路有冻死骨"，是不是一种强烈的对比！老百姓是过得那样的苦，而那些达官贵人是如此的荒淫无度。当然他还写了《石壕吏》，我就不一一讲，这些都是他看到的老百姓的生活。由此我们可不可以做一个结论，由于他在长安经历的那些事情，他的思想发生了转变？

【PPT示】

"思想的转变——由忠君到忧民"

师：杜甫的思想怎么转变了呀？杜甫的眼睛由上到下，如果说青壮年时主要是忠君，到长安后主要就是关心民生的疾苦，忧民。注意到这个转变哟。

生1：我可以问一个问题吗？

师：你请说。

生1：老师你说忧民的话，但是文章中第19页也写了他是站在民族的立场上，并没有摆脱对君主的拥护。因为他是那个时代的人，也受到那个时代局限性的影响，是没有跳脱那个圈的，就是说他再怎么忧民,心里都会装着他的朝廷。在他很多的作品如《新婚别》《垂老别》里,写的都还是对国家抱有希望的。

师:讲得好。这两个词是不能绝对隔离的,他的"忧民"里面依然是有"忠君"的成分,很有意思。没错,我也没把它们绝对隔离,我说的是各有侧重。我们总结、明确了杜甫思想的转变,还是有一个问题需要讨论:他为什么能实现这一转变?哪位同学来说一下。就是因为前面那些经历,你能不能总结一下,深入地探究。

生2:一是杜甫认识到统治集团的腐败;二是仕途的坎坷导致了他生活的贫苦,从而体会到下层人民的疾苦生活,了解到下层人民的生活现状。

师:这样来总结你的关键词好不好,一是他仕途不济导致看到统治阶级腐败,二是他生活贫苦体会到人民疾苦。好,这就是我们所说的,读传记一定要深入体会。为什么他看到的东西、经历的东西就能让他思想发生转变?这个就答得非常好。还有没有?

生3:我们可以看到杜甫在长安最后一次居留的时候,他仍然是左拾遗。之前只是限制在皇帝的周围,这次相当于是一个契机,肃宗回到长安之后"翻旧账",审问他,贬了他和一些官员,杜甫就永远地离开了长安。这时候他可能意识到他的仕途上不会再有什么进展,他就更加关注民生,希望以自身的力量为人民做出一点贡献,就写出后来的一些诗。

师:杜甫自己都说,说要重操祖宗的旧业,好好写诗,当官当不下去。当然你读完《杜甫传》之后,还要对这个说法有重新认识。杜甫即便是在长安待不下去,有点失望,但也不是绝望。他当时到成都来投靠严武,不仅仅是为了生活上有个着落,也是想做事的。最后他在成都跑来跑去,没有办法了,朋友也帮不了他了,因为严武去世了,他终于决定坐船走了。有一首诗对我触动很大,叫《旅夜书怀》,读过没有?"星垂平野阔",景色很开阔,大概考察这应该是在宜宾一带。最后两句写得很好,"名岂文章著,官应老病休",这两句你们读懂了没有呀?这两句才真正的是说他对官场彻底绝望了——好多人觉得我杜甫很有名、不得了呀,但是我告诉你,我的有名哪里是因为我的文章写得好呀。当官是老了、病了才退休,哪里有像我这么早就退休的。这句话的言外之意是说,你们不要老是说我文章写得好,其实我当官也当得挺好的。但是可惜有没有机会呀?没有。所以每次我读杜甫都会想到自己,好多人说我文章写得好,其实我做别的事情也挺好的。

众生笑。

师:所以其实在长安的时候还没有绝望,真正的绝望就是那个时候的绝望,没办法只有到夔州去了。同学们,这一点讲得非常好,我总结一下。第一,他确实通过艰难的生活洞察了时政的腐败。这个我就不一一讲了,有诗歌为例。第二,因为自己生活非常穷困潦倒,让他直接接触了老百姓,刚才同学们已经说到了,他只需要吃饱饭,有人给他饭吃,他就觉得好温暖。最惨的是这一首诗,我要特别提出来——

【PPT 示】

月夜

今夜鄜州月,闺中只独看。

遥怜小儿女,未解忆长安。

香雾云鬟湿,清辉玉臂寒。

何时倚虚幌,双照泪痕干。

师:他在长安困守的时候,他的妻子在哪儿呀?在鄜州。他想念她呀!你们不知道杜甫当时的生活有多艰难,他的孩子是饿死的。不光是物质生活的贫困,精神上也是非常凄苦。这样的生活让他和老百姓也非常亲近,知道了为什么老百姓这么痛苦。前面两点你们说到了，第三点你们没有说到，黄老师来讲。

生4：书上有说"到了国难时期，既不能发动人民抵抗，胡人也不肯放弃自己的一些特权，反倒更无限制地向人民搜刮物资和乱征兵役"。

师：听见没有？他把矛头直接指向谁呀？——统治阶级。关于这一点，刚才同学们没有读到，情有可原，因为实在是太难了。如果你们读了《兵车行》全诗就知道，《兵车行》不但描绘了他所看到的征兵给老百姓带来的痛苦不堪的生活，更挖掘了这种痛苦生活的根源，根源在哪里，就在这句——"边庭流血成海水，武皇开边意未已"。这就是直接指向统治阶级，认为这就是统治阶级造成的，这一点不简单啊。你们再看一下，《新婚别》这一首诗，红色笔画出的这句有什么不同？

【PPT示】

（红笔画出）勿为新婚念，努力事戎行。妇人在军中，兵气恐不扬。

师：《新婚别》写的本来是夫妻刚刚结婚，结果被抓走了，那就是老百姓当时生活的痛苦呀，但是杜甫却写出了这样的话。你觉得体现了杜甫怎样的思想？

生5：体现他依然有忠君的思想，表现他对于戍边并没有那么抵触，实际上也是一种勉励吧。

师：我们把《兵车行》和《新婚别》放在一起读，是不是会感觉很茫然？《兵车行》好像在批评打仗的事情，可是《新婚别》却在鼓励要去打仗。其实杜甫不是一味地反对打仗，是要看打的是什么仗。如果仅仅是为了开拓疆域，给老百姓造成痛苦，他是反对的。但是如果是为了正义的战争，比如打击那些叛乱分子，杜甫觉得是可以的。所以从这一点看出，杜甫的爱国、忠君思想，都是很重要的。同学们，我们读到这里，他的两种思想就交织在一起了。一方面这段时间他看到老百姓的疾苦，他很忧民。

另一方面他还是记住了国家的利益，就像你刚才说到的，老百姓的疾苦和国家的利益始终交织在一起。我特别想和大家分享这一首诗，来让我们一起来读这首诗——

【PPT示】

登岳阳楼

昔闻洞庭水，今上岳阳楼。
吴楚东南坼，乾坤日夜浮。
亲朋无一字，老病有孤舟。
戎马关山北，凭轩涕泗流。

师：学过这首诗没有？

生众：没有。

师：没学过没关系。前面是写景的我们不管，后面是抒情的，我们可以直接看后面。什么情？"亲朋无一字，老病有孤舟。"是不是孤独？没有亲人，没有朋友，而且自己生病了。但是古人在抒情的时候，是不是很多人都可以抒情到这一层？个人遭际的孤苦。但是杜甫不一般呐，不一般的是什么？在于他还有后面两句——"戎马关山北，凭轩涕泗流"。请问这句抒的是什么情？有没有同学告诉我？

生6：安史之乱过后国家没有收复，他心里很难过。

师：哦，他流泪了，他为什么流泪？

生6：因为国家没有收复。

师：从哪儿看出的国家？

生6："戎马"就是那时的少数民族。

师："戎马"就是打仗，战事。"关山"就是那时打仗的地方。

生6：对。

师：其实从这两句可以看出来，他当时关心的并不是个人身体不舒服，而是国家打仗的事情。所以这里面的感情，我们可以说是忧国忧民，哀国思想。你们如果能想起初中时杜甫的一首诗——《茅屋为秋风所破歌》，就知道他最后的抒情很有意思。"安得广厦千万间，大庇天下寒士俱欢颜！"他本来是写一件生活常事，他在成都时，草堂被秋风刮走了，应该抒发的就是个人没有地方住，好恼火呀。但杜甫的感情马上一转——"自经丧乱少睡眠"，想到的是天下那么多人没有房子住。你看，杜甫的胸襟是不是和一般人不一样啊？对啊，同学们，所以我为什么要把这首诗拿出来。如果我要问这首诗抒发了杜甫什么样的思想感情，那就是两个要点：第一，个人的孤苦之情；第二，忧国忧民的情怀。这就是杜甫不得了的地方。那么，我们说他为什么能实现这一思想的转变，你们是不是答到了两个？讲最后这一点的时候，大家注意到，其实是把杜甫对统治阶级的愤懑和对老百姓疾苦的同情以及包括他对国家、君主的忧虑交织在一起，就因为交织在一起，他现在思想上的转变就可以说是真正意义上的忧国忧民，而不是前期那样，自己想做一番事业了。当你读到这里的时候，杜甫那个时候像不像个圣人了？就像了。圣人，之前我们讲过，是有"德"在里面，而且是人伦之治。他那个时候更多的不是想自己，是想别人了，是想国家、想老百姓，所以我们要考察他是怎么成为一个圣人的，就是这样来的。最后又回到我前面提到的这个问题——漂泊路线。前面我留下了悬念，一起再回过头来看一下。

诗圣杜甫：一个人的长征（第二课时）

【PPT 示杜甫漂泊路线图】

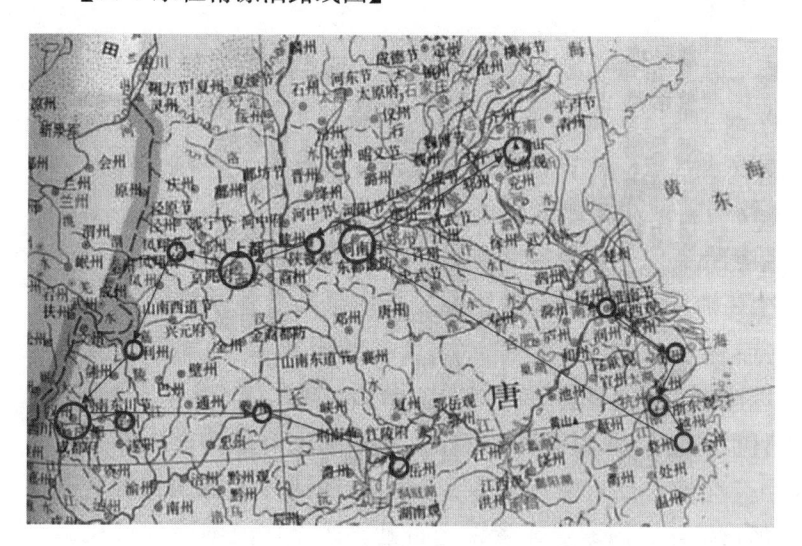

师：再来回顾一下，杜甫青年时游过哪些地方？江浙、山东、西南，现在跑到哪儿了呢？岳阳。我的问题是什么？杜甫究竟要漂到哪儿去？你们知道杜甫最后死在哪儿吗？传说是死在湖南的一条船上。杜甫前面的漂泊我们很明白，是为了求官、实现自己的理想。后面这样漂泊是要漂到哪儿去呀？

生 7：从夔州沿长江的水路一路再从陆路回长安。

生 8：正确答案可能是长安，但我想应该是难民比较多的地方，比如湖南。

师：依据是什么？

生 8：他比较关心人民，想和人民在一起，湖南的难民多一点。

师：很有趣。你说正确答案是长安，但我认为可能不是。我想问，凭什么（你认为正确答案）是长安？

生 9：毕竟他从小受到儒家教育。我觉得他尽管经历这么多，还是要回到都城，尽管不能辅佐君主，但还是可以给君主一

119

些建议。

师：哦，你也是认为他要到长安去。因为杜甫从小受到儒家教育，忠君思想是很浓厚的。我的观点和你们差不多，我认为他也是要到长安去。依据是什么呢？就是晚年的一首诗作——《小寒食舟中作》。这是晚年作的，晚年是一种什么境况？"春水船入天上坐，老年花似雾中看"，说是坐在一只船上，眼睛也看不清楚了，老眼昏花了，连眼前的花也看不清楚了。但是这首诗的最后两句是怎么说的？"云白青山万余里，愁看直北是长安"。杜甫的抒情诗基本是直抒胸臆，这两首句也可以这么说。连眼前的花都看不清楚了，结果有一个地方看得很清楚，那就是——长安。长安在这个时候已经不是长安了，它是一个符号，是君主、朝廷、国家。杜甫直到死想到的都是朝廷、国家，或者说老百姓。所以你说湖南的难民多一点，还是有点牵强，第一个是没有证据证明那个时候湖南的难民多，第二个是这个时候他对老百姓生活疾苦的关心和对国家命运的担心可以结合在一起。我们结合这一首诗，然后考察前面他思想的转变，就可以这么说：杜甫完成了一个人的长征。这个长征就实现了他个人思想的转变，什么样的转变？由上至下，由青壮年想努力实现个人志向、理想，到最后真正的忧国忧民、关心百姓疾苦，这不就成圣人了吗。但是这一个人的长征真的很艰难，有人是这么说的："百年歌自苦，未见有知音！"韩愈说："李杜文章在，光焰万丈长。"

师：最后，我还提了两个问题。一个是，你觉得杜甫是凡人还是圣人？有同学可能会说，黄老师你刚才不是都说了杜甫是圣人了吗，怎么还问这个问题，不是很奇怪吗？但是你不觉得这个问题很有意思吗？你看，杜甫是不是一个凡人，一介书生、官从八品、衣衫褴褛、食不果腹、居无定所、百病缠身。在安史之乱的逃难人群中，谁能看得出来他是一个诗圣？看不出来，就是一个难民。但是我们说他也是一个圣人，前面我们考察了。从哪里看出来是圣人呢？出身仕宦、奉儒守官、才华横溢、忠君爱国、体恤百姓。我这个总结可不可以？那我这个观点就是：杜甫在逃难人群中就是一个凡人，也没有做什么，家族到他那个时候也没落了，但是他又是一个圣人。但是我们有疑问呐，读到最后感觉杜甫不像什么圣人，但他又是一个圣人。这是我的理解，你们是怎么理解的？当然，我知道这个问题给你们讨论是很难的，于是我换了一个问题，你们再看一下，它可能就简单了。这是鲁迅的两句话，你们可以记一下——

【PPT 示】

鲁迅：杜甫似乎不是古人，就好像今天还活在我们堆里似的。

鲁迅：杜甫是中华民族的脊梁！

师：鲁迅这两句话说得有没有道理呢？有。我的问题是这样：你读了《杜甫传》之后，特别是经历了关于凡人和圣人的讨论，你是想做个凡人还是圣人？

生 10：目前我的人生观没有定型，读完这篇文章，有几个疑问。一个是假如我也想像杜甫一样不任职、四处游历，在他就是很浪漫、很伟大的行为，而我这样追逐我的理想肯定是"大逆不道"的。

师：为什么去游历就是"大逆不道"的？

生 10：像我这样不上学，去游历肯定是不行的。

师：但是你要看，杜甫当年去走，是走的什么地方？他当时是有想法的。你们知不知道，我们教育部现在有一个政策，就是要让中学生走出校园。读了《杜甫传》才发现，原来杜甫的思想是在看名山大川时形成的，所以你也想去走一走这个想法没错，一点都没有"大逆不道"。这个和学习不矛盾，杜甫一样在读书，你也要读呀。

师：由于时间关系，我做个调查。请想当圣人的举个手我看一下。

有一个同学举手，生纷纷鼓掌。

师：其实当圣人就是不要老考虑到自己的利益，要考虑国家和人民的利益呀。你们都想当凡人是不是，觉得自己当不了圣人？我想再听一个凡人说话。

生10：首先，我没有能力去当一个圣人，他的忧国忧民和伟大我无法企及。其次，我就是一个很普通、平凡的人，就是想过上面朝大海、春暖花开的快乐、幸福日子。

师：他是不是代表了现在我们大部分同学的心声？

生11：我想当一个凡人。

师：哦，为什么？

生11：因为真正的圣人在成为一个圣人之前都不知道自己会成为圣人。

（生纷纷鼓掌）

师：同学们，你们其实把凡人和圣人对立起来了。杜甫其实并不是一下就变得伟大的，是生活让他慢慢地变得伟大的。所以我们刚才考察为什么杜甫开始看起来就是一个凡人，最后就变成一个圣人。其实圣人并不是想象的那么高不可攀，一个人只要心中有伟大的理想和至善的灵魂，并坚守笃行，也就能达到"圣"的境界。哪怕你最初就是一个平凡的人，或者你就是想当一个凡人，但是不知不觉就成为一个圣人了。平凡的我们也是可以伟大的。孟子说："舜，人也；我，亦人也。舜为法于天下，可传于后世。我由未免为乡人也，是则可忧也。忧之如何？如舜而已矣。"这句话简单说来就是人人皆可为尧舜。舜就是一个普通人，最后却成了一个圣人。所以我们在座的各位同学，虽然很普通、很平凡，但只要我们心中有理想，也可以成为圣人。我没有说当凡人就不对，但心中要像杜甫那样，有伟大的理想。我最后这段话的关键点就在于那句"人人皆可为尧舜"。今天我们这堂课就讲到这里,谢谢大家。下课!

【学后偶感】

朝圣之路
——听黄明勇老师《诗圣杜甫:一个人的长征》课有感

这是一堂有智慧、有情怀、有深度的大课。

听黄明勇老师讲语文课,一直是享受。好激动能听黄老师讲杜甫,我觉得黄老师给我的感觉就像杜甫,在教书育人的道路上无比虔诚,孜孜以求。这堂课真可谓酣畅淋漓,讲得精彩、听得舒畅、讨论热烈、激情迸发,还想再来一次!黄老师的这堂课很新,将杜甫的生平轶事和各时期的代表诗作结合起来讲,抓住了传主和作传者"诗人"的特点,内容充实,内涵丰富,既有语文味道,又有生活情趣。给我印象最深刻的主要有以下四个方面:其一,突破口找得好。从一张地图切入,即沿着杜甫的漂泊路线,去探寻诗人的圣化过程,既形象直观,又能体现传记特色。其二,把诗人的典型经历和主要诗歌结合起来探讨,让我们既有阅读的兴趣,又有探究的深度。其三,黄老师精心设计的问题富有探究性,基本上用问题带领学生逐步深入,最后由对杜甫的探究回到自身的思考,得出"人人皆可为尧舜"的观点。其四,由于黄老师的问题提得妙,课堂上同学们争相发言,思维碰撞异常激烈,甚至出现了在直播课堂上争抢话筒发言的热烈场面,生生之间、师生之间展开了激烈的辩论。

尤其让我耳目一新的是,黄老师的个性化解读不仅能引导我们深入思考,还鼓励我们有创意地表达。这堂课上,可以看到黄明勇老师驾驭课堂的高超艺术,因为这次选修课尝试了"大课"的形式,三四百人的大课堂,非常考验老师的教学水平和课堂驾驭能力，老师的个人魅力也会直接影响教学的效果，这所有一切，我都给黄老师都打满分。

（学生　黄一佳）

生活中的孔子

【可"玩"之点】

　　孔子是一个两千年前活过、爱过、恨过、哭过、笑过的有血有肉的人，甚至可以说是一个有小资情调的人，一个嬉笑怒骂的性情中人，一个风趣幽默甚至有点无厘头的人。我们只有平民化孔子才能了解到真孔子。我看《论语》总以为在看电影，好像看见孔子与他的弟子们一块聊天游玩，甚至感觉到孔子就在我身边，在公园玩见到一个老人在给一伙人讲故事或带一帮人玩时，我常想，孔子当年大概就是这样吧。

　　孔子其实很可爱，可爱的孔子离我们很远，但孔子的语言离我们很近。该如何消弭这种语言陌生感和认知落差？本课希望帮助同学们通过《论语》中的部分场景、故事还原孔子，看看我们周围有没有这样的人和这样的事。基于此，我采用"生活启迪"的方式，运用情景还原法，即还原生活情景，让教学生活化，从而调动学生的经验来解读文本、认知人物。

　　只有喜欢了孔子，才能真正喜欢读《论语》，这节《论语》起始（导读）课，才能真正有意义。

【课堂实录】

　　师：初中好像学了《论语十则》，能背吗？有没有能背的同学，谁能背一句？

　　生1：三人行，必有我师焉。

师：好，不错。同学们，你们知道吗？高中第一学期我们要读一本名著——《论语》。今天我们来了解一下《论语》这本书。你们首先最想了解的是《论语》的什么呢？（停顿）这本书传说是孔子的学生辑录的孔子的言行，那么孔子是个什么样的人呢？这肯定是我们最想知道的。接下来我们今天这堂课就是要了解一下孔子。我们先来看这样几幅画。

【PPT示】

师：你们看过孔子这些画像吗？各种各样的都有，我要问一下，你们最喜欢哪一幅啊？

生2：最后一幅。

师：为什么最喜欢最后一幅呢？你说说看。

生2：长得很有圣人的面孔。

师：哪里看出的？胡子很长还是额头很大？（生笑）你们还喜欢哪一幅？

生3：第二幅。因为第二幅比较有孔子身上那种富有学识、富有威严的气质，给人一种古道圣师的感觉。

师：你在举手，起来说。

生4：因为第二幅是石雕，所以可以看出他在后人心中的地位。然后石雕给人的印象就是很高大、很威武、很神圣。

师：请坐。可能初中的时候老师讲过，孔子是个圣人。在我们传统文化里面，孔子是个集大成者，那肯定很有威仪。所以第二幅画最能体现这些，很严肃。最后一幅画可能是表情很丰富。那么同学们，我们平时也许觉得孔子是个圣人，表情应该是非常严肃的，但是没想到他也有这么丰富的表情，好像我们常人一样。所以我们今天就是要了解生活中的孔子是个什么样子的。所以接下来我们会讲些故事哈。大家看着文言文怕不怕啊？

生齐：怕。

师：怕，因为有些字确实有点难懂。但是我告诉你，你把它当故事来读，它就一点不可怕，所以大家首先要消除这种恐惧。来，这里有没有不认识的字，读一下。

【PPT示】

唐棣之花，偏（翩）其反（翻）而。岂不尔思？室是远而。

子曰："未之思也，夫何远之有？"

——《论语·子罕》

（教师有感情地朗读）

（生齐读）

师：好，首先我们来看一下文字上的意思。这个唐棣花啊，风一吹，它翻来覆去的样子很可爱。"岂不尔思"，不是说我不想念你啊；"室是远而"，确实是你的家太远了。同学们，就这两句话差距太远了，前面是说开花的事情，后面怎么是说思念呢？这其实是《诗经》当中的话，大家初中接触过《诗经》吗？（生点头）噢，这是一种起兴手法的使用，先说一点跟这个主题好像无关的事情，然后再说出主题。其实真正表达的就是关于思念的意思。起兴呢也不是和后面说的一点关系都没有，你看，花翻来覆去，就像想念一个人的时候辗转反侧的样子。《诗经》说，不是我不想念你呀，不是我不想来看你啊，是因为你的家太远了，我来不了。但是孔子读到《诗经》这些话的时候，他是怎么理解的呢？他说，"未之思也"，这个还不是很思念，"夫何远之有"，为什么？如果真正是思念一个人的话，那再远你都要去见他。孔子对《诗经》里这个人的说法有点看法，那么你们觉得孔子说得有没有道理啊？

生齐：有道理。

师：我们在高一的时候也会学习一些爱情方面的诗歌，写思念的。孔子还挺懂恋爱经的哦。我们今天都还说，"有缘千里来相会"。其实啊，我们在解读这句话的时候，你就看孔子这个人是不是一个很重感情和情义的人。来，我们再来看这句话，有没有不认识的字啊？

【PPT 示】

原壤夷俟。子曰："幼而不孙弟，长而无述焉，老而不死，是为贼！"以杖叩其胫。

——《论语·宪问》

师："原壤夷俟"，原壤是一个人的名字，他应该说跟孔子比较熟，算是朋友。"夷俟"，俟是什么意思呢？等待。夷俟是什么意思呢？夷是停止，实际上就是叉开腿坐在这里等待。你们现在坐得很端正，你想在地上叉开腿坐着的样子雅不雅？不雅。原壤这个人呢，就是叉开腿坐在这个地方。留下一点悬念，先一起来读一读，还有什么字不认识吗？（指着"孙弟"二字）这两个字认识么？这两个通假字，通这两个字："逊悌"。（板书：逊悌）这样一说大家就明白它是什么意思了：逊，谦逊；悌，孝悌。"幼而不孙弟，长而无述焉"，"无述"就是没有什么可以讲的，意思就是说没有什么成就。"老而不死，是为贼"，老了却没死一直活着，这种人是个强盗。"以杖叩其胫"，（对这种人）就用拐杖去敲打他的小腿。这个大概意思明白了没有？说原壤这个人，叉开腿在那儿坐着。孔子就说你这个人小的时候就没有礼貌，长大了也没有成就，还老而不死，跟强盗没什么区别，就是个强盗。这是骂他对不对？不但骂他，还要干什么？（生齐答打他）还要打他。那我们一起读一下，"原壤夷俟"，起。

（生齐读）

师：孔子是不是很重视礼？非礼勿动，非礼勿视，非礼勿言，什么都要讲礼，也就是规矩。平时老师是不是也跟你们冒过火啊？

生齐：嗯嗯！

师：而且你们读小学的时候，老师首先就说坐端正（教师做"坐端正"的动作示意），是不是这样？这是有必要的，那我们现在就调整一下姿势啊。睡觉有睡觉的姿势，吃饭有吃饭的姿势，上课有上课的姿势。同学们，其实我们学《论语》啊，不仅仅是学知识，更重要的是使心灵得到净化。这节课大家也不要说是在学文言文，就相当于是在听黄老师讲故事。表扬这边的两个同学，姿势越来越端正了，非常好！你们做笔记可以把老师讲的一些重要的观点、思想记一下。我们学了两则《论语》了，大家觉不觉得文言文好玩？

生齐：不觉得。

师：不好玩啊，那我们继续往下看，学完就有趣了。再来看一个小故事，大家看我这个小标题：

【PPT示】

只因一次会面而红了千年的女人

（生哄笑）

师：你们知不知道这个女人的名字是什么？

（生齐摇头）这个人就是南子。

【PPT示】

子见南子，子路不说。孔子矢之曰："予所否者，天厌之！天厌之！"

——《论语·雍也》

（师有感情地朗读）

师：（读至"说"字）这个字读什么？

生齐：yuè。

师：嗯，同学们初中文言文学得好。这个字是个通假字，yuè，什么意思？

生齐：高兴。

师："孔子矢之曰"，"矢"是个通假字，通"誓"，发誓。（板书：誓）"予所否者，天厌之！天厌之！"大家听得懂吗？（生摇头）我给大家翻译一下：孔子去见了南子，南子是个女的，子路就不高兴。子路是谁啊，是他的学生，一个男学生。孔子就发誓说："我如果做了不对的事情，苍天都要讨厌我！苍天都要讨厌我！"这中间可能有省略号，好像子路就觉得老师去见了女的，是不是做了什么不对的事情呢？所以孔子就发誓。大家都在笑了，那么同学们当然就想知道，这个南子是个什么样的人呢？有同学知道吗？（生沉默）《史记·孔子世家》对南子这个人做了介绍，或者说对《论语》做了介绍。原来南子的身份也不一般，她是灵公夫人，不过口碑不太好。用今天的话来说，就是这个人好像道德作风不太好。

【PPT示】

灵公夫人有南子者，使人谓孔子曰："四方之君子不辱欲与寡君为兄弟者，必见寡小君。寡小君愿见。"孔子辞谢，不得已而见之。夫人在绨帷中。孔子入门，北面稽首。夫人自帷中再拜，环佩玉声璆然。孔子曰："吾乡为弗见，见之礼答焉。"子路不说。孔子矢之曰："予所不者，天厌之！天厌之！"

——《史记·孔子世家》

她派人对孔子说:"天下的君子,你们如果想见灵公的话,就要见一见我,我愿意见你们。""寡小君"是她自己的谦称,就是我。实际上她就是想叫孔子见个面。孔子辞谢说不见,但是南子非要和他见个面,于是二人就见面了。当时的情况是怎么样的呢?不是大家面对面地在一起,而是有一个细纱布隔着。孔子进门时向北面作揖,夫人就在纱帘后面还礼,发出环佩之声。你们觉得他们见面时的礼节怎么样呀?读到这里时南子给你们的印象如何?虽说口碑不太好,但是礼貌还是有的。"吾乡为弗见,见之礼答焉。"这句话应该是对子路讲的。这里又有一个通假字,"乡"通"向",以前,从前。(板书:向)这句话怎么翻译呢?我之前是不想和她见面的。弗,就是不。见了面之后我和她之间也是以礼相待。但是孔子即便这样解释了,子路还是不相信,因此孔子急了才对天发誓。完整来看这个故事,你们觉得孔子表现出的是一种怎样的精神境界?或者说,你们是不是也和子路一样,觉得孔子不应该去见南子呢?大家可以讨论一下。

(生小组讨论中,师加入讨论,鼓励学生发言)

生5:我觉得以当时的社会背景来说,孔子最好还是不要去见那个女子。毕竟评论说孔子一生不近女色,没必要去见了之后毁坏自己的名誉。

生6:我觉得南子品行不好,而且流传了出来,孔子亲自去见了南子才知道她的为人是什么样的。

师:你是赞成子路的观点还是赞成孔子应该去见南子?

生7:赞成孔子。但是……(生犹豫)

师:你觉得南子这种人也不该去见?说得不够果断啊。你来。

生8:我觉得还是应该去见一下,可以知道真实的情况。

师:好,请坐。语文回答问题和别的学科不一样。你觉得有道理、能说服自己，那就把自己的观点表达出来，明白没有？你们想，子路之所以觉得老师不应该去见南子，显然他的理由就是南子这个人品行不好。同学们刚才结合当时的时代就觉得南子这样的人确实不应该去见，但是孔子为什么去见？从后面的故事发展来讲，孔子对南子的评价并不主观，还是很客观的。他觉得南子没有人们想象中那么糟糕，还是很有礼的。关于这一点，有一个哲学家叫南怀瑾，他对此有说法，就是在孔子看来，南子这个人虽然有缺点，但只要她没有违背天理，我们是可以见的。可见，一是生活中的孔子遇到和学生观点不一致时，表情也很丰富；二是孔子心胸其实很开阔，面对有缺点的人不是一棍子打死的。再来看这个，这段有点长。

【PPT 示】

孔子适郑，与弟子相失，孔子独立郭东门。郑人或谓子贡曰："东门有人，其颡似尧，其项类皋陶，其肩类子产，然自要以下不及禹三寸，累累若丧家之狗。"

子贡以实告孔子。孔子欣然笑曰："形状，末也。而谓似丧家之狗，然哉！然哉！"

——《史记·孔子世家》

（师有感情地朗读）

师：（读至"颡"字）这个字读 sǎng。颡是什么意思呢？脑门。皋陶是个人，子产也是个人。"要"，通假字，通"腰"。（板书：腰）大家应该听说过孔子周游列国的故事吧？

生齐：嗯。

师：你们觉得孔子周游列国像不像我们今天旅游那样好耍啊？

生齐：不好耍。

师：他是要去干什么呢？是要去传播他的仁道，可是当时那些人能不能接受他的观点啊？

生齐：不能。

师：不能。这里讲的就是这件事情。孔子到郑国去的时候，和他的学生走失了，于是孔子就站在城墙的东门处。有人就对子贡说："东门有个人……"前面应该都是表扬他，但是后面那句说他像丧家之狗，很可怜的样子。子贡回来就如实和老师说了这番话，你们猜猜孔子听了这些话会是什么反应呢？

生9：他应该心平气和地给子贡讲那些道理。

师：如果有人骂你像狗一样，你还会心平气和吗？你会怎么样？

生9：我会打架。

师：噢，你就会冒火生气了，但是你刚才为什么说他会心平气和呢？

生9：因为孔子在我们心中是个圣人啊！

师：好，请坐。同学们，我们现在来比较一下，我们学孔子，要联系到我们的生活，任何人当别人骂自己像狗一样都会生气的。但是你看一下，孔子怎么说的，他还高兴地笑着说，"我的形状像圣人，这个不真实。说我像丧家之狗，真是这样啊！真是这样啊！"首先从前面这句话来看，是谦虚；但是后面那句别人骂他的话，他不但没有生气，还心平气和，还承认确实就是这样。从这句话里面，不仅能看出他修养很高，更重要的是当传道遇到各种困难时，他能够客观地面对。所以用我们今天的话说，孔子也卖萌装傻啊！就是说不把别人的责骂当回事，有宽广的胸怀。关于孔子卖萌的事情还有很多，你们知道吗？（举《论语》一书示意）你们做好准备没有，这本书大家是要全读的。别的孔子卖萌的故事，大家想听吗？

生齐：想听。

师：但是我有一个要求，就是你们要和老师一起感悟，回答问题要举手。我们再来看几个。

【PPT 示】

孔子卖萌集锦

(1) 子疾病，子路请祷。子曰："有诸？"子路对曰："有之。《诔》曰：'祷尔于上下神祇。'"子曰："丘之祷久矣。"

——《论语·述而》

(2) 孺悲欲见孔子，孔子辞以疾，将命者出户，取瑟而歌，使之闻之。

——《论语·阳货》

(3) 子与人歌而善，必使返之，而后和之。

——《论语·述而》

师：（读完第一则）这是什么意思呢？（生摇头）读不懂的话我给同学们讲一下。有一次孔子生病了，他的学生子路就为他祷告、求神拜佛。孔子就问子路："有这件事情吗？"子路回答："有这个事情，《诔》（过去神示里讲的那些事情）曰：'我要向所有的神仙祷告来保佑你身体健康，让你早日康复。'"你说学生这样为老师求神拜佛，老师听了之后会怎么说呢？孔子说啊，我一直都在求神拜佛。你们觉得这句话是什么意思？他真的是在求神拜佛吗？

生10：没有。

师：他想表达的意思是什么？来，你站起来说一下。

生10：他想说的是求神拜佛没有用。

师：你是怎么读出来的？

生10："久矣"说明他一直都在求神拜佛但是神佛没有给他任何帮助，他就知道这是没有用的。

师：请坐。这位同学回答得很棒，有专心听讲。关于神佛的问题，我们今天很多人都还在求神，但是孔子对这个问题看得很开，早在《论语》中他就反对怪力乱神，不主张我们去讲那些稀奇古怪的事情，人生的道路要靠自己一脚一脚地走。他的学生去给他求神拜佛的心情我们是可以理解的,但是孔子自己看得很开,这也是一种卖萌装傻。后面这个故事更有意思,(教师读第二则,读完后问)这是什么意思呢?就是有一次啊,孺悲(人名)来见孔子,但是孔子不想见这个人,就说我身体不好,而且让人去把门关了。那个人走了,可是孔子做了一件事情,他把瑟拿出来弹奏唱歌,而且故意把声音弹得很响,让那个人听得到。提个问题,孔子这是想干什么啊?

生 11:就是不想见他。

师:那为什么他还要弹奏呢?

生 11:让那个人知道他没有生病。

师:你还没有说到本质。还有同学吗?

生 12:我觉得他弹琴是想告诉那个人我没有生病,我其实只是不想见你。

师:嗯,是让他去反省,让他想一想,老师为什么不见你呢?对不对?这是一种让他自我反省的方法。我就不一一地讲了,孔子这些卖萌的事情其实背后是有实质的,要么体现一种精神境界、一种人格修养,要么体现一种教育方法。最后请同学们讨论一个问题,我们今天好像让孔子从神坛走了下来,他做的事情同他的表现和我们生活中的老师也差不多,他也会生气也会卖萌,但是,你们觉得孔子是凡人还是圣人?大家积极讨论,我希望听到不同的观点。

(生讨论中)

师:认为孔子是凡人的请举手。(两名同学举手)来,你说一下。

生 13:虽然我们嘴上都说孔子是圣人,但是我心里想的还是他是个凡人。

师:为什么?

生 14:看这些记载,虽然他有圣人的礼仪、圣人的儒雅,但是他也会用凡人的话把道理说出来，让大家懂这些道理。

师：认为他是圣人的请举手。来，谁说一下？

生15：我觉得圣人也是人，圣就圣在了内在的修养方面，我们看到的孔子的生气啊卖萌啊，都是出自各种各样的原因的，但是他的表现还是很圣人。

师：你的理由是即便他说的话、他的表情和常人差不多，但看得出他的人格修养很高。还有同学想说吗？（无人应答）同学们，我们刚才这个命题看似有点假，明明讲了很多生活中的事情还说他是个圣人，我都觉得他就像个凡人，你们的观点是正确的。但是说圣人也是正确的，因为孔子这么多年来对我们中国文化的影响这么大。不过他的言行，特别是他的人生体验、他的喜怒哀乐跟我们常人是差不多的，和我们的老师一样，和隔壁的德高望重的老人一样。所以孔子是真实地在这个世界上生活过的人，不是挂在墙壁上的圣人。国外特别是日本很重视对孔子的研究，有个人写了一本书，说孔子就是个普通人，但正因如此，他才更伟大。我想借用孟子说的一句话，孟子说"人人皆可为尧舜"，什么意思呢？他是说你不要以为圣人是多了不起的人，他其实就是我们身边的普通人。我们在座的每一个同学不管你将来要干什么，都可以有颗圣人之心，要对自己的要求高一点，每个人都可能成为尧舜那样的人。今天这节课我们了解了孔子其人，从刚才的发言来看，虽然有文言字词的难点，但是结合生活的把握，是可以理解的。好，下课，同学们再见。

生活中的孔子

【学后偶感】

如此为师，学生之幸

——听黄明勇老师《生活中的孔子》课有感

非常高兴能聆听黄明勇老师讲这堂课，这是一堂别开生面的课，更是一场酣畅淋漓的思维盛筵。它既可以看作是名著《论语》的导读课，也可以是《孔子其人》的导学课。我们是才从初中升入高中的学生，黄老师充分考虑到陡然阅读《论语》原著的巨大难度，在全面学习《论语》原著之前，精心为我们设计了这节课，让我们既不会排斥年代久远的古书原典，也不因为文字生涩就望而却步。更重要的是，这堂课对初高中做了衔接与铺垫，更让我们在欢声笑语和思维交锋中重新认识了孔子——他并非高高在上的圣人，他曾经真实地在世间活过，是一个有嬉笑怒骂的人，一个在苦难中摸爬滚打的人，一个爱憎分明的性情中人。

整个课堂充满着黄老师一贯的幽默风趣、深刻睿智的教学风格，没有压力，没有逼问，有的只是笑声不断、讨论不歇。在黄老师的层层启发中，我们学习、探究、领悟，实在是一堂轻松的好课。

从这节课中，我们知道了孔子其实并不只是天天教书的夫子，他对见不惯的事大胆批评，毫不讳言；对自己认定的礼法原则，坚守不移；对自己的学生、求教者，因材施教；对自己的朋友，真诚相待，心怀坦荡。遗憾的是，课时有限，一节课无法展示生活中孔子的全貌。幸运的是，黄老师精心剪裁，细致遴选，给我们呈现了不同情境、不同年代中的孔子。更妙的是，这些只言片语看起来似乎非常简单，表述也相当简洁，翻译成白话文可谓一目了然，如果是我们自己阅读，一定会"略过"，但黄老师却用他独特的教学眼光和专业解读，带着我们揣摩孔子言行的

137

"出发点"和"目的地",于是就诞生了这堂师生一起讨论、探究、解读孔子品行学养和教育思想的思维盛筵。

我想,这样的课堂教会我们的不仅仅是如何阅读《论语》,更宝贵的是,如何透过一个人的言语和行为去深入解读一个人的思想,甚至灵魂。所以,在今天的课堂上,我们不但看到了孔子的可爱和娱乐精神,而且看到了孔子这些"卖萌"的事情背后是有实质的,"要么体现一种精神境界、一种人格修养,要么体现一种教育方法"(黄明勇老师语)。酣畅淋漓的一节课,不仅在于黄老师对孔子语录的解读让人耳目一新,更在于这样的思维帮助我们真正还原了一个立体的、鲜活的生命。

"学高为师,身正是范。"自古以来的为师者,承担起"传道受业解惑"的使命,诲人不倦,孜孜以求。我想,讲台上的黄老师不也正如此吗?他用"语文教师"这一身份,践行着思想教育和品格塑造的使命,黄老师的语文课堂,是思想的引导、视野的开拓,甚至灵魂的洗礼。我特别感谢黄老师的教育情怀和教育思想,让我的心智迅速成长。"润物细无声",大概就是这个意思了吧。

不能不说,这样的一节课,如果缺少了黄老师的独特视角和创意设计,孔子的精彩终究也只是平面化的说教。

谢谢黄明勇老师!

(学生 宁蒗)

《论语》与为仁

【可"玩"之点】

《论语》属于必修教材中的名著阅读,如何有效地进行整本书阅读,是摆在教学者面前的一道难题。教学设计之初,教师有必要充分了解选文的价值、意义和缘由。立德树人,是新课标、新教材、新课堂贯彻党的教育方针的总要求,语文是最应担此大任的学科,也是最能担此大任的学科。《论语》彰显着中国传统文化的主流价值,如"仁""礼""孝""入世"等。

笔者认为,要将《论语》中的"仁"讲得既有思想性,又有趣味性;既准确深刻,又生动形象,着实不易。教师备课时,对大量资料的处理最为繁琐,也最见功夫,阅读、勾勒、提炼之后,留给学生的,应是"删繁就简、清爽明了、深刻睿智"的印象。

本课为努力接近这一目标,设计了以下几个可"玩"之点:其一,采用中西文化对比视角。对照中外关于"仁"的翻译,来层层剖析"仁"的内涵与价值观。其二,从"人格、人类、人贵、人和"等角度体会孔子"仁者,人也"的思想。其三,采用"文以载道"原则,讨论"我们如何达到孔子所讲的'仁'的境界?""我们在生活中遇到过困惑,听了今天的课得到哪些启示?"以文传道,将文意理解内化为精神品德的自觉行为。

【课堂实录】

师：昨天听了一节讲《论语》的起始课《生活中的孔子》，你们感觉好不好玩啊？相关的名句，你们昨天回去背过没有？

生：好玩！但只背了一些。

师：希望同学们在学《论语》的时候还是要多读多背，感悟其中的智慧。昨天我们了解了孔子其人，那么今天我们就要进入这部书，了解它的主要思想。它的主要思想是什么？我的标题已经打出来了——"仁"。"仁"这个字在《论语》中出现了几十次，而且我个人认为这应该是人间最温暖的一个字。

【PPT示】

人间最温暖的一个字——《论语》中的"仁"

师：你们初中的时候学过《论语》十则，这十则里面应该是有一句提到过仁，还有印象吗？"士不可以不弘毅，任重而道远。仁以为己任，不亦重乎？死而后已，不亦远乎？"有没有印象？

生齐：没有，没学过这句，我们学的《论语》十二则。

师：哦，那我们今天来看一下这个"仁"到底应该怎么理解。首先来看一下外国人怎么翻译、怎么看待"仁"。

【PPT示】

"仁"翻译成英文怎么说？

- Good
- Humanity
- Love
- Benevolence
- Virtue
- Manhood
- man-hood-at-its-best

生1：人性之美。

师：为什么这样来理解呢？

生1：它的本义就是人的状态是非常好的，就引申一下。

师：其实还可以说成人的最佳状态，请坐。看一下外国人的翻译，你们最欣赏哪个？或者说你们觉得哪个更接近孔子的"仁"？

生2：我觉得第一个，比较大众化。

师：那看一下外国人的翻译对不对呢？或者说哪个更准确呢？我们来看一下原著是怎么说的。孔子和学生在一起就经常探讨"仁"，学生有时候不懂，就问老师，你讲的"仁"是什么意思呢？孔子就说了这些著名的话。"仁者，克己复礼为仁。"就是仁者一定要克制自己的欲望，恢复周礼。因为孔子认为他所处的时代已经是礼崩乐坏。"仁者，爱人也。"这句话是个判断句，翻译过来很简单，仁就是要去爱护别人，或者说同情他人。"仁者，人也。"翻译过来什么意思？仁啊，就是人啊！这句你们能理解吗？很多同学听了他这句话以后，不知道老师究竟要讲什么。孔子是个很会启发学生的老师，他就把学生带到庭院里面去，跟同学们讲，你看，那株草长得很高很茂密，好不好看啊？同学们说，好看。孔子又指着一株刚从地里冒出来的嫩黄的小草，问同学们，这株草好不好看啊？同学们说，好看。又问，那两株草你们觉得哪个更好看呢？孔子说，我觉得刚刚从土里钻出来的草更好看。为什么？因为前面那株长得很茂盛的草虽然美，但是叶子上面沾染灰尘。草跟人是一样的，人在不断地长大，身上也会积满了社会的恶习。而人刚刚生下来，虽然很小很幼稚，但也很单纯，没有沾染上社会的恶习。

【PPT示】

"仁"究竟是什么呢？

- "仁者，克己复礼为仁"
- "仁者，爱人也"

- "仁者，人也"

师：孔子要表达一个什么意思？他所谓的仁就是人，后一个人指的是人的天性，是人性之美，就是《三字经》里面讲的"人之初，性本善"，孔子就是主张这个。通过老师的讲解，你再看外国人的翻译，里面其实已经谈到了人性，谈到了人性之美，这样的翻译比译成"善"和"好"又要递进一层。所以我说，中国人一定要了解中国文化。说到这个"仁"字，联系到我们的现实生活，联系到我们的人生，其实还可以做很多分析，既然讲的仁就是人，那么作为一个人，我们首先就要想到人格，人格就是我们每个人都有的尊严。

【PPT 示】

1. 人格

（1）子曰："富与贵，是人之所欲也；不以其道得之，不居也。贫与贱，是人之所恶也；不以其道得之，不去也。"（《论语·里仁》）

（生齐读）

师：这句话什么意思？孔子说，富贵是每个人天生的欲望，不是通过正道得到的富贵，我是不占有的；贫贱是每个人所厌恶的，不用正道去排除他，我是不会排除它的。注意，这里的"得"有人认为应该是"去"，就是排除。孔子在这句话里面首先承认每个人都有追求富贵的欲望，这个无可厚非，但是你得到富贵应该通过合法合理的手段。今天看来这句话很了不起的地方在哪儿？我们每个人的人格很容易在利益特别是富贵面前丧失。举个例子，某天一个人拿了一百块钱想侮辱你，你肯定不同意；假如是给你一千块、一万块、十万块、一百万块呢？好像有同学就要点头了。同学们这只是个假设，但这个假设也是考验我们的心理，从中可以得出一个结论：人很容易在金钱、利益、富贵面前失去自己的人格。但是，我们一定要记住，我们要想守住自己的人格，就要"以其道得之"。

【PPT 示】

1．人格

（2）子曰："富而可求也，虽执鞭之士，吾亦为之。如不可求者，从吾所好。"（《论语·述而》）

（生齐读）

师：你们觉得哪个地方翻译起来有困难？就是那个"执鞭之士"，拿着鞭子的人，就是赶车的人。今天可以理解为司机或者马车夫。马车夫在当时的社会地位是非常低的。这句话翻译过来就是说，财富是可以追求的，即使说是让我去做地位很低的赶马车的人，我也去做。如果说是不能追求，那我就听从我自己所喜欢的东西。孔子的伟大之处在哪里？他还是承认人们有追求财富的权利，但是你一定要凭借自己的劳动，哪怕是从事非常低贱的工作，他都觉得挺好的。联系我们今天的生活，你们现在在求学，理想是考一个好的大学找个好的工作，对吧？来，你今后想做什么？

生3：当老师。

师：那假如命运作祟，你今后当不成老师，干点别的，比如说建筑工、环卫工等，可能工作更辛苦，那你会不会说，哎呀不行不行，太脏了，我不去做？但是在孔子看来，只要是凭自己的劳动所得，那都是光荣的。如果确实得不到，那我自己现在干什么我就干什么，不去羡慕那些富贵之人。只有这样，我们才能保住自己的人格。大家能理解吗？好，我们再来看后面的。这个人，还包括了人类。同学们，我们今天在座的都是人，但是有时候跟人相处，你们觉得辛不辛苦？（生点头）很累哦，为什么？有同学就感觉小时候跟同学相处好像还比较愉快，很容易找到朋友，但是一到初中了好像同学之间就不是很好处了，到了高中、到了大学，人就更复杂了，人与人之间相处也就很难了。《论语》

当中就讲到了这么一个故事:

【PPT示】

2. 人类

(1) 司马牛忧曰:"人皆有兄弟,我独亡。"子夏曰:"商闻之矣:'死生有命,富贵在天。'君子敬而无失,与人恭而有礼,四海之内,皆为兄弟也。君子何患乎无兄弟也?"(《论语·颜渊》)

(生齐读)

师:这句话里面有一句名言,哪一句?

生齐:四海之内皆兄弟。

师:好,这句话很有名,就出自这个地方。我们看一下,他是在一个什么背景下讲这个故事的?司马牛是孔子的一个学生,他有一天就很伤心,就讲,别人都有兄弟,我独无。这里应该是个通假字,"亡"通"无"。子夏就说,一个人啊,死生是有命运安排的,富贵是由天地安排的,你忧虑什么?关键是你自己要修养德行,对别人要恭敬、要有礼。天下的人都是你的兄弟,君子何必担心没有兄弟呢?刚才黄老师讲,人和人相处是很难的。你们虽然年龄很小,但已经有这个感觉了。但是《论语》里面讲了一句很有名的话:四海之内皆兄弟。孔子这个观点好在哪里?就是他有一种人类的意识,而不是叫我们去钩心斗角、去防备,哪怕陌生人都是我们的兄弟。但是他也是有前提的,就是彼此间要相互尊重。同学们,孔子这句话在今天这样复杂的国际环境当中,都很值得那些政治家们反思哦,这样也许就没有战争了。有时候我们觉得跟人相处好难啊,但在孔子看来,其实也很好相处,他说了句很有名的话:

【PPT示】

2. 人类

(2) 己欲立而立人,己欲达而达人。(《论语·雍也》)

（3）己所不欲，勿施于人。（《论语·卫灵公》）

师：这句话的意思是，自己想要立的事情一定要让别人立，自己想要实现的事情一定要让别人实现。明白吗？我们同学喜欢用我来造句，我想要什么什么，但是你要想一下，别人想要什么。这就是我们通常所说的换位思考。你们跟同学发生过矛盾没有？回想一下，是不是很多时候我们都喜欢站在自己的角度思考问题，就把同学给伤害了，那么今天学了这句话你就知道了，我要多去为别人想一想。再来看这句话："己所不欲，勿施于人。"这句话学过吧？老师是怎么讲的？

生4：自己不喜欢的事不要施加给别人。

师：好，其实这两句话是从两个方面来讲的：你自己想要的事情你要想一想别人也想要，你自己不想要的事情也要想一想别人也不想要。今天我们学了这些话，就知道怎么去跟人相处，首先是要尊重他人，还有就是要多换位思考，这样相处就很愉快了。

【PPT示】

3．人贵

（1）厩焚，子退朝，曰："伤人乎？"不问马。（《论语·乡党》）

（2）故人者，其天地之德，阴阳之交，鬼神之会，五行之秀气也。（《礼记》）

师：大家看我这个小标题就知道，看一下你们自己身上拥有的，你觉得什么东西最值钱、最珍贵？

生5：心脏。

师：你的生命是最珍贵的。好，那我们看一下，这是《论语》当中的一个小故事。厩焚，子退朝，曰："伤人乎？"不问马。我们还是一起读一读，首先坐端正，然后尽量用胸腔发音，声音适中。

145

生齐：厩焚，子退朝，曰："伤人乎？"不问马。

师：厩就是马厩，马厩被烧了，孔子回去后首先问的一句话是"伤了人没有？"他没有问死了马没有。就这么简单的故事，你们觉得孔子伟大在哪里？他考虑的是他人的生命，马在当时应该是非常值钱的东西，现在也是。但是孔子呢，他首先是问人受到伤害没有，说明他非常看重人的生命。就像你们刚才回答的，你的生命是最珍贵的。不过我们现在这个社会，还有些人遇到一点困难比如考试失利、人际交往困难，或者一句话想不通了，就跳楼了，你们觉得有必要吗？没有。自己的生命最重要。好，再来佐证一下。《礼记》里面对人是这样阐释的：故人者，其天地之德，阴阳之交，鬼神之会，五行之秀气也。你看，这句话黄老师读的时候都很有力量，为什么？它是内容决定了我的声调。它怎么解释人的？人是天地的恩德，是阴阳的交汇，是鬼神的际会，是五行的秀气。总之，这些阴阳、天地、五行，都是很了不起的，而我们人就是这样一种交汇、恩德。每个人来到这个世界，宣告生命的诞生，不管他是富贵还是贫穷，不管他是出自怎样的家庭，不管他是成绩好还是成绩差，不管他是长得帅还是丑，他都是最了不起的。我觉得此处应该有掌声，给你们自己，给每个生命。现在，黄老师请你们用足自己的劲儿来读这几句话，读出自信，起：

生齐：故人者，其天地之德，阴阳之交，鬼神之会，五行之秀气也。

师：所以这个人太珍贵了。人和，什么意思？你们是不是有时候觉得自己有情绪？今天早上起来烦不烦？

生6：有点烦，失眠，累。

师：嗯，好。像同学们这个年龄，有时候就会感觉情绪失调，班级里就有点浮躁。还有的十几岁的小伙子，稍稍语言不慎就要拿拳头，就会冲动冒火。所以每个人自身内部协调的问题也是和孔子讲的人有关系的,看《论语》中的一个故事。

【PPT示】

4. 人和

(1) 子曰:"赤之适齐也,乘肥马,衣轻裘。吾闻之也,君子周急不继富。"《论语·雍也》

(2) 子曰:"中庸之为德也,其至矣乎!民鲜久矣。"《论语·雍也》

师:有一个孔子班上的学生出差,孔子给他的补助要多一点;有另一个学生出差,孔子给他的补助却少一点。有人就有意见了,说孔子,他们都是你的学生,为什么你不公平呢?孔子怎么说的呢?他说:"公西赤到齐国去,乘坐的是壮马,穿的是貂皮大衣。我听说,有德行的人要救济急困的人而不是去帮助那些已经很富有的人。"用今天的话来说就是要雪中送炭而不是锦上添花。给补助比较少的就是公西赤,孔子就解释了原因。你们觉得孔子做的公不公平?

生齐:公平。

师:这就是公平,而不是平均。这件事情其实反映了孔子在人群、班级管理中就主张要和谐,不能说让富有的人更富有,这和平均主义还是有区别的,这是一种人的思想。我们在班级里也是这样,这个同学成绩好,就要帮助那些学习基础稍微差一点的,大家要一起进步。这点要追溯的话那跟我们儒家的思想是有关的,就是中庸思想。"中庸"这个词听说过吗?

生齐:没有。

师:子曰:"中庸之为德也,其至矣乎!民鲜久矣。"在孔子看来,中庸之德是他倡导的最好的一种道德,中庸就是中正,就是不偏不倚,要讲究平衡。我们平时不管是说话还是做事,一定要留有余地。孔子的中庸之德,对我们现在人与人相处是很有帮助的,今天你听了黄老师讲,就要调整一下自己,你觉得自己哪些方面做过头了，比如说话声调过高、喜欢挑刺，就要调整。我们要讲究人与人相处的和谐。当然，也可以理解为虚实、有无、进退、上下、过与不及之间的不存之存、无用之用的状态。

【PPT示】

中庸是一种高层次的道德境界：和谐。

中在虚实、有无、进退、上下、过与不及之间的不存之存、无用之用的状态。

凡事皆有余地。

师：这句话可能很多人听不懂，没关系，至少同学们听得懂过与不及，就像刚才举的例子。我特别要把这句话送给同学们，这是我从《论语》之中讲中庸之德得出的一句话：要凡事留有余地，就是你做任何事情都不要做绝了，十年河东、十年河西，说不定哪一天事情就发生变化了。同学们读过《红楼梦》，里面有个王熙凤，说话很打人，里面还有个人是刘姥姥，是个很穷的亲戚。王熙凤恰恰做了件好事，当年刘姥姥进大观园的时候，她们虽然调侃她，但她还是没有嫌弃，帮助了她。后来王熙凤落魄的时候，还是刘姥姥帮了她哦，帮了巧姐。所以我觉得，做事一定要留有余地，不要过分。最后我送给大家一句箴言，就是你们平时人与人相处的时候要怎么做到和谐：

【PPT示】

质朴而不粗野，文雅而不虚浮，有正当欲望而不贪婪，泰然自然而无傲气，威严而不凶猛，宽和而不放纵，庄重而不固执，合群而不做老好人。

——与你同行的黄老师

师：我们说的中庸不是要叫你做老好人，就是要做到这样。今天听了这么多，最后呢，还是联系到现实生活，你觉得怎么才能达到"仁"呢？结合我们前面讲的，我们把"人"分成很多方面，人格啊，人类啊，人和啊，人贵啊，孔子讲了"仁"的境界，我们怎么来达到这个境界呢？或者说我们在生活当中遇到过困惑，听了今天的课得到哪些启示呢？

【PPT 示】

讨论：联系现实生活，我们怎样才能达到孔子所说的"仁"的境界呢？

生7：就是平时"得饶人处且饶人""凡事留一线，日后好见面"，就这样。

师：好，请坐。还有吗？

生8：我觉得就是我们要对别人抱有善，不要总是恶意地揣测。

师：好，其实刚才咱们探究了很多。同学们下课后还可以结合自己的生活，想一想老师讲的、你们说的和想要说的。黄老师有个建议，你们在学习方法上要有所调整，要边听讲边体会、感悟。总结一下今天讲的内容，我们讲了"仁"，黄老师个人比较欣赏这句话，"仁者，人也。"仁，就是人啊！《论语》当中把"人"看得很重，而我们又把"人"从人格、人类、人贵、人和几个方面来谈，我们要保持做人的尊严、人格，要和大家好好相处，要做到人与人之间的和谐和个人的和谐，要重视生命，当然，也要保持一颗慈善之心。今天我们大概了解了《论语》中"仁"的知识，回去以后同学们背诵至少三句与"仁"相关的名句。下课。

【学后偶感】

心中有"仁"，人间有爱
——听黄明勇老师《〈论语〉与为仁》课有感

原来我总困惑：思想一类的东西，一千个人就是一千个哈姆雷特，该怎么接收和认同呢？

黄老师总会先抛出概念，而后向我们提问。在对"仁"有一定认识的背景下思想开始碰撞。抛出了概念，讨论的底色不会苍白；我们积极表达观念，每个同学都跟上大部队的思想方向。

课上黄老师举了许多例子，往往联系生活，还总从同学们的角度出发，让我们很快就有了共鸣。我会想：若是我，是否也会在某某状况下坚持人性之美呢？长了这么大，是否心被世俗影响了呢？这样的思考不同于"我是谁，从哪里来"的哲学思考，课堂上的这些思考深入浅出，易得结果，也能撼动十几岁少年的小脑袋。

厚重的传统人文思想，在融洽的课堂氛围中，轻飘飘地降落到心里去，却能引起长久的沉思。我想这就是语文的魅力，这堂课不是简单地转达意思，让同学们完成背诵任务，而是活着的语文。

都说有信仰的人不孤独，我想在这样的课上，老师和同学们，都享受着漫漫历史长河中这一瞬的思想火花。

我能感受到，黄老师也在践行着"仁"，用敬畏之心，传授知识，爱每一个十来岁的生命。

（学生　曾琢）

《论语》之为学

【可"玩"之点】

"劝学"一事,自古及今,从未停歇。今人劝学,该怎么讲,才能讲到学生的心坎上,让学生认同、跟随、自觉呢?我选了三个点,希望将生活启迪和文本解读相结合,由生活感悟到文本学习。具体来讲:

其一,先由当下的社会现状入手,迅速抓住学生心理,与同学们站在一处,理解他们,打破学生对教师在"劝学"主题上一贯"刻板""说教"的印象,引发学生共鸣。这是本课的可"玩"点之一。

其二,对中西哲人尤其是西方哲学家观点的引用和"死亡"命题的导出,即从亚里士多德对"悲剧"的认识,到孔子"不知生,焉知死"的观点,再到康德"享受生命的崇高与自由"的追求境界,引导学生认同"快乐是要从精神上去获得"。这是本课的可"玩"点之二。

其三,由感性到理性,由生活化场景带领学生主动且自然地走向理性与自觉,使《论语》中"为学之道"的讨论更加自然,且易为学生接受。这是本课的可"玩"点之三。

这堂课,师生浸润在精神的洗礼中,一切自然而然,水到渠成。学生的兴趣,比老师的任何说教都有用。

【课堂实录】

师：上节课我们学习了《论语》的一个重要思想，就是"仁"。我们布置了一个作业，要求大家至少背三句，能背吗？

生1：己欲立而立人，己欲达而达人。/厩焚，子退朝，曰："伤人乎？"不问马。/己所不欲，勿施于人。

师：请坐，大家鼓鼓掌。表扬一下，背得很流畅，尤其是孔子那句不问马而问人的故事。再请一位女生。

生2：仁者，人也。仁者，爱人。

师：好，我们上节课主要就是讲了"仁""人"。今天我们来讲孔子的另一个重要思想，就是《论语》的为学。在学习之前，我们先来看一首诗——《老马》。臧克家其人，初中应该了解过吧？这首诗读过没有呀？（生摇头）没有，那我们一起读一读。

【PPT示】

老 马

臧克家

总得叫大车装个够，
它横竖不说一句话，
背上的压力往肉里扣，
它把头沉重地垂下！

这刻不知道下刻的命，
它有泪只往心里咽，
眼前飘来一道鞭影，
它抬起头望望前面。

（生齐读）

师：同学们，上节课我才教了大家怎么诵读，我们学语文，不管是古文还是现代文都要诵读。刚才大家的声音太微弱了，没有放开，现在把声音亮起来，跟老师再一起读一遍。

师生齐：（师领读，学生齐读）老马……望望前面。

师：这一次好多了，不但读出了节奏，好像也品出了这首诗的感情。你们觉得他把老马写得怎么样啊？苦不苦？

生齐：苦。

师：那我就要问一个问题，诗歌显然不光写老马，肯定是有象征意义的，我们要把它的象征意义读出来，你觉得老马应该是象征什么呢？

生3：我觉得就是代表社会中的劳动人民。

师：你从哪儿看出是象征劳动人民？

生3："背上的压力往肉里扣"，还有"总得叫大车装个够"，就是劳动者的形象。

师：噢，一个是老马拉车本身就是在劳动，还有感觉背上的压力就像我们生活中的劳动人民承受的压力。有道理，请坐。那是不是只是这个象征意义呢？还有没有别的呢？有人说好像这首诗写的就是我们中学生，有没有这种感觉啊？（生笑）你看我们刚刚经历了初三，好多卷子堆起来，各种考试，学习压力特别大，学习特别苦。你们看一下这幅照片，就是高三。初中还没有这么夸张，但是我想在座的各位同学应该还是有所体会，确实我们现在的中学生在学习上学得太辛苦了。有时候我们就在想，我们这么辛苦地学习，究竟是为了什么呢？你们讨论一下。

【PPT示】

我们学习究竟在追求什么？

生4：我的追求很简单，学习嘛，就是要考个好成绩，上个好大学，有个好工作，收入就会比较高，择偶的时候就会更有优势，就这样。

师：最后呢？

生4：最后就是让自己老有所终。

师：哦，我先不作点评，因为每个人只要是你真实的想法，我都觉得是值得肯定的。来，你来。

生5：我觉得学习就是为了完成自己的目标。

师：你的目标是什么？

生5：我感觉我还没有目标。

师：是说现在没有定下目标，还是说这个目标太宏大了不好意思说出来。

生5：我觉得学习还有另一种含义，就是经历过初三，才会珍惜小学；经历过高三，才会珍惜初三。就是忆苦思甜的一种感觉。

师：这个有点深奥，为什么经历了高三就会珍惜初三呢？

生5：因为初三比小学累，高三比初三累。

师：噢，一个比一个累，所以会珍惜原来。请坐，心态比较好。同学们，你们刚才说的应该代表了很多同学的心声，（指生4）特别是你刚才的那句真话。我们现在中学生学习想考个好名次找个好工作，这些都是可以理解的。那么，我们再来看一下我找的一些图片，大家震不震撼啊？

【PPT 示】

师：同学们，你现在看了照片后，再来谈一下，他们这个追求是个什么样的状态？

生6：我觉得挺认可的，因为你出生没别人好，只有你自己努力学习，才能攀爬到跟他们一样的高度。

师：就是要把更多的人干掉踩扁，是这个意思吗？

生6：不是，是攀爬到跟别人一样的高度。

师：哦，好。还有同学吗？你来，你认不认可刚才那些标语？

生7：标语的话，有些写的是有点过了，但是这个确实是用一种很刺激人的方式让你去学习。

师：好，请坐。没有想到同学们看问题如此的辩证，不错。大家都认为这些话可能过头了，但是可以激发我们去努力学习。但是黄老师个人觉得，这些说法还是有不对的，哪怕他最后确定考了高分，考了北大清华，但是你仔细研究，他内在的动力是什么呢？你看这些标语，我们学习真的就一定要这样吗？背后的追求究竟是什么呢？

师：所以我觉得，我还是有不同的看法，我不是很认同。那我们学习究竟是在追求什么呢？我觉得就两个字：快乐。大家认不认同？

生8：不认同。

师：不认同，哦，看来大家还不太理解，那我一步一步来给大家说。一说到快乐，同学们是怎么理解的？

生9：就是做自己感兴趣的事。

师：那你觉得你平时在生活中最快乐的事是什么？

生9：看书。

师：哦，很高雅，请坐。还有没有同学来回答？

生10：我觉得就像她说的，要干自己喜欢的事情。

师：你喜欢干什么？

生10：我喜欢设计一些东西然后再把它制作出来。

师：哦，你喜欢设计。你都设计过什么，可以和我们分享一下吗？

生10：很小的东西，都是为了好玩儿的。

师：好，请坐。我觉得同学们真的很有追求，我知道有的中学生觉得通宵打游戏，或者和朋友一起打就是快乐，同学们有没有干过这种事情？

生齐：干过。

师：所以我们学《论语》不光是来学知识的，我们是来感悟的。感悟就要真诚，我们在座的有些同学觉得看书就很快乐，但也确实有同学像黄老师说的这样，觉得打游戏就很快乐。这没有什么不认可的。但是我认为，这种快乐是一种生物原则上的快乐。什么意思？就是我们所说的感官刺激。我曾经和同学交流过，问你打游戏就真的那么快乐吗？那个同学是这样说的："我每次在网吧打游戏，其实很痛苦，为什么？我就在想啊，这个打游戏是不对的，耽误了学习，而且被抓到还要挨批评。但是我真的是有瘾没办法！"你看到没有？这个同学其实就有挣扎。这种感官的刺激很多时候给我们带来的是空虚、是无聊，总觉得该干的正事没有干，有没有这种感觉？（生点头）因此，尽管我们有时候享受了感官上的快乐，还是感觉不快乐。但是刚才有同学说了，你去读一本书，获得了一些启迪，那就是一种精神上的快乐。这种快乐比前者持续的时间更长久。这个大家认可吗？

生11：前者是因为他们做了自己认为不该做的事情。

师：哦，他有理性在里面。

生11：对，他感性在做这件事情，但是他的理性觉得不该做这件事情。

师：讲得好！就是说，人除了生物快乐原则所需要的快乐以外，还有精神上的快乐。精神上有什么快乐啊？有一个叫马斯洛的人认为人除了本能的需要以外，还有尊严的需要、归属的需要、自我实现的需要。还有更高层次的，包括爱的需要、自由的需要。爱的需要，这个好理解。自由、尊严，我们上节课在讲人格的时候就讲过，每个人都有自己的人格，都希望得到别人的尊重。我们在追求生物快乐的时候获得感官刺激，是感性的，但是我们的精神追求就是一种理性的东西。

师：有个哲学家曾说人是真理的尺度。什么意思？人需要去掌握真理，需要去寻求事物的本质，就是要学知识，这样你才觉得人活在世界上是有价值的。苏格拉底说，理性是人成为卓越的表现。理性就是通过学习知识获得的，知识包括德行，甚至就是德行。

【PPT 示】

赫拉克利特：理性

智者学派说：人是真理的尺度

苏格拉底：理性是人成为卓越的表现（知识即德行）

师：我们人很多时候是感觉到不快乐的，就是因为我们经常在感性和理性之间挣扎。每个人都在追求理性，但是没办法，有时候还是抵挡不住诱惑，去吃、去玩来获得感官的刺激，这就是我们人痛苦的根源。那么我们究竟在追求什么？刚才已经说了，快乐。现在大家能够理解了吧？做自己喜欢的事情，还要获得一种精神上的追求。而人类生命本身就是一场悲剧，这句话什么意思？除了我前面讲的感性与理性这种浅层次的挣扎之外，还有更高层次的挣扎。更高层次的挣扎是什么？你们想过没有，人的生命最终一天是要干什么的？

生齐：死亡。

师：对，是要终结的。对此我们要客观地面对，当我们这样想的时候，我们对很多事情就看得通了。比如我现在要努力考个好成绩，这个可以理解，但是这不是终结。所以我们前面给自己设定了一个目标，这样没错，但是你如果没有更高的追求，那你就太功利了，就看不透人生，就还会寻找感官刺激。因此，亚里士多德说，"悲剧能洗涤人的心灵"。这句话又是什么意思呢？就是我们如果把人生看透了，知道人的生命最终一天会终结，我们不是感到可悲，而是要努力把生命过好。也就是孔子讲的"不知生，焉知死"，活着就要好好活。更重要的就像康德说的，我们了解了这个东西之后，我们就能从日常生活中的生存功利价值中解放出来，就能享受到生命的崇高与自由。同学们，听了这句话，那你就应该明白，我们平时设计目标，是要设计我这次考试要达到一个什么分数、一个什么目标，但是你一定要记住，这个分数、这个目标不是我们最终的追求，我们最终的追求就是快乐，快乐是要从精神上去获得的。只有这样，你一个目标实现过后，才会不满足，才会进一步去实现更高的目标。那么面对人类追求快乐，古人是怎么办的？孔子是怎么说的？我们一起读一读。

【PPT示】

学而时习之，不亦说乎？有朋自远方来。不亦乐乎？人不知而不愠，不亦君子乎？

（生齐读）

师：你看，这句话就是讲学习，学习要经常去温习，不是很高兴吗？那么多的同学来自五湖四海，不是很快乐吗？你看孔子在讲学习的时候，有没有说我考了一个好名次就很高兴？没有，他是说我学到了知识，我很高兴。更感人的是后面这句，跟那么多朋友在一起，我很高兴。你们有没有这种体会？新学期你们到教室之后是什么样的表现？是不是就很想交流？这就是一种高兴。我很想得到老师的表扬，但是就算没有得到也没关系，也不生气，这才是真正的君子。这句话讲的学习的快乐，大家可以仔细体会。我们认为，《论语》讲的就是关于人的生命的观点。而快乐的内涵是什么呢？前面讲了外国哲学家的观点，我们中国自己的哲人孔子的观点也是一样的：归属、尊严、自我实现、爱与自由。前面讲了一个班级那么多人在一起学习，这就是归属，明白没有？所以，《论语》讲的这个快乐是从哪儿得来的？不是从考试名次中得来的，是从人伦中得来的。这就是黄老师读《论语》的体会。我们学习是要学知识，更重要的是要学会和人相处。我们在生活当中是要跟人在一起的，人伦就是人与人之间的关系。那么快乐从哪儿开始或者说怎么获得呢？孔子讲得非常清楚，从学习开始。快乐不是空想而来，而是要学到了知识才能快乐。还有，我分解出了两个词：觉悟和行。觉悟就是要想得通、想得明白，行是要去实践、要去干。大家把这两个词记住。好，我们进一步看，怎么去觉悟呢？我们一起读一读。

【PPT示】

吾日三省吾身：为人谋而不忠乎？与朋友交而不信乎？传不习乎？

（生齐读）

师：好，孔子说："我每天要多次地反省自己：替别人筹谋忠不忠诚啊？跟朋友交往真不真诚啊？学习的东西温习了没有啊？"这三个内容，前面两个涉及人与人的交往，后面一个就是知识的学习。这里面讲了一个很重要的思想，就是反思。反思是我们学习的一种重要态度和方法。你们平时喜欢反思吗？有同学在点头,有同学很茫然。我们现在很多中学生,成天忙于做作业,假期还有各种补课,很辛苦,但是你真的反省过吗?你学的知识温习过没有?你对老师尊不尊敬啊?你对朋友真不真诚啊?现在回过头来看一下,前面给大家看的标语,也涉及反省哦,高否?富否?帅否?比较一下,哪个境界更高?显然是孔子的境界更高。孔子就是在引导我们思考怎么做人的问题,你作为一个学生,每天从老师那里接受那么多的知识,但是如果你这个人的人格出了问题,那就是很危险的。再来看,"君子慎其独也",我们中国的传统文化,非常讲究"慎独"这个词,听过没有?

【PPT示】

君子慎其独也:慎重而真实地面对自己

(生齐读)

生齐:听说过。

师:就是说一个人在独处的时候要反省自己。其实我们每个人很多时候都有两个我的存在,一个高尚的我,一个卑劣的我。或者说前面讲的一个感性的我,一个理性的我。那就要看谁战胜了谁。西方很偏重理性思维的认识,讲究对一个问题的逻辑分析。而我们中国文化偏重的是一种自我认识,注重反省、自我反思。所以我今天在讲学习,从《论语》中学到的一个重要方法就是反思。而且反思的内容不仅仅是知识和能力的学习,还包括人格。再来看这段话。齐读一下。

【PPT示】

子夏曰:贤贤易色;事父母能竭其力;事君能致其身;与朋友交言而有信。虽曰未学,吾必谓之学矣。

子曰:君子食无求饱,居无求安,敏于事而慎于言,就有道而正焉,可谓好学也已。

子曰:弟子入则孝,出则悌,谨而信,泛爱众,而亲仁。行有余力,则以学文。

（生齐读）

师：这两个地方有点难。贤贤易色，第一个"贤"是动词，尊重；第二个"贤"是名词，美德。"易"是什么意思呢？看轻。就是说要重美德轻颜色。侍奉父母一定是竭尽全力，要有孝心；侍奉君主要竭尽全力；与朋友交往要真诚。这种人做到这几点，即使说他没有学习，但是我一定认为他是学习了的。这句话本来最先是说一个男子要怎样和一个女子交往，但是从后面来看，也是在讲学习的事情。这种人表面上来看虽然没去学堂学习，他自己也很谦虚说他没有学什么，但是孔子对这种人确实是非常认可的，认为他不仅学了并且学得很好，因为他的品德、人格非常好。我们平时学习也是这样，不仅是书本上的学习，人格的学习也是重要的。再来看这句话，子曰："君子食无求饱，居无求安，敏于事而慎于言，就有道而正焉，可谓好学也已。"在孔子看来，什么叫作好学呢？做有德行的人，吃东西不要吃得太饱，住的地方不要追求太好，做事情的时候要机智，说话的时候要谨慎，靠近掌握了正道的人，就是孔子认为的好学。这里面就涉及我们前面所说的学习的真正动机，不是说要得到很多的物质财富，孔子虽然不反对追求物质财富，但是主张要有道。学习在孔子看来，重要的是要"就有道而正焉"。子曰："弟子入则孝，出则悌，谨而信，泛爱众，而亲仁。行有馀力，则以学文。"这句话也很重要，就是说一个人回家的时候对父母要孝敬，出去的时候跟兄弟在一起要讲究序列、要尊重同辈的人，要谨慎真诚，要对所有的人有慈爱之心，心中始终要有仁心。把前面这些事情做到了还有余力，才去学习文化知识。这点跟我们今天有很大的区别，我们今天特别讲究的是学文，而对前面这些东西不够重视。而在孔子看来真正的学习是要做到前面那些东西。我们提炼一下孔子关于学习的观点，很有趣。一般人都重视知识的学习，但是孔子更注重慈悲的学习。他把真理和品德并列。我们说学习的动力就是快乐，这个才是真正的快乐。一个人有健全的人格，既有知识，又有慈爱之心，那你才是真正的快乐。

【PPT示】

子曰："小子何莫学夫诗？诗可以兴，可以观，可以群，可以怨。迩之事父，远之事君，多识于鸟兽草木之名。"

师：孔子说，小伙子，赶快去读诗吧！这儿的诗指的是《诗经》。他说《诗经》很好，讲了很多道理，重要的是后面那句话，"多识于鸟兽草木之名"。什么意思？很多《诗经》里面讲的道理，都是从草木里面来的。草木即自然。我们从孔子的这句话可以看出，他在讲学习的时候是很生态的，主张我们要向自然学习，要培养性情。我们中学生放了假之后，也该和爸爸妈妈出去玩一玩，亲近一下大自然。

【PPT示】

子曰：攻乎异端，斯害也已。

子曰：君子不器。

喜怒哀乐之未发，谓之中；发而皆中节，谓之和。中也者，天下之大本也；和也者，天下之达道也。致中相，天地位焉，万物育焉。

学习贵在实现人的和谐。

师：子曰："攻乎异端，斯害也已。"子曰："君子不器。""器"就是器皿，器皿就是有用。这句话很有意思，我们一般说学习就是做一个有用的人，但是为什么他说君子不器呢？我的理解是，他其实不是说不叫你做器皿，而是叫你不仅仅是做器皿，或者说不是做这样的器皿，而是要有人格修养，要有品质。最后要达到这样一种境界，就是我们上节课讲的"中庸"。来，我们一起把这句话读一读。

（生齐读）

师：上节课我们讲"仁"的时候说到了"中庸"的一个境

界，那么在这里，孔子认为我们的学习也是要这样，就是要实现一个人的和谐。就是我们通过学习之后，不是变得非常偏执，像前面讲得要把很多人踩扁，这样就缺乏人伦的温暖。我们的学习是要有慈爱之心、仁爱之心，要达到这样一种高度，别人跟你在一起才会觉得舒服。最后再来看一下：

【PPT示】

子贡曰：贫而无谄，富而无骄，何如？

子曰：可也。未若贫而乐，富而好礼者也。

一箪食，一瓢饮，在陋巷。人不堪其忧，回也不改其乐。

颜渊喟然叹曰：仰之弥高，钻之弥坚。

孔子欣赏颜回：安贫乐道。

师：子贡问孔子："贫穷的人不谄媚，富贵的人不骄傲，你说这样的人怎么样呢？"孔子说："可以，但是我觉得不如贫困的人还感到很快乐，富裕的人还懂礼貌。"你看，这个层次是不是就更进一步？为什么我要讲这一句话呢？因为一般的人说到学习，很多人简单理解就是我学习成绩好了，今后能够找个好工作，能够得到更多的物质财富。学习必然涉及这个问题，但是孔子是怎么认识的呢？孔子在赞美颜回的时候是这样说的："一箪食，一瓢饮，居陋巷。人不堪其忧，回也不改其乐。"颜回是他最优秀的学生，他说颜回只有一瓢吃的，一瓢喝的，住在陋巷里面，物质条件非常艰苦。别人都觉得这样的条件太恶劣了，但颜回却感到很快乐。颜回在学习过程中，没有去计较这些物质条件，也不追求这些。刚才这句是孔子对颜回的表扬，那么下面这句什么意思呢？有人在颜回面前说老师孔子的坏话，颜回很生气，马上批评他，而且赞扬他的老师，"仰之弥高，钻之弥坚"。他觉得他的老师孔子很了不起。我每次读到这个故事的时候，一个是对孔子对颜回的赞赏很称赞，另外一个就是对他们师生之间彼此的欣赏非常佩服。孔子欣赏颜回的原因在哪里？安贫乐道，他觉得颜回的觉悟是很高的，真正理解了什么叫学习。那么，面对人类追求快乐的悲剧，我们中国文化以孔子为代表，提出的办法是什么？就是读书。只有通过读书，通过学习，你才能消除我们前面所说的人类的悲剧。

师：那么，我们读书究竟是为了什么呢？不是说去追求那些表层的东西，而是为了真正地得到快乐。那什么样的快乐才是我们追求的快乐呢？那就是孔颜乐处，就是我们最后讲的孔子对颜回的那种称赞。大家理解了没有？这就是我们今天的标题，寻觅孔颜乐处，这就是《论语》的为学之道。今天的课就上到这里，下课。

【学后偶感】

感性的生活需要理性的思考
——听黄明勇老师《〈论语〉之为学》课有感

古语讲"当局者迷，旁观者清"，这并不是在强调当局者的智商多么不如旁观者，而是在说当局者陷入局中是因为感性有所纠葛，理性无法占据上风。

是以身为学子，很不幸，我也从未理性看待过学习本身，直到这堂课。

黄老师开场放的 PPT 很有冲击力。乍一看这些照片、这些标语，我的第一反应是滑天下之大稽——"吾日三省吾身，高否？富否？帅否？否，滚去学习！"简直令我无言以对。然而再想一想，我自己的想法和内心欲求，不正与这些标语无异吗？为了前途和利益，为了成就感甚至虚荣心，日复一日地拼命学习，向前狂奔，却不知道人生为什么要学习，学习究竟为了什么，好好学习和不好好学习到底有什么不同。这一切真实地反映了我内心的空虚和精神的疲乏，每天疲于奔命，却不知道要奔向哪里。

值得庆幸的是,我听到了这样的一堂课。当我因为这些滑稽的标语产生停顿与反思的时候,就迈开了理性的第一步。黄老师与同学们一同讨论,正式提出了"感官上的快乐"和"精神上的快乐",将思考引向了深层。接下来的课堂,自然是越来越放得开的思维活动,而这,对于浸泡其中的我来说,简直是洗礼,是享受。黄老师对中西哲人尤其是西方哲学家观点的引用和"死亡"命题的导出,让我彻底抛弃了从前的想法,毕竟人死之后万事皆空,追名逐利也好,阿谀逢迎也罢,这些虚伪的面具,在丰盈的人生和踏实的生活面前,还有什么意义?

至此,感性终于退场,理性占据上风。黄老师用生动的例子使我们主动且自然地走向理性,走向自觉,走向改善,让接下来关于《论语》的讨论更加自然且易于接受。

好课当如此!谢谢黄老师!

(学生　李昊宸)

梳理探究：赏玩生活文化

结伴梳尺幅精妙　携手探长卷深幽
——《奇妙的对联》课堂实录

【可"玩"之点】

生活即语文，语文即生活。语文的外延就是生活，梳理探究课，正是赏玩生活文化的典型。

教育即生活，生活即教育。每个人接受教育的终极目的不是升学考试，也不是单纯的知识和能力的获得，而是获取生活的技能、态度、情感和价值观。课堂文化的层级追求也应该是从生存走向生成，再走向民主，走向生命，走向生活。课堂的生活文化应该是课堂文化的最高层级。

本课《奇妙的对联》是"梳理探究"课，在课前学习环节，我布置学生就近选取生活素材，让学生真正走进生活，将课本学习和生活体验相结合。具体来说，我改变了传统的单纯讲授对联知识的做法，要求学生在课前深入街区或景区，发现并收集餐饮联、学校联、楼宇联等，课堂上以小组为单位分享，并梳理出对联的规律或妙处。在课堂的梳理探究环节结束后，让学生运用所得对联知识、文化等为成都市著名的三所学校即成都石室中学、成都第七中学、成都树德中学撰写门联，并要求学生把三所学校的文化要素分别嵌入其中。

这样的课堂，颇受学生欢迎。

【课堂实录】

一、回顾微课学习，掌握对联常识

师：同学们好！

生：老师好！

师：在预习时，同学们学习了微课，我们先一起来看看大家的微课学习情况。这里有几道题。

【PPT示】

题1. 下面的对联使用了相同的手法，请研究每副对联的上联和下联，在括号内填入恰当的字。

(1) 天对（　　），雨对（　　），大陆对（　　）。

(2) 春对（　　），秋对（　　），暮鼓对（　　）。

(3) 鸿是（　　　　　），蚕为天下虫。

(4) 踏破磊桥三块石，劈开出路（　　　　　）。

生1：天对地，雨对风，大陆对长空。

师：你怎么知道的呢？

生1：我小时候背过一部分《笠翁对韵》，这几句就是《笠翁对韵》里面的句子。

（生惊讶，鼓掌）

师：常言说"书到用时方恨少"，这位同学却是"腹有诗书气自华"啊！厉害！

（生鼓掌）

师：再看第（2）小题。

生2：春对秋……

生3：春对秋不行，因为后面已经有"秋对什么"了，前面显然不应该用"春对秋"，是不是可以"春对夏，秋对冬"呢？

师：同学们觉得呢？这位同学的分析行得通吗？

生齐：可以！

师：第（2）小题后面还有一个空，"暮鼓对（　　）"，你再试试填上呢？

生3：根据微课中的知识，对联的同一位置上的词语应该相关或相对，这样来看的话，"暮"字可以对"晨"字，暮鼓对晨钟！

（生惊讶，鼓掌）

师：怎么样，可以吗？

生齐：可以！

师：为什么可以？能说说理由吗？

生2：我去过西安，西安古城中心有钟楼和鼓楼，两个楼离得很近，早上钟楼响，报时，傍晚鼓楼响，也是报时，所以"晨钟"配"暮鼓"是绝配。

师：这位同学讲得很有趣，用自己的生活经历来印证课本里的知识，恰好就是古人说的"读万卷书，行万里路"。其实，生活即语文，语文的外延就是生活的外延啊。

师：接下来，请同学们看看第（3）题该怎么做？

（学生思考）

师：有点像字谜，想想可以从哪里寻找到破题的提示？

生4：可以根据后一句的提示来完成，后一句"蚕为天下虫"采用拆字法，把"蚕"的上下结构拆开来说。前一句的"鸿"字是左右结构，就可以拆成"江"和"鸟"，所以答案应该是"鸿是江边鸟"！

（学生鼓掌）

师：这位同学很善于观察啊，从已经给出的对称句中找提示，提炼一种办法，再运用这个办法去解决新问题。很聪明的做法！下面的第（4）题，同学们都可以自己来尝试找方法。

生齐：踏破磊桥三块石，劈开出路二重山。

师：不错不错，同学们在简单的对对子上已经越来越有语言感觉了。其实，学习对联，除了要了解对联的相关知识之外，还需要背记一些常用的对子和常见的搭配。

师：再来试试这个题——"对联寻亲"。

【PPT 示】

题 2. 对联寻亲：请用线条将对应的上下联连接起来。

① 雨洗杏花红欲滴　　a. 近水遥山皆有情
② 一寸丹心图报国　　b. 日烘杨柳绿初浮
③ 江河不洗古今恨　　c. 人情练达即文章
④ 清风明月本无价　　d. 两行清泪为思亲
⑤ 世事洞明皆学问　　e. 天地能知忠义心

生 5：①应和 b 搭配。因为"雨洗杏花"和"日烘杨柳"都是主谓宾结构，符合对联上下联"结构相当"的要求。再看后面的"红"对"绿"，都是颜色；末位的"滴"字对"浮"字，都是动词，也相当。

师：这个同学讲得很有学术味道啊，分析得很严谨，大家注意到没有，他在讲自己的答案时，很巧妙地回顾了我们微课的学习内容，利用微课中涉及的对联知识和对联规则来解答并印证自己的答案，活学活用，增加胜算。

生 6：②和 d 搭配合适。"一寸"搭配"两行"，"丹心"对"清泪"，"报国"对"思亲"，因为中国传统古代文化讲求"忠孝"，对国家尽忠，对父母尽孝。恰好与这里的"报国""思亲"对应。

生 7：③和 e 搭配合适。"江河"对"天地"，从结构上来看，"江河"是并列的名词组成的，"天地"也是并列的名词组成的，而且这两句的意思很连贯，应该是一副对子。

生 8：④应和 a 搭配。"清风明月"对"近水遥山"，从外部结构上看，分别都是两个名词组成的并列结构，符合"结构相当"的要求；从意象的选择上看，"风月"搭配"山水"是最相称的，而且意境也是协调统一的。

生 9：⑤应和 c 搭配。因为"世事洞明皆学问，人情练达即

结伴梳尺幅精妙　携手探长卷深幽

文章"这副对联很著名,它是《红楼梦》第五回里,贾宝玉在秦可卿房间里看到的对联。这也是我最喜欢的一副对联!

师:同学们同意这样的搭配吗?

生齐:同意!(鼓掌)

师:同学们,我们刚才这两个练习就是希望大家利用微课所学的知识来解答,虽然说是检测微课学习成效,但其实是在帮助大家回顾微课的知识。微课视频里面已经跟同学们讲了对联的基本知识和做对子的基本方法,如果在做题的时候如果遇到疑问,同学们就可以把微课视频调出来回顾一下。我们再来看下面几个题,逐渐增加挑战难度了。

【PPT示】

题3. 请选出最恰当的一句作为下联:

冬尽梅花点点,_____

A. 万户杨柳依依　　B. 千家喜气洋洋

C. 春回爆竹声声　　D. 春来微风缕缕

生10:我选C,"春回爆竹声声"。首先,我感觉这个对联看起来像一副春节张贴的用来迎春的对联。然后,看上联的开头写的是"冬尽",意思是冬天快要结束了,但是这个时候绽放了梅花,开得还不只是一朵两朵,应该是很多梅花,才会写"梅花点点",这个画面给人的感觉并不萧条,反而有点喜悦的红色。所以,上联营造了一种氛围,就是冬天即将结束,春天即将来临的喜悦情绪。所以,"冬尽"对"春回",从节令上来讲是非常工整的,"梅花"对"爆竹","点点"对"声声",也对得起,也符合整体意境。

师:有没有不同答案?

生11:我选D。

师:能阐述一下理由吗?

生11:"冬"对"春"我没有异议,但是"冬尽"就是冬天

173

结束了,冬天离开了,那么下联应该对"春来"更合适。

师:出现争议了。究竟哪一句更适合作下联?

生12:要看平仄的要求。

师:平仄有什么要求?我们在微课里面学习的对联平仄的规则是什么?

生12:一般来讲,现代汉语拼音方案中的一声和二声是"平声",三声和四声是"仄声"。对联的平仄要求主要看上下联的最后一个字,上联的尾字是仄声,下联的尾字应该是平声。

师:这就是我们在微课里说的"仄起平收"。那么用这个规则来判断这道题,应该选哪个?

生齐:选C。

【PPT示】

题4. 南京名园"瞻园"中有一副对联,其下联的语序、结构已被打乱,请根据所给的上联调整下联。

上联:大江东去,浪淘尽千古英雄,问楼外青山,山外白云,何处是唐宫汉阙

下联:红雨树边,小苑西回,一庭佳丽莺唤起,看池边绿树,此间有尧天舜日

生13:小苑西回,一庭佳丽莺唤起,看池边绿树,红雨树边,此间有尧天舜日。

生14:不过每一句的内部结构也应该调整。比如第二句"千古英雄"要对应"一庭佳丽",第四句的"山外白云"要对应"树边红雨",所以是"小苑西回,莺唤起一庭佳丽,看池边绿树,树边红雨,此间有尧天舜日"。

生15:最后一句不对!按照平仄的要求,"仄起平收",所以应该是"舜日尧天"。

师:这道题要考虑对联的多项规则,包括词性相同、结构相当、平仄相对等。

【PPT 示】

题 5. 根据初中课文内容，将对联补充完整。

上联：_____欧阳修_____

下联：岳阳楼上范仲淹作文寄情

生 16：醉翁亭下……（生笑）

师：在这里，上联的"上"字对"下""中""里""外"都可以的，不必太拘谨。

生 17：醉翁亭中欧阳修饮酒言志。

生 18：还可以是"醉翁亭中欧阳修把酒言乐"。

师：同学们觉得如何？根据我们刚才回顾的上下联结构相当、尾字"仄起平收"的要求，这样对行吗？

生齐：行！

师：通过刚才的练习检测，黄老师认为同学们的微课学习已经过关了。我们再次回顾一下微课中的这个知识点，这是学习对联必须要掌握的内容——对联的特点（格律）。

【PPT 示】

1. 字数相等　2. 词性相同　3. 结构相当

4. 节奏相应　5. 平仄相对（仄起平收）　6. 内容相关

二、小组合作学习，分享梳理成果

师：仅仅知道这些对联知识是不够的，学习对联和创作对联，还需要我们亲身实践体验。我们所学的对联在教材里面属于"梳理探究"模块，所以，课前布置了一项作业，请同学们梳理对联。

师：对联的数量有很多，对联的分类也有很多种，黄老师要求同学们重点梳理成都的"名胜、餐饮、宾馆"类对联，并且要求实地走访，亲自考察成都本地的对联。现在就请同学们把自己周末梳理的对联拿出来，先在学习小组内分享。在分享鉴赏的同时，请同学们推荐出本小组成员最感兴趣的一副对联，并探寻这副对联的文化特点。请小组长做好讨论记录。

【PPT示】

看看我们梳理的！

要求：学习小组内交流，推荐小组成员最感兴趣的一副对联，并探寻其文化特点。

师：我们先来看同学们收集的名胜类对联，好吗？

（各小组争先恐后举手）

生19：我们小组的对联中，有关"名胜"的对联最独特的是这一副——这副对联是写八仙的：钟离点石把扇摇，果老骑驴走赵桥。国舅手执云杨板，湘子瑶池品玉箫。洞宾背剑青风客，拐李提葫得道高。仙姑敬奉长生酒，彩和花篮献蟠桃。

师：既然是"奇妙的对联"，你认为这副对联奇妙之处在哪儿？

生19：我认为首先内容是写的"八仙"，一副对联把八个人的特点全都写进去了。其次，读出来会体会到对仗工整、平仄相对，有音韵和谐的美感。最后，在构造这些合成字时，考虑了形声、会意、象形的造字法。

师：也就是说，在造字上的特色是最凸显的，使用造字法新造合成字，把含义丰富的句子糅合成一个字，显示了中文的智慧。

生20：是的。我们小组投影出的这副对联是一位八十多岁的老人写的，从图片投影上可以看到一种书法的美感。

师：这个小组的同学探寻对联的文化特点时，看到了对联不仅内蕴丰厚，言有尽而意无穷，而且具有汉字字形之美，甚至还具有书法之美。能得出这三点结论，应该算是非常宝贵的思想成果了。祝贺第一个小组的同学们！

生21：我们小组在名胜类对联方面推荐武侯祠的"攻心联"。这是悬挂在武侯祠诸葛亮塑像两侧的一副著名对联："能攻心则反侧自消，自古知兵非好战；不审势即宽严皆误，后来治蜀

要深思。"这是清末赵藩写的,古今传诵。另外,我们小组还在成都一所学校的大门口拍到这样一副对联:"风声雨声读书声,声声入耳;家事国事天下事,事事关心。"虽然这所学校算不上"名胜古迹",但这副对联题在这里还是比较符合气氛的,不仅传达了一种书香味,同时也号召这里的人要有胸怀天下的责任心,因此,我们认为,这副对联具有感召力。

师:刚才你提到的第一副对联,武侯祠的"攻心联",从文化特点的角度看,你们小组认为它有哪些突出的地方呢?

生21:首先,这是一副清代的对联,历史悠久嘛。其次,武侯祠里的对联其实有很多,全天下写诸葛亮的对联也有很多很多,但是,在诸葛亮的大殿,离塑像最近的柱子上,设计师却选择了挂这副对联,我认为应该是代表着对这副对联内容的一种肯定。也就是说,它写得很贴切,对诸葛亮的一生概括得很到位。

师:也就是说,从这幅"攻心联"上,小组的同学们探寻出了两个方面的文化特点,一是对联历史悠久,二是对联的内容专属性比较强,对吗?

生21:是这样的。

师:好,同学们,谢谢前面两组同学为我们开了个好头。其实,刚才同学们在小组讨论的时候,我听到教室里有很多叫好或者惊诧的赞叹声,包括同学们情不自禁的掌声,我相信都是对我们前期收集环节的一种肯定和赞赏。但是,收集环节之后,我们要对这些成果进行梳理和探究,如果觉得对联对得好,写得妙,不妨再深入探寻一下,思维碰撞一下,究竟它妙在哪里,为什么妙,可以尝试着从文化特点的角度切入。像第一个学习小组探究出的"内蕴丰厚""汉字字形之美"和"书法美"就是文化特点;第二小组提出的"历史悠久""内容专属性""感召力""与历史事件相关"这些特点,也是探寻文化特点的一种突破。继续来看同学们的成果吧。

生22：我们小组推荐出来的是照片中的这副对联，是在成都画院看书画展时拍摄的——"入妙文章本平淡，濡染大笔何淋漓"。第一，从内容上看，这副对联挂在成都画院门口，是很恰当的，因为对联的内容符合画院本身的特点，具有书画气质。第二，我们再看它的书法，采用了小篆字体，显得庄重典雅，美观大方。第三，据我查证，这副对联的上下两联分别来自不同的诗句：上联"入妙文章本平淡"出自南宋诗人戴复古笔下，原句是"入妙文章本平淡，等闲言语变瑰琦"；下联"濡染大笔何淋漓"出自唐朝诗人李商隐的《韩碑》诗，原句是"公退斋戒坐小阁，濡染大笔何淋漓"。所以，虽然是集句对联，但是流畅工整，有一气贯通之感。

师：简练一点，能不能请你提炼一下这副对联的文化特点？

生22：巧妙化用传统诗句，或者叫运用了嵌字艺术，同时也具有书法之美。

师：碍于展示时间有限，我们接下来看看"餐饮类"的对联吧。

生23：餐饮行业的对联和之前赏析的名胜类对联风格大不相同，比如这一副——"雅逸茶庭茶逸雅，清真菜馆菜真清"。这副对联的修辞十分有趣，不仅用了双关，还用了回文结构，顺读倒读都是一样的意思，可见作者心思巧妙。但我读来总觉得下联还有点幽默意味，并且在语言上也不像名胜联那样典雅庄重。餐饮联的语言更偏重于口语化、生活化，简单明了，以达到吸引消费者眼球的效果。

生24：我曾见过一副对联"老板人厚道，伙计手真巧"，通俗直白，老少都懂。

师：嗯，可以看出什么特点呢？

生24：有点像之前武侯祠的那副对联，内容具有特定性、专属性吧。

师：哦，内容有专属性。也就是说一看这副对联就知道这里是吃饭的地方，功能性很强。

生25：我们小组有一副对联很有趣，店铺招牌"罗哥板鸭"，上联是"味美江水，卤就美味板鸭"，下联是"酥香氤氲，成就香酥名扬"。这是星期天我们小组去成都的锦里实地拍摄的照片，其中的"味美""美味""酥香""香酥"也用了修辞，读起来比较和谐，有音韵美。

生26：餐饮类的对联还含有地域文化特征。比如我初中毕业的暑假去过西安，那里餐厅的对联有些就明显具有皇家气派，像大唐芙蓉园里的餐厅对联，碑林里的餐厅对联。当然了，我说的这个环境特点既包括地域环境，也应该包括行业环境。

师：同学们前期的收集工作做得很充分，梳理工作也比较细致，现在探究到的文化特点也逐渐深入了。接下来，请同学们把梳理出的宾馆类对联也拿来展示吧。

生27：我负责收集宾馆类对联，但是我跑遍了周边的宾馆，除了"宾至如归"这个牌匾之外，真的没有看到什么对联。但我不甘心，宾馆是睡觉的地方，家里也是睡觉的地方嘛，所以我爬楼梯爬完了我们那一幢的18层楼，拍下了每家门口的对联，尽管觉得有点偏题，不好意思了。

（生笑）

生28：我找到了一副宾馆联，但写得很一般（生笑）——"洪福齐天财齐来，春色满店客满意"，就是想要赚钱，宾客满意。尽管用了修辞，但读起来还是大白话，完全不像前一个小组的同学说的西安餐饮行业的对联那么有文化水平。

（生笑）

师：这个不妨换一种说法吧，"大俗大雅"。刚才前一组同学不是说了吗，地域环境和行业环境可能都有影响，所以，写什么样的对联还要看给什么样的阅读对象看啊。

（生鼓掌）

生29：我们小组在圣祥宴酒家门口拍了这张照片——"乐也罢愁也罢喝吧，穷也罢富也罢睡吧"，横批"喝好睡好"。这完全就是口语，一看就懂，懂了还会笑。所以，对联融入我们的生活中，更加平民化，这样就让中国语言文字更加有趣味性，更加有实用性，充满生活味儿，体现了语文无处不在。

（生笑）

生30：这是在平安巷拍摄到的一副对联，上联"干饭稀饭茫茫"，下联"肥肉瘦肉嘎嘎"。横批"太实在"。这里面，"茫"和"嘎"两个字明显是音译但不影响。"茫茫"和"嘎嘎"是小孩子口语中的饭和肉，在这里听起来有一丝亲和力，我想这应该体现了四川的地域特色吧。不过，我还想就我们小组寻访的结果说点感受。我们发现，现在宾馆门口挂对联的已经非常少了，不知道是商人的文学修养不好，不敢写对联呢，还是人们对于对联文化或者说中国传统文化的重视越来越淡漠了？这真是件很悲哀的事情，令人心痛。

师：限于时间关系，同学们的梳理成果没有办法一一展示了，但从先前的展示来看，同学们的收集工作和梳理工作做得很用心、很细致。但要提炼对联的文化特点，好像还有一定的难度。同学们已经在小组合作探究阶段做了一些探究尝试，提炼出的文化特点很有意义，但角度似乎单一了些，文化特点的重复性比较高。

三、师生共同探寻，对比理出规律

师：那么，怎么提炼总结更有效呢？有哪些方法或者路径呢？刚才已经有同学用了对比的方法，把餐饮类对联和名胜类对联拿来对比，很有意思，其实"对比思维"完全可以成为我们总结规律的一项方法。

【PPT示】

对比1：

清华大学办公楼正门照片（悬挂"水木清华"对联）和某大学办公楼正门照片（未悬挂对联）

清华大学办公楼正门

某大学办公楼正门

教师：这两所大学的办公楼门口，一个有对联，一个没有对

联，同学们感觉有什么不一样的呢？

生齐：有文化！

生31：典雅，雍容华贵。

师：这组对比照片，一下就带给我们视觉冲击感，有对联的大楼显得庄重典雅，有文气，似乎更符合"大学"的内涵。

【PPT示】

对比2：

外国餐厅：Don't stand there and be hungry, come on in and get fed up.（"别饿着肚子傻待在那儿，进来吧，吃顿饱饭！"）

展示中国餐厅（湘悦楼餐馆正门照片）：湘缘京华品五味肴馔　悦满轩堂聚八方宾朋

湘悦楼餐馆正门照片

教师：外国的餐厅基本没有对联，有的就是一幅标语，我在芬兰考察的时候，看到有对联的餐厅，那一定是中国餐厅。（生笑）这两个照片比较一下，感受怎样？有什么不一样？

生 32：中国餐厅因为有对联，所以文学的气息非常浓厚，非常具有中国地域特色。看了对联，就会感觉这家餐厅非常好，上档次，很豪华，很想吃啊！

（生笑）

师：其实，同学们在观察这一组素材的时候，同样运用的是"对比思维"方法，通过对比，我们看到了对联的悠久历史、东西方不同的地域文化和东西方不同的民族思维方式、民族文化形态。我们在分析素材的时候，如果能从表象看到它背后所代表的意识形态，那么这样的分析就是有意义的、成功的。

那么中国的对联文化究竟奇妙在哪里？我试着把同学们先前学习小组梳理的结论汇总一下，在此基础上我们再把各种对联素材横向比较，一起来做个总结：

第一，中国的对联文化讲究内容美和形式美的结合。具体来说：首先，典雅庄重。其次，讲求含蓄。刚才有同学在展示时说到名胜联，就感觉很有文学的味道，同学们看这一幅照片上的对联（【PPT 示江南贡院正门照片，上书对联"变化鱼龙地，飞翔鸾凤天"】），上联用了鲤鱼跳龙门的典故，典故有隐喻作用。再次，对称美。对联本身就是很对称的，体现了形式美。最后，书法美。为什么我让同学们一定要去现场拍照呢？一定要实地考察，如果只在网上搜搜，就没有冲击震撼的感觉，要探寻文化的特点就很难了。现在大家明白了吧？

第二，对联蕴含了中国传统的民俗文化意趣。刚才已经有同学谈到了对联的生活味儿，但是中国的民俗意趣远不止这个。比如，中国人过年的时候，为什么要写春联？其实就是祈求祥瑞！哪怕再穷，写一副对子，就感到未来生活会很美好。另外，先前有同学谈到了，对联当中喜欢用"嵌字"的艺术，嵌入人名、地名、诗词等。这是黄老师实地考察拍的照片（【PPT 示成都望江楼公园薛涛井照片，上书对联"夕阳红到枇杷阁古今过客词人苔荒洪度千年井，春水绿生杨柳触多少离愁别绪门泊东吴万里船"），它巧妙嵌入了诗词。这就是一种智慧。

第三，对联体现了中文的功能性和智慧性。刚才同学们在总结时，已经有同学从汉字构造法来看，汉字的构造是很有趣的。比如我们微课里讲到的对联的分类，按技巧可以分为"回文联""数字联""叠字联""拆字联"等，同时这也体现了中文的智慧。此外，先前有同学提到了对联的功能性，其实对联的张贴是很讲究的，除了行业功能之外，就是在家里的张贴位置也是很讲究的。看看我们选哪个最合适？

【PPT示】

小夏参观某一处古建筑物时，抄录了其中四副对联。请判断这四副对联分别应悬挂于何处，搭配正确的一项是（　　）

①六礼未成转眼洞房花烛，五经不读霎时金榜题名

②饱德饫和真福食，肴仁馔义即养生

③洗砚鱼吞墨，烹茶鹤避烟

④琴瑟春常在，芝兰德自馨

　A. 寝室/书房/厨房/戏台

　B. 寝室/厨房/书房/戏台

　C. 戏台/厨房/书房/寝室

　D. 戏台/书房/厨房/寝室

生35：选D。第①句，本来完成这几件事情是需要经过一段时间的，但瞬间就跳过了，只能在戏台上实现。第②句中的"德""和""仁""义"就是精神食粮，所以挂在书房。

生36：我觉得应该选C。比较②③句，显然第③句中的"砚""墨"与文房四宝相关，再加上"茶鹤"这些代表高雅意趣的事物，就更确定应该指书房。②挂在厨房，因为与烹饪养生有关。

师：同学们更赞同哪个？

生答：C。

师：其实这是台湾的高考题，很有文化味吧？从这道题看到对联的张贴体现了对联的功能性。再跟大家说个生活中的例子，有一副对子"六畜兴旺，五谷丰登"，一个人把它贴在寝室里，行吗？贴得对不对？

生笑：不对！

师：应该贴在哪里？

生答：猪圈！

师：所以说，贴对联也是一门学问，没文化真可怕呀！这就是同学们在前面小组合作探究时探寻到的对联内容的专属性，我这里暂且把它叫作"对联的功能性"。

（生笑）

【PPT 示】

对联文化之奇妙（特点）：

（一）中国特有的内容美和形式美的结合：

1. 典雅美；

2. 含蓄美；

3. 对称美；

4. 书法美。

（二）蕴含中国传统的民俗文化意趣：

如嵌字、谐音联、祈祥瑞等。

（三）体现中文的智慧性、丰富性、功能性、符号性（文化标志）

……

四、还原生活现场，师生共创对联

师：对联还有符号性，也就是文化标志。我们在写对联的时候，始终就在想，怎么来体现它的文化元素？好，接下来，我们做个工作：微课里布置了一个作业，就是给咱们成都赫赫有名的三所中学的校门口题写一副对联。我专门到这三所学校的门口去看过，三所学校的校门无一例外都只有柱子没有对联。来，我们看看同学们怎么写的，展示一下。

【PPT 示】

成都四中、七中、九中的校门照片，请同学们根据三所学校的特点，为三所学校分别拟写一副对联。

成都石室中学（四中）

结伴梳尺幅精妙　携手探长卷深幽

成都七中

成都树德中学（九中）

生37：（投影）我展示一下我们小组的创作：

七中（有墨池书院、芙蓉书院）：

　　翰墨留香，广摹天地心澄志远

　　芙蓉缀蕊，饱蕴诗书气定神闲

四中（又名"石室中学"）：

　　一席二三子，文翁石室，诸彦今去尽

　　千秋四五经，金闺兰台，群英复来仪

九中（又名"树德中学"）：

　　苦心培育千年树

　　立志修成万年德

生38：（投影）我们小组暂时只写好了两副对联：

　　四中：石室文翁凝千古心血

　　　　　四中学子保万载学风

　　七中：绿烟拂林，书声琅琅

　　　　　林荫树隅，成果累累

（生鼓掌）

师：同学们的诗词功底很扎实啊！这几副原创的对联格式工整，韵律和谐，嵌字艺术也用得非常巧妙，的确是难得的佳作！刚才看同学们在创作对联的时候，努力在寻找三所中学的文化元素、文化标志，这三所学校风格不同，对联也确实风格迥异。这里我也展示出我自己写的一副对联，你们觉得是写的哪所学校呢？

【PPT示】

　　七彩汇聚墨池书香百年

　　中梁砥砺曦园人杰千秋

生齐：七中！

生39：是藏头联，"七""中"都有了，还有"墨池""曦园"，都是七中的建筑元素。

师：对的，的确是七中，同学们的解读很正确。今天这堂

《奇妙的对联》课，和同学们一起分享、梳理、探究、创作、展示，很愉快，谢谢同学们！

（下课）

教后反思

上完《奇妙的对联》这堂梳理探究课，心情很舒畅。当时还有深圳的几个"未来教育家"学员（中国教育学会组织）临时来听我的随堂课，课后座谈，他们说听得也很开心。我个人收获很多。首先，语文课可以有限地使用微课前学。特别像对联这样的知识课，可以采用微课的形式让学生在课前自学，既节省了课堂学习时间，又培养了学生自学能力。其次，小组合作学习可以真实地进行。有些课堂小组合作学习很虚假，但我班的小组合作学习很真实，不但从组织上规定了小组长的职能，而且每个组员的任务都很明确，不管是课前准备，还是课堂讨论，或者集体分享，都有任务驱动。再次，引导学生体验生活，在生活中学习。从身边的对联收集入手，感受传统文化的魅力。对联课不仅是知识课，同时也是中国传统文化熏染课，而对文化的感受只有从生活中体验才更具魅力。其实，学生对于实地搜寻对联是很感兴趣的。最后，梳理探究必须让学生学会占有资料，探寻规律。换句话说，关于对联的梳理探究课不能上成纯知识学习课，必须上成探究思维课，有没有思维活动，关键在于是否把对联的文化规律探寻出来。当然，学生在探寻对联的文化规律方面很困难，基本上只能说出对联的格式妙处，为此，我特意给学生推荐对比的思维方法，通过中外相同素材的对比，发现中国对联文化的奇妙。本堂课对比方法的使用对于学生的思维训练很成功，也符合当前语文核心素养关于思维培养的要求。不过，由于学生其他功课作业很多，要到生活中去体验并收集对联素材，在时间上很难保证。

【学后偶感】

生活即语文
——听黄明勇老师《奇妙的对联》课有感

  有幸在黄老师《奇妙的对联》梳理探究课上学习。黄老师平时上课最大的特点是亲切风趣,循循善诱,用启发式的提问方式带动我们的思维,步步深入,最终让问题的结论"柳暗花明"。这堂课正是黄老师这一风格的明证。我感觉这堂课最重要的环节是学习小组的合作,课前合作收集素材,课堂上合作探究,包括在成都市范围内寻找一些著名的对联,在课堂上进行思维的汇集和碰撞,小组成员间充分讨论,挖掘对联的文化特点,并尝试给成都三所顶尖中学各题一副楹联等。

  其中给我印象最深刻的,莫过于课前学习小组合作收集对联的环节了。

  肖复兴说,成都是一座诗歌的城市。对联和诗歌在成都有相仿之处,因此,在成都寻找对联的下落并不是一件难事。从大雅之堂的杜甫草堂到街边市井的苍蝇馆子,楹联无处不在。在成都,诗歌与对联一样都是很平民化的东西。

  我们学习小组主要寻找成都的"名胜类"对联和"餐饮类"对联。要找寻名胜古迹中的对联,杜甫草堂自然是首选目标。为了提高效率,我们小组四位同学分成两组,两位同学前往杜甫草堂,两位同学前往天主教堂附近的平安巷。平安巷旧时是法国人在这里居住,现在房屋年久失修,晃一眼以为住的拆迁户,但这里却保存着老成都关于味道的记忆,有许多保留着老传统的特色餐馆。这样分工后,我们就可以将"名胜类"对联和"餐饮类"对联同时拿下了。

  刚到杜甫草堂,在大门口修葺一新的地标前是两列巨大的草

书字——"万里桥西宅，百花潭北庄"，给游客以言简意赅的路标指示。进入草堂，里面有很多脍炙人口的对联。朱德元帅就在诗史馆里留下了"草堂留后世，诗圣著千秋"的对联，让我们从对联中看到了这位开国元勋的爱国之情。还有另一位四川籍名人郭沫若题写的著名的对联"世上疮痍，诗中圣哲；民间疾苦，笔底波澜"赫然入目。杜甫是一位现实主义的诗人，与郭沫若早期的浪漫主义相去甚远，可能是杜甫的拳拳爱国心与郭沫若的千秋家国情连接古今，从而使这种伟大的情愫流露在几行字间吧。站在这几副对联前，再仰望杜甫的塑像，我这才体会到黄老师让我们亲自前往实地考察、收集对联的良苦用心，原来，直视感和平面媒体传达出的感受是截然不同的。从对联上的文字看到的不仅仅是书法的精美、笔锋的力度，我甚至看到了雕刻家的虔诚、博物馆设计师对诗人的敬慕……视觉的冲击让我觉得自己瞬间被强大的文化气息所包裹，陶醉不知归处。

我们小组的另一支小分队，也就是前往平安巷寻找"餐饮类"对联的两位同学，找到了一家名为"太实在"的餐馆。餐馆门口悬挂的对联是旧时四川的顺口溜"稀饭干饭茫茫，肥肉瘦肉嘎嘎"。"茫"和"嘎"两个字明显是音译但不影响。"茫茫"和"嘎嘎"是小孩子口语的饭和肉，却不显幼稚，还有一丝亲和力在里头，或许这就是四川地道的地域特色吧。

在中国传统文化中，对联的神韵是跨越时空的。而在成都，对联文化更是继往开来，对联在全市的许多地方都能见到，从古色古香的旧城区、仿古街到摩登繁华的现代商业区，对联蕴蓄了文化的力量、成都的精神。

感谢黄老师的这堂课，让我见识了对联文化的博大精深，更让我有了科学探究的原始冲动，学会了如何寻找、收集和梳理素材，在课堂讨论环节体验到了思维的盛宴。

（学生　陈科宇）

【课例点评】

天工人巧形神兼备　　趣效皆善自成一家
——观黄明勇老师《奇妙的对联》课有感

黄明勇老师这堂《奇妙的对联》梳理探究课精彩纷呈，听来甚觉酣畅淋漓，闪光之处可圈可点，其独具创意的教学设计和学法指导让人耳目一新，不仅实现了紧密围绕语文核心素养设计的旨在培养学生语文知识、语言积累、语文能力、语文学习方法和习惯，以及思维能力、人文素养的合理的教学目标，而且利用翻转课堂创新教学组织形式，选取贴近教材和生活实际的教学素材，又在其间渗透德育教育，在多元多层合作对话的课堂中，和谐有序地实现教学相长，不失为一个优秀的梳理探究课范例。

一、学法有型，"体验""合作"，趣效兼善

新课标指出，高中语文课程应该"重点关注学生思考问题的深度和广度，使学生增强探究意识和兴趣，学习探究的方法，使语文学习的过程成为积极主动探索未知领域的过程"。本课在学法上创意独到，尤其值得称赞的是，黄老师在教学中始终贯彻"体验式教学"思想，强调"现象教学"，让学生真正走入生活中去、社会中去、自然中去，还原出原生态的学习方式。这一教学理念与芬兰先进的"现象教学"模式非常相似。学生在梳理成果分享环节展出了大量照片、实物，这都归功于前期的亲身体验和实地考察。在探析对联文化特点时，学生谈到自己在成都画院、武侯祠、杜甫草堂、琴台路等地看到对联的直观感受，用得最多的词是"震撼"，然后是"有文化"。这样感性的认识，再加上课堂上的师生合作探究"文化特点"环节，我想，多年后学生也许不记得语文书里有哪些课文，但一定会记得这次亲身体验的经历和感受。这不正是本课的精彩和魅力所在吗？

众所周知，新课程背景下，自主、合作、探究的学习形式被空前强调，蹒跚学步者有之，依样画瓢者有之，华而不实者有之，过犹不及者有之，但究竟怎样的课堂才是真正的以学生为本的课堂，怎样的课堂才能真正实现自主、合作、探究？黄老师这堂课给我们一个颇具实效性和趣味性的范例——教师的创意设计，学生的分工合作，课堂外的"现象教学"，课堂内的多元对话，真正激发起学生兴趣，调动积极性，在思维交锋中充分挖掘学生潜能，唤醒求知欲，从而让学生在老师的引导和启发中层层深入研究，达到最优学习效果。如果只是"单兵作战"就算自主、课桌拼拢就算合作、抛几个问题就算探究的话，那真就是为探究而探究、为合作而合作的伪热闹。

因此，教法设计之外，更要给学生具体有效的学法指导。黄老师指导学生以学习小组的形式开展学习，依次完成"素材收集与梳理""成果展示""合作探究"等环节，这一特殊学习组织形式在梳理探究课上尤为有效。课堂上，小组成员对采集到的样本作定性分析、要义提炼，对课堂问题作思维碰撞、合作探究，并且问题的设置又来源于学生采集的样本，且有一定难度，恰能很好地引导学生深入思考，很有价值。

二、课型出新，翻转前引，认知有律

本课程属于高中新课改中增设的新型课程类型——探究性学习，实际教学中，教师也常常视之如"鸡肋"。但人民教育出版社编审顾之川教授说："为了落实新课程的精神，培养学生的创新意识和实践能力，积极倡导自主、合作、探究的学习方式，设计了梳理探究版块，与阅读鉴赏、表达交流和名著导读相并列。"可见其地位之重要。

黄老师给我们做了一个很好的示范。本课采用了时下先进的"翻转课堂"教学组织形式，即本课不仅仅局限于课堂上所呈现的40分钟教学过程，还包含了课前教师精选微课教学素材，录制 5 分钟的微课视频，将微课视频投放给学生，学生利用平板电脑自学微课、完成作业，课堂上以知识回顾的方式给以自学反馈。

更难得的是，黄老师的课遵循了学生获得知识的科学程序，即发现兴趣点—探究—质疑—再探究—解决问题。这样的思维模式让学生更容易接受新知识的介入和渗透。我们看到，在整个教学过程中，黄老师只做获取知识的引导者，将课堂从封闭走向开放，从"定点"走向"定向"，让学生通过实地考察获得体验并提出疑问，让素材从无到有、从杂乱到有序，让认识从模糊到清晰、从浅显到深刻。这一认知过程，符合学生对知识的获得过程，并以此课为例，使学生今后的科学探究具备有效的方法借鉴，构建"探究式学习"的基本思维方式。这一"可持续发展教学"理念，难能可贵。

三、巧设"对比"，交锋生成，才智泉涌

本课的名称是《奇妙的对联》，对联究竟"奇妙"在哪里？如何探究出对联的文化特点？思考的路径有哪些？探究的方法有哪些？这些都是本课的难点。因此，寻找解决问题的突破口是最见功夫的。我们看到，黄老师在设计时巧妙利用对比思维，从对联的"有无"、东西方文化特点、语言方式等三个角度设置了"大学办公楼对联""中外餐厅楹联标语"两组照片对比，给学生以即视感，在常规课堂进行到极易出现思维疲惫的第 25 分钟后步步诱导学生的思维逐层深入，课堂上瞬即呈现出学生争相发言的盛况，思想的交锋在此刻尤其精彩！

这样的生成，着实让我们看到了一堂好课！而课堂生成性和学生兴趣点的结合恰是本课的又一亮点。回顾前半节课，在各学习小组展示探究成果后讨论"文化特质"环节时，也出现了一次美妙的课堂生成。学生不断提出一些新奇的想法，这些想法很可能超越教师的预设，这是很考验教师的教学机智的。黄老师此时

鼓励同学们大胆创新，合理揣想，促成课堂自然、有趣、灵动，思想的火花四溅，才气和智慧充溢其间，学生都被自觉或不自觉地卷裹到这场思维的盛筵中来了。

此外，黄老师还将本课最后一个环节设计成"学生原创对联"，充分体现了新课程"读写结合"的理念。根据师生的探究成果，黄老师引导学生现场创作并解析对联，让学生"一课一得"，在创作体验中再一次加深了对对联文化特点的感悟。

（成都市第七中学语文教师　殷志佳）

作文：体玩妙笔辉光

"秋雨笔法"点染华章
——高三作文语段文采训练

【可"玩"之点】

　　自我写作和鉴赏他作有共通之处，那就是体玩妙笔辉光。学生的作文如何能在平凡无奇寡淡无味的文章中惊醒阅卷者的审美疲劳，文采是一个重要的积极的因素。有妙笔，方可生花；然而妙笔何来？光华何在？

　　作文训练，需要讲求实效，尤其是高三的课堂，更是如此。高三的课堂，不仅有沙沙的下笔声，还应有琅琅的读书声，畅快的欢笑声。这堂作文课，将初次习作作为课堂素材，利用熟悉而亲近的教学素材，让学生亲近文字，在课堂中有极高的参与积极性，且采用比较、赏析和课堂练笔等多种方式，把学生"卷入"其中，笑声欢呼声不断。权且算作本课的一处可"玩"之点。

　　第二处可"玩"，即创造性提出"秋雨笔法"的概念，借用以余秋雨为代表的文化散文笔调叙写议论文中的事例，使作文在思想理性和文学感性之间和谐共生，丰富文章的文化内蕴，同时也使学生考场作文取得高分有径可循。

【课堂实录】

一、感悟导入：什么是"秋雨笔法"

　　师：请同学们猜猜下面文字写的"他"是谁？

　　他是郡守，手握一把长锸，站在滔滔的江边，完成了一个

"守"字的原始造型。那把长锸，千年来始终与金杖玉玺、铁戟钢锤反复辩论。他失败了，终究又胜利了。

　　他以使命为学校，死钻几载，他总结出治水三字经"深淘滩，低作堰"、八字真言"遇湾截角，逢正抽心"，直到20世纪仍是水利工程的圭臬。他的这点学问，永远水汽淋漓，而后于他不知多少年的厚厚典籍，却早已风干，松脆得无法翻阅。

——余秋雨《文化苦旅·都江堰》

　　生1：李冰！修都江堰的李冰！

　　师：你怎么看出来的呢？

　　生1："长锸""江边""治水三字经'深淘滩，低作堰'""八字真言'遇湾截角，逢正抽心'"这些词，虽然文章中没有点名，但我们很容易知道"他"就是李冰。

　　生2："他是郡守，手握一把长锸，站在滔滔的江边"很有画面感，这个造型就是李冰的典型形象。

　　师：这段文字还原了故事发生的情景，用了动词"手握""站""辩论"等，使干枯的历史具有动态感、图画美和情景美。而且"那把长锸，千年来始终与金杖玉玺、铁戟钢锤反复辩论""他的这点学问，永远水汽淋漓，而后于他不知多少年的厚厚典籍，却早已风干，松脆得无法翻阅"这几个句子运用了拟人等修辞，使文章语言富有诗意的蕴藉。语言颇有文采。

　　师：我们再来欣赏几段余秋雨的优美文字：

【PPT示】

　　语段1：这是一个巨大的民族悲剧。王道士只是这出悲剧中错步上前的小丑。一位年轻诗人写道，那天傍晚，当冒险家斯坦因装满箱子的一队牛车正要启程，他回头看了一眼西天凄艳的晚霞。那里，一个古老民族的伤口在滴血。（余秋雨《道士塔》）

　　语段2：王道士每天起得很早，喜欢到洞窟里转转，就像一个老农，看看他的宅院。他对洞窟里的壁画有点不满，暗乎乎

的，看着有点眼花。亮堂一点多好呢，他找了两个帮手，拎来一桶石灰。草扎的刷子装上一个长把，在石灰桶里蘸一蘸，开始他的粉刷。第一遍石灰刷得太薄，五颜六色还隐隐显现，农民做事就讲个认真，他再细细刷上第二遍。这儿空气干燥，一会儿石灰已经干透。什么也没有了，唐代的笑容，宋代的衣冠，洞中成了一片净白。道士擦了一把汗憨厚地一笑，顺便打听了一下石灰的市价。他算来算去，觉得暂时没有必要把更多的洞窟刷白，就刷这几个吧，他达观地放下了刷把。(余秋雨《道士塔》)

　　语段3：反正当时的乐樽和尚，刹那时激动万分。他怔怔地站着，眼前是腾燃的金光，背后是五彩的晚霞，他浑身被照得通红，手上的锡杖也变得水晶般透明。他怔怔地站着，天地间没有一点声息，只有光的流溢，色的笼罩。他有所惊悟，把锡杖插在地上，庄重地跪下身来，朗声发愿，从今要广为化缘，在这里筑窟造像，使它真正成为圣地。和尚发愿完毕，两方光焰俱黯，苍然暮色压着茫茫沙原。(余秋雨《莫高窟》)

　　语段4：色流开始畅快柔美了，那一定是到了隋文帝统一中国之后。衣服和图案都变得华丽，有了香气，有了暖意，有了笑声。这是自然的，隋炀帝正乐呵呵地坐在御船中南下，新竣的运河碧波荡漾，通向扬州名贵的奇花。隋炀帝太凶狠，工匠们不会去追随他的笑声，但他们已经变得大气、精细，处处预示着，他们手下将会奔泻出一些更惊人的东西。(余秋雨《莫高窟》)

　　师：这些语段都选自我们学过的课文，很亲切，请同学们齐读。

　　生（齐读）

　　师：请问这些文字叙述上有何特征？

　　生1：有画面感

　　生2：有哲理

　　生3：穿越时空隧道……

生（插话、笑声）：现代穿越剧。

师：经过对这些语段的体验，我们可以总结出"秋雨笔法"的要素——"历史人物+故事情节+时空穿梭+意象组合+画面渲染+诗意蕴藉+哲理内涵"，在语言表达上具有文化经典性、图示情景性、时空延展性、诗情哲理性的特点。总之，在叙述历史故事时，克服了直陈的平板的弊病，实现了古今对话和历史情景再现，描述与抒情议论结合，诗意与哲理结合，语言更富张力，文采斐然。在考场上，这种文章很能吸引阅卷老师的眼球，得分一般都在54分左右，甚至54分以上。得分具有稳定性。

师：下面这篇文章就是运用了"秋雨笔法"的考场满分作文：

【PPT示】

《庄子·徐无鬼》："夫逃空虚者……闻人足音跫然而喜矣。"我仿佛看到庄子静静地走来，静静地坐在我的面前，脸上挂着微笑。"水击三千里，抟扶摇而上者九万里"的吟诵在耳边轻轻回荡。非淡泊无以明志，非宁静无以致远。于万千功利之中，心不为所动，身不为所役，庄子便在这静静的山谷中，享受着宁静淡泊的人生。

苏辙有诗："谷深不见兰生处，追逐微风偶得之。"翩翩思绪飞出，我又仿佛看到这样一个镜头：柔和的月光下，王密趁着夜晚无人，"怀十金以遗震"。杨震面对黄金的诱惑，却断然拒绝。王密说，晚上没有人知道。杨震却不因"没人知道"而放松对自我的要求，他回答得很妙："天知，神知，我知，子知，何谓无知？"王密只好"愧而出"。好一个"天知，神知，我知，子知"，八个字落地有声！这是杨震时时处处谨慎保持人格，匡正节操的有力宣言。杨震的人品、形象，犹如这山谷中优美的兰花，散发着幽幽的清香！

——选自2014高考（福建卷）优秀作文《面对"空谷"的遐想》

二、训练过程：如何用"秋雨笔法"写美文

环节一：明确训练要点

【PPT 示】

请任选下面一个话题，运用"秋雨笔法"进行写作。（不少于 200 字）

苏武回国、霸王别姬、伯牙断琴、昭君出塞、屈原投江……

师：在使用"秋雨笔法"时请特别注意三点：还原历史场景、运用诗化语言、倾注人文思考（真情实感）。

环节二：还原场景　描摹画面

师：请比较以下两个写作片段，思考哪个写得好。

【投影展示学生习作】

语段1：伯牙在弹琴，琴弦断了，伯牙伤心，想起钟子期已经不在人世，这把琴留着还有什么意义呢？不弹也罢。

语段2：伯牙的脖子伸得老长，不知要望向哪里，似乎满含期待，可眼神中分明全是凝滞的神采啊！面前是子期的坟冢，新垒的土堆上还有泥土的味道，你全然不顾身旁掠过的风雨，全然不管身旁走过的鸟兽，你的手里死死攥着一把新坟上抠下来的黄土，似乎要消耗掉你全身的气力。

生1：片段1还原历史场景不够形象，而片段2的形象感和画面感很强，较好。

师：说得有道理，注意，还原历史场景（或情景）一定要注意人物描写、环境描写，描写要有细节；同时，想象需要合理，合理想象的关键在于符合人物的性格特点和事件的情理逻辑。

环节三：符合情境　合理想象

师：看下面这个片段，就还原的历史场景（情境）而言，你觉得合理吗？

【PPT 示】

项羽这一天也起得很早，望望渗水般明朗澄澈的天空，轻叹

了一口气,却听见四面一个个吴下精兵洪亮的唱歌声,这吼声如虎豹般雄壮有力……

生1:我认为合理。有动作描写,有环境描写,细节突出,画面感强。

(学生间有不同意见)

生2:我认为不合理。我记得项羽听见四面楚歌的时候是在晚上,不是清早。这个文段不符合真实历史。

师:的确如此,文献中记载四面楚歌和霸王别姬的场景都是发生在晚上的,所以,尽管这个文段很有画面感和形象感,但与关键的历史事实不符,是一篇不合理的文段。

【PPT示】

四面楚歌:"项王军壁垓下,兵少食尽,汉军及诸侯兵围之数重。夜闻汉军四面皆楚歌,项王乃大惊曰:'汉皆已得楚乎?是何楚人之多也!'"

霸王别姬:"项王则夜起,饮帐中。有美人名虞,常幸从;骏马名骓,常骑之。于是项王乃悲歌慷慨,自为诗曰:'力拔山兮气盖世,时不利兮骓不逝。骓不逝兮可奈何,虞兮虞兮奈若何!'歌数阕,美人和之。项王泣数行下,左右皆泣,莫能仰视。"

师:同学们看看自己写的片段,就还原的历史场景(情境)而言,你觉得合理吗?请每个学习小组组内互相交流,推荐优秀的作品。

【投影展示学生习作】

(学生习作1)

项王走出营帐,呼吸着寒冷的空气,感受着刀锋般的温度划过肺叶……悲伤的血液涌上来,使那四面的楚声在心窝里停留。寒月下,满地苍白的悲伤。

"秋雨笔法"点染华章

（学生习作2）

此一去，江南烟雨难再见，伤心保过仗红颜。

此一去，关山明月入梦来，琵琶弦里寄相思。

此一去，卸却汉家女儿装，胡服烈马草原红。

（学生习作3）

山如眉黛，沙如狂风。

山还是那迢迢隐隐的青山，还是那沉淀着中华文明的青碧之色，只是少了位从玉簪螺髻中走出来的佳人——昭君；

沙还是肆掠吞人的黄沙，还是那隔开富庶中原与苦寒塞外的飞沙，只是多了位从舞榭歌台袅娜莲步中走出来的佳人——昭君。

环节四：倾注思考　富有创见

师：请阅读下面这段文字，其除了还原历史场景，还有什么内容？

【PPT示】

站在汨罗江边，风萧萧地吹起了满地的落叶，我隐隐约约看见远处有一个身影，迎着风站在几十丈高的悬崖边，看着江水的方向，那个眼神，仿佛注视着整个时代的悲哀。眼神中有股看透尘世的力量，落叶在他的身边旋转，然后落下……

屈原，用眼神去看透一个时代的落寞，用身躯去唤醒整个民族的良心。

……缓缓地，我仿佛看见他的身体在空中无休止地下坠，可他最终跳进的终究不是汨罗江，而是那条流淌着中华不朽文明和整个民族良知的河，带着他真挚的灵魂，慢慢远走。

生1：有点明这个场景意蕴的关键词句，比如"屈原，用眼神去看透一个时代的落寞，用身躯去唤醒整个民族的良心"。

生2：这段文字夹叙夹议，不仅是在描摹场景，还有作者议论性的语言，突出了文段主题。

师：正如同学们所言，这段文字除了还原情景，还倾注了作

205

者自己的思考，也就是作者对这个历史故事的个性化的解读，并通过诗意的语言透射出来，让历史故事具有丰富的哲理内涵与诗意的蕴藉。除了第一位同学说到的那一句之外，还有"那个眼神，仿佛注视着整个时代的悲哀。眼神中有股看透尘世的力量""那条流淌着中华不朽文明和整个民族良知的河，带着他真挚的灵魂，慢慢远走"这些句子，其实都是作者个性化的解读和表述，"注视着整个时代的悲哀"的眼神中有着"看透尘世的力量"，屈原将"真挚的灵魂"赋予"流淌着文明和民族良知的河"，这个见解多么独特！这是倾注了作者思考的文字，有内涵。

师：下面我们做个小练习，请同学们为下面两段文字分别加上表达主旨的句子。

【PPT 示】

语段1：虞姬起舞，衣襟上的尘土簌簌落下，推开霸王的臂弯，那是曾多么让她沉醉迷恋的港湾。衣袂飘摇，莲步轻移，起伏的脚尖在霸王的帐中回环往复，仿佛营帐外密集的鼓声。看向霸王，尽是柔情。霸王一杯接着一杯豪饮下肚，渐渐醉意朦胧，虞姬一步上前拔出霸王腰间的宝剑，横刀一抹……冰冷的寒光闪过，鲜红的血流过雪白的颈，虞姬屡弱倒地："霸王——别了。"

语段2：暮年的、陌生的年长者回来了——他的脸上带着高原居住特有的紫红，映在腮帮边，手指胀得比文弱侍官的两倍还粗；鬓毛还来不及修剪，灰白色的一大片，藏在了薄冠底下，是压不太久的。"十九年了……"苏武坐在马车上喃喃自语。昏花的眼中那阜盛的故都是那么熟悉而又陌生，前方的晨曦勾勒出汉宫那宏伟古朴的轮廓，是他日日梦中描摹了数百次的地方。车队在马蹄和铜铃声中踏着晨曦南去，将那九辆马车拉出长而萧瑟的影子，"大汉，我回来了。"

（学生现场动笔写作，稍后分享习作，师生现场共评）

师：想象的历史故事不仅要还原历史情景，还要倾注自己的思考。要有自己个性化的思想和见解，并在文段中或文段末用议论性的词句表述出来，使文段主题鲜明。

环节五：闯入情境　时空穿梭

师：下面两段文字在叙述上有什么特点？

【PPT示】

语段1：我闭眼，静静地聆听着这激扬的琴声……那时而快时而慢的节奏通过一根根弦完美地演绎着。时而幽怨哀伤，时而激情澎湃。这时，我仿佛站在安塔利亚高原落日前仰倒，眼前金红色的余晖染红了我织满夏日香气的裙裾，那是时间所赋予的再度等待的颜色，结满了触目惊心的痂。

"啪！——"我突然醒过来，眼前的一切更令我目瞪口呆——伯牙，正在摔碎他挚爱的古琴。我感觉血液凝固了，用颤抖的声音撕心裂肺地大叫："别！不要！不要啊！"可他什么也听不到，看着那精致的檀木色古琴瞬间已成一堆零散不堪的碎片，那曾经舞动出华美乐章的琴弦霎时已断在空中尴尬地飘，所有美好记忆都在这一刻化为灰烬，随着这古琴一般，支离破碎，再也拼凑不成完整的回忆。

语段2：在一片白茫茫的雪景中，苏武已不知道自己坚持了多少年，也曾试过计日，但风雪和羊蹄总是破坏记录，后来也就放弃了。

一路向南，向南，一路变暖，变暖。跨越胡汉之界时，被冰封在北海的故土热情似乎一下子全都苏醒，我看见你的手里突然收不住力气，节旄落尽的汉节深深陷入故乡的土壤，干枯的手顺着汉节向下落，多年待在北海，你的膝关节大概已经冻坏了吧。我清晰地看见你的另一只手在颤抖，触到黄土的一刹，稀疏的白发像是焕发了生机，那黄土的纯厚由脚底、由掌心直抵发梢。

于是你伏地，将你干涸的唇吻上思念了十九年的亲爱的汉土。

生1：文章中有了"我"出现。

师："我"这样闯进文章去，好不好？

生2：我觉得挺好的。

师：能说说你的理由吗？

生2：文章中出现了"我"，也许不一定是作者，有可能是作者虚构的一个人物，但是读起来却有身临其境的感觉，好像我们就是文中那个"我"，回到了那个年代和那个场景中，直观地见证着这一幕历史。

生3：这是第一人称的叙事方式，能借助这个"我"更好地表达作者的情感，显得亲切自然。

师：文段用第一人称叙述，将"自己"闯入历史情景，实现了时空穿梭。这是叙事技巧，更是叙事艺术。

环节六：小结本课

师：这节课老师给同学们介绍了提高高三作文语段文采的有效方法——我称它为"秋雨笔法"，通过段落赏析和改写，我们一起体验了"秋雨笔法"。最后，我们再一起回顾一下运用"秋雨笔法"叙述历史事例要注意的4个要点：

1. 符合话题内涵或论述的观点；

2. 还原历史场景要有丰富生动的人物描写、环境描写，并着眼于细节；

3. 想象合理，符合人物形象性格和事件发展逻辑；

4. 倾注作者思考，主题鲜明，富有个性创见。

三、课后练笔：我用"秋雨笔法"写美文

请以"_____，请让我与你同行"为题写一篇文章。要求：在空格填一人名，把标题补充完整，文体不限，立意自定，角度自选，将题目补充完整。（在叙述事例时，尽量能运用"秋

雨笔法"写作）

【学生习作参考】

海子，请让我与你同行

成都市第七中学高2013级3班　胡欣

　　我知道，这是我近乎缥缈的念想，
　　只是请让我坚持，那对你的仰望。
　　纵然你已离去，向那永恒的天堂，
　　我也会继续前行，带着梦想远航。

——题记

　　深夜，无星无月，孤灯，有思有伤。那日，我第一次走近你，触摸你，感受你。我还记得我带着轻浅的微笑、怀着好奇而又敬畏的心情，用颤抖的手指轻轻翻开你的诗集，我还记得我满眼含泪地阅读，心里波涛汹涌，最后是泪水氤氲了字迹，而我合上书页，悲哀而沉重地叹息。我想说——

　　海子，你是让人心痛的孩子，但我想与你同行。不知道我现在仰望的天空是否和你当年看见的同一模样，透过诗句我看见你迎着强光倔强地把头上扬；豆田之西安静地飘过四方邻国的云彩，映照着你眼底深不可测的哀伤。

　　我听见你说："人类和植物一样幸福，爱情和雨水一样幸福。"这时你的笑容澄澈清朗，脸上跳跃着多么欢快的神采。可转眼间，你又在泪水中请求："请求雨，雨是一生的过错，雨是悲欢离合。"我看见你奔跑、跌倒，又爬起，面朝着村庄的方向久久地伫立；我看见你跪下，扑倒在"麦地"，之后又坚定地站起"眺望北方"；我看见了你秋天的花椒树一般快乐，也看见你痛苦地站在"诘问者"面前"两手空空，一无所有"。

　　海子，我想，我懂你。有一些远方可能永远不能到达，但仍然值得穷尽一生去追寻。只因着内心深处相似的愿望，我愿与你

同行。是的,"风上面是风,天空上面是天空,道路前面还是道路",但我相信终有一天,远方,就是我所在的地方。

海子,你的幸福来自村庄,来自对自然、对生命、对简朴、对自由的热爱和呼唤;你的麦地、河流、家园、月亮便组成了你的天堂,你一生渴求和追寻的乌托邦。你的不幸来自理想的巨大落空来自孤独和命运的嘲讽。你说,你所处的尘世,是你眷恋和厌恶的肮脏。

海子,我并不困惑你最后的选择,即使很多人仍质疑你"面朝大海,春暖花开"的乐观。我想,当眼睛映照出最澄澈的天空,那一刻,你一定到达了自己理想的天堂。

海子,我相信心神的交流能够穿越时空的阻隔甚至生死的对立。那么,海子请让我与你同行。

你已化作天边最绚丽的云彩,自由徜徉,那么让我继续你未完成的仰望——诗歌、王位以及不朽的太阳!

【学后偶感】

拓荒之作　情采斐然
——听黄明勇老师《"秋雨笔法"点染华章》课有感

"一怕文言文,二怕周树人,三怕写作文。"一直以来,作文都是一块很难啃的骨头,对老师、对学生而言恐怕都是如此。如何在每一次的作文评讲课上都能让学生有所得,是老师们一直致力于认真研究的内容;如何写出有文采、有情怀、有内涵的文章,是我们学生一直孜孜以求的东西。这堂课,黄明勇老师将我们的初次习作作为课堂素材,拉近了文字与我们学生的距离,教学素材熟悉而亲近,这让我们在课堂中有极高的参与积极性。

同时,黄老师始终相信"作文是改出来的""作文是欣赏出来的",这堂课也充分体现了这一理念:一篇好的作文,建立在

"秋雨笔法"点染华章

思和写的基础上；而一篇更好的作文，则建立在反复修改的基础上。所以，我们很享受每一次黄老师的作文评讲课。比如这堂课，黄老师采用比较、赏析和课堂练笔等多种方式，把我们"卷入"其中，让我们在多个环节中反复辨识、层层积累、逐级提升，享受成功的体验。我想，这正是这堂作文课的成功之处和精彩之处！

另外，"秋雨笔法"大概应是黄老师创造性提出的，借用以余秋雨为代表的文化散文笔调叙写议论文中的事例，使我们的作文在思想理性和文学感性之间取得完美结合，为枯燥的议论举例增添文采，进而深入挖掘经典素材的文化意蕴，丰富行文的文化含义。这一大胆的"发明"，在考场上其实挺受用的，获得高分，有径可循。

谢谢黄老师的"创造发明"，智慧的老师总能给我们以智慧的引导，吾师恰如是。

三生有幸。

（学生　黄一佳）

叙述之真：诚实地再现生活

【可"玩"之点】

王蒙先生说："文章的生命在于真实，应情真、理真、事真。"当今高考作文，选题时也非常注重任务情境的设置，旨在唤醒考生的生活与阅读的真实经验。反观时下的中学作文教学，往往更注重技术，忽略基石。我认为，作文教学，应该既有高度，又接地气。

学写记叙文，是学习写作的第一步，只有写好了记叙文，才能准确地观察生活、表达思想，因为一切高级精神层面的东西都会在日常"生活"中体现，对生活的关照思考就是对社会的思考。但现在的学生，因为缺少生活体验，缺乏对生活的关照，大多数情况下不得不嫁接材料、胡编乱造，以空中楼阁式的叙述填充八百个格子。既然写作时空洞虚假，阅读时必然寡淡疲乏。优秀的记叙文应该贴近生活，再现生活，但这样的文章在现今中学生手里乏善可陈。

本课就是要解决如何"诚实地再现生活"这一问题。其可"玩"之点在于，通过赏析学生自己的练笔片段《父亲（母亲）的温度》，讨论文本中的真实与谎言、心灵感动与刻意煽情的效果区别，教学生说真话、抒真情，再辅之以自己的下水作文《好人的温度》做示范，为学生提供"还原真实、紧扣主题、表达真情"的写作思路。

叙述之真：诚实地再现生活

【课堂实录】

师：今天很高兴和大家交流。高一要求写记叙文，记叙文到底应该怎么写怎么作，我们今天就来探讨这个问题。主要探讨的就是叙述的真实，在写作中怎样做到真实。

【PPT 示】

叙述之真：诚实地再现生活

师：我们先来看一则材料，大家读一下。（学生默读）觉得这则材料有不有趣？来，这位同学说一下。

【PPT 示】

生1：他明显就是不符合实际地乱写。

师：哪里不符合实际？

生1：比如2月就没有30号，只有28号，最多就29号。然后，他的天气写的是晴天，但是又写"一天都没有出太阳"，就前后矛盾了。还有鱼就是生活在水里的，应该识水性，不可能被淹死，最多就是缺氧而死。

师：好，讲得非常好。这篇日记中，显然这个孩子说了假话。一个是时间，一个是鱼在水里淹死，老师在评语中也说到没

213

见过会淹死的鱼。可能是其他原因,但至少淹死这个说法是不可能的,就像你刚才说的缺氧啊或者生病都有可能。这就是我们现在的孩子在写作中的典型问题:不真实,说假话。比如说你们平时写作文,都会说些什么假话啊?和我讲一讲。

【PPT 示】

失真——失语

生2:比如说编些东西进去。

师:编些什么呢?

生2:感觉什么都编过,遇到作文不会写的基本上都是编出来的。

师:能不能和我分享一下秘密?

生2:也没什么秘密,大致是根据实际来编,反正不要太假就可以了。

师:有没有比较经典的被发现的?

生2:目前还没有被发现过。

师:好,同学们,感谢你们非常的坦诚。现在孩子们一看到老师布置作文题目,首先是头痛,然后就开始来编故事了,说假话。但是我们长期这样编之后,慢慢地就不会写了。我们接触到很多高一的孩子,初三的时候老师讲了很多应试作文,开头怎么写,中间怎么写,为了分数而写作,慢慢地大家就说假话,也不知道真的怎么写。所以我们今天就要解决这个问题,怎么说真话的问题。预习的时候我就给了一个材料,这是关于项羽在垓下被围的材料,大家读完了吗?

【PPT 示】

项王军壁垓下,兵少食尽,汉军及诸侯兵围之数重。夜闻汉军四面皆楚歌,项王乃大惊曰:"汉皆已得楚乎?是何楚人之多也!"项王则夜起,饮帐中。有美人名虞,常幸从;骏马名骓,常骑之。于是项王乃悲歌慷慨,自为诗曰:"力拔山兮气盖世,

时不利兮骓不逝。骓不逝兮可奈何，虞兮虞兮奈若何！"歌数阕，美人和之。项王泣数行下，左右皆泣，莫能仰视。（节选自《史记·项羽本纪》）

问：有人说项羽全军覆没，居然还有诗歌流出，太假了。你认为假不假？

生3：我只读了这首诗。

师：噢，好。那现在我提个问题，你们知道项羽在垓下被围的故事吗？（生点头）我的问题是这样的：项羽在垓下全军覆没，但是居然有一首诗歌流传出来了，就是这首诗（教师指标红处示意）："力拔山兮气盖世，时不利兮骓不逝。骓不逝兮可奈何，虞兮虞兮奈若何！"这首诗非常有名，但是有人说，你既然全军覆没了，还有诗歌流传，这不是太假了吗？司马迁写《史记》未免太不真实了。那这个问题我抛给你们，你们讨论一下，认为假还是不假？我们今天就是要说真话，你觉得假就是假，觉得真就是真，说出自己的理由就可以了。

（讨论后）

生4：我觉得是真的。

师：为什么你觉得是真的？

生4：因为全军覆没可能是夸张的说法。

师：噢，你觉得当时可能还是有士兵跑出来了。

生4：对，因为当时不可能准确地计算出伤亡。

师：但是司马迁在《史记》中也没有写某某士兵跑出来，这只是一种可能哈。来，你来说一下。

生5：我觉得如果是楚军有士兵跑出来，那这个诗可能是真的。但是没有楚军跑出来，这个歌又这么慷慨激昂，应该不会是汉军传出来的。

师：为什么不会是汉军传出来的？

生5：因为汉军怎么会把敌人传得这么英勇？

师：好，你觉得对敌人肯定是要贬低的。来，你来说一下。

生6：我觉得是真的吧。还有一种可能是项羽军中有人叛变了，逃到那边去就把诗写下来了。

师：好，你觉得是有楚军叛变投降，然后把这首诗说出来了。你来。

生7：我觉得有可能刘邦的军中还是有人听到了这首诗，那个人出于对历史的尊重就把这首诗写下来了。

师：好，同学们，应该说你们说的都很在理，大家都一致认为这首诗是真的，猜测有可能是楚军有人跑出来了，不管是投降还是生还，总之是通过他的口传出了这首诗。同学们，你们心肠都是非常好的，但是我要告诉大家，即便是项羽全军覆没，没有一个士兵跑出来或者投降，就是司马迁"粘贴"上去的，但是我认为也是真实的。为什么呢？这就叫艺术的真实，就是我们叙述一件事情是可以虚构的。本来《史记》中记载的东西，按道理来讲是不允许虚构的。但是鲁迅不是评价《史记》"史家之绝唱，无韵之离骚"嘛，就是说有文学性在。所以司马迁在叙述的时候，应该说是非常真实的。因为最后一战，虽然说项羽死了，可是这首诗在这里有特殊效果。来，你来说一下，有什么效果呢？

【PPT示】

叙述之真是艺术之真

艺术的真实源于生活高于生活

生8：衬托出项羽死前的悲壮，无可奈何，哀叹叹息。

师：说得好。你看，项羽死前摸着他的马，还有他的美人，非常悲壮，有这样一种艺术效果。本来项羽可以说非常英勇，但是因为他不会用人，导致全军覆没，这应该是要被批评的。可是由于有了这首诗，就把项羽这个失败的英雄写得非常悲壮，可歌可泣，令我们对他肃然起敬。司马迁在叙述项羽的故事时对项羽显然是称赞的，这首诗歌在这里是要烘托出人物的性格形象，这

叙述之真：诚实地再现生活

种英雄形象。大家读到这里不觉得它是假的，这就是我们所说的艺术的真实。这里要处理好这个关系哦，我们在叙述的时候要求要真实，这个真实一方面是生活中实实在在发生过的，我们要把它再现出来；另一方面我们也可以虚构，虚构的目的是记叙文要记人叙事，要烘托人物的思想感情，要突出文章的主题。因此，我们认为这样也是真实的，真实要源于生活又要高于生活，就是这个道理。好，那么同学们，我们接下来欣赏一个短片。

【PPT示】

读贾平凹《写给母亲》（播放短片——朗读者·斯琴高娃朗读《写给母亲》）

从前我妈坐在右边那个房间的床头上，我一伏案写作，她就不再走动，也不出声，却要一眼一眼看着我，看得时间久了，她要叫我一声，然后说：世上的字你能写完吗，出去转转么。现在，每听到我妈叫我，我就放下笔走进那个房间，心想我妈从棣花来西安了？当然是房间里什么也没有，却要立上半天，自言自语我妈是来了又出门去街上，给我买我爱吃的青辣子和萝卜了。或许，她在逗我，故意藏到挂在墙上的她那张照片里，我便给照片前的香炉里上香，要说上一句：我不累。

三周年的日子一天天临近，乡下的风俗是要办一场仪式的，我准备着香烛花果，回一趟棣花了。但一回棣花，就要去坟上，现实告诉着我，妈是死了，我在地上，她在地下，阴阳两隔，母子再也难以相见，顿时热泪肆流，长声哭泣啊。

问：哪些文字触动你的心灵？为什么？

师：大家以前看过这个故事没有？（生齐摇头）我们提个问题，哪些文字触动你的心灵？为什么？哪位同学说一下？

生9：最后有个短句是"妈是死了"，朗读者把这个句子的前半句和后半句分得特别开，我觉得这句话触动了我的心灵。第一个是她读得特别好。第二个是因为它虽然只有短短的四个字，

217

但却是作者最真实的情感。

师：好，大家想发言就发言，还有谁来说？

生10：还有一句话是"我在地上，她在地下，阴阳两隔"，把人生前和死后的两种状态描述出来了，也凸显出了作者当时想表达的那种感情。

师：什么感情？（生沉默）你想啊，妈妈死了，自己很想念，很悲痛，这种感觉就很真实。好，你来。

生11：前面有一句："我便给香炉里上香，要说上一句：我不累。"这个还原了他母亲当时的音容笑貌，更加凸显出他对母亲的思念和他深深的悲痛。

师：他母亲有怎样的音容笑貌？

生11：就是他母亲问他："世上的字你能写完吗？"这个就是……（生沉默）

师：就是他在那里写字，母亲在旁边看，你觉得这个细节很感人。你觉得哪里触动了你呢？

生11：他写母亲生前的活动，还原了母子之间的互动，母子之间的对话。

师：噢，好。你来。

生12：我觉得就是有一句写到他妈妈已经死了三年了，村里是要举办仪式的，他就去那儿上坟，说明他已经去过很多次了，他对他母亲也是非常想念的。这句让我非常触动。

师：同学们，中央电视台这个《朗读者》节目现在很有名哦，今天专门把这个小片放给大家看，我是想表达什么意思？第一，天下人都是有父母的。大家都很熟悉作家贾平凹，他这篇文章为什么这么感人？我先谈一下我的感受。首先就是他能够引起我们所有人的共鸣，我们每个人都有母亲，而且现在他的母亲去世了，他很想念她，我认为这种感情是非常真实的。还有就是他的文章里有非常多的细节。特别是刚才同学讲到的，他在那里写

文章的时候,他母亲站在旁边,而且还说了一些话:"世上的字你能写完吗?"现在他一想起她,就到那个房间里去看。现在房间里是空空的,什么人也没有,他母亲已经走了,但是总感觉像还是能看到母亲一样。所以我觉得这些细节是非常感人的。那我就在想一个问题,我们说要真实地表现我们的生活,什么是真实?就是要有生活的细节才能真实。我们在写记叙文的时候,一定要在文章里把我们生活当中的人和事的一些动作、语言和神态写出来,这个就是细节。我们很多中学生在写文章的时候说一些空话、大话,包括同学们你们刚才的发言,恕我直言,虽然你们可能说的是真的,确实是感动了我,但是你看,要说出哪些文字具体的细节,就没有了。所以写文章是要讲细节的。

【PPT示】

  真实的生活细节,真切的自我感情

  师:第二就是要有真切的生活感情,就是你的感情是什么你就写什么,而不要为了拔高主题去说一些假话。这篇文章其实很朴实,就是妈妈去世了,我现在很想念她,我就把我这种思念、这种怀念、这种悲悼的感情表达出来就行了。好,我刚才就说了,我们每个人都有父母,父母每天为我们做了很多事,我相信你们的父母正在为你们付出,包括今天早上说不定都还来送你们上学。当然我们还没有到贾平凹的那一天,但是同学们,你们的父母迟早有一天也会白发苍苍,总有一天也会离我们而去,这是规律。我现在就希望你们先想一想,生活当中你觉得父母哪些细节感动了你,深深地触动了你?说真话,我相信每个人都能说。可以说说很远很远的事,也可以说说就近发生的事情。

【PPT示】

  想起自己的父母,生活中哪些真实的细节深深地感动了自己……

  生13:我说两件事。一个是初中的时候,早上有时候起不来床，我父亲刚刚给我做了饭洗过手，手比较冷，他就把手伸进我的被子里把我弄醒。那时候我心里其实还是有些怨气的，为什么不让我多睡一会儿？然后刚才我还想到一件事，小时候我爸送我去上围棋课，冬天的时候很冷很冷，他骑电动车，他在前面，我在后面。骑车时前面没有任何东西可以遮挡，就穿一件厚一点的外套。等把我送到的时候，我看到他的脸已经被冻得通红，我摸他的手，也冻得像冰块一样。现在想起就觉得非常感动，为了我能多学点东西，为了我的前途，他其实付出了很多的。

师：谢谢分享，有细节。好，你来说一下。

生14：我就说一件昨天的事。昨天得知自己成绩考得比较好嘛，当时内心是很喜悦的，就想跟父母分享。父母替我开心。但是我就想，如果是跟别人分享的话，别人内心也许就会想，她肯定是在炫耀。

师：你父母都说了些什么话？

生14：就是让我更加努力，没有说我心很浮躁之类的。

师：好，你这个感触也是很真实的。就像你刚刚说的，自己考好了如果是跟别人分享，别人可能会误解你，以为你在炫耀。但是父母就不一样，他们就能和你一起分享你的快乐。这种感情是真挚的，但是我要提个小小的建议，如果从写文章的角度来讲，你这样写是不行的，因为没有细节，你自己感动了，但是我们没法感动。所以刚才我就在追问，有没有具体的话啊？没了。我不相信，就算父母不说话也会有表情的，这就是说，我们写文章需要对生活进行深入的观察，下次要注意了。好，你来。

生15：我的父亲有个习惯就是他很喜欢评论周围的东西，评论出来又很一般的那种，所以我就经常嫌弃我的父亲。当我摆出无奈或者嫌弃的表情的时候，我的母亲就会叫我不要这样。我的父亲就和母亲说没事，然后他自己笑笑就过了。越往后他的这种习惯越严重，我就越嫌弃他，就不愿意跟他在一块儿。后来我的母亲就告诉我说，你平时这种态度对你的父亲，他下来和我叙述的时候还叫我不要去指责你。我父亲年纪也比较大了，记忆力也不好，还……

师：来，我们给这位同学一点掌声。我在观察，他在讲的时候他流泪了，这就是我们说的真实的感情。你还记得朱自清写的《背影》吗？（走下讲台问生15）当年朱自清的父亲送他上火车的时候，絮絮叨叨的，朱自清好像也对他有点反感，你也一样。但是如果你把它写成文章的话，那就可以和朱自清的《背影》媲美了。

生16：有些时候我爸和我妈说话，我听得很不习惯，就经常和他们吵架，有时候跟我妈吵，有时候跟我爸吵。但是如果没有和我吵架的那个人听到了的话，就会经常开些玩笑来缓和一下气氛，调节一下我们吵架人的感情嘛，这样就会好一点，不过偶尔还是会发些闷气。我就觉得，虽然当时吵架的时候可能有点小冲动，但后面想起来还是挺愧疚的。

师：好，谢谢四位同学。同学们的发言有一点让我感动，就是你们对父母的情感非常真实，不管是感激之情还是愧疚之情，我认为都是非常真实的。其实生活中有很多的细节是非常感人的，像你们刚才讲得都非常好。我们之前还布置了一个练习。首先你们把自己写的片段拿出来，做个简单的修改。你们写的时候是随便写的，现在老师讲了，你们把练习中不真实的地方改一下，要有真实的生活细节，要有真实的感情。把刚才我们说的东西变成文字，这就是写作能力了。然后我们再来分享。

【PPT示】

片段训练：

题目：父亲（母亲）的温度

生17：（投影出文章片段，学生朗读）

父爱如山一般坚固，父亲的温度像火一样，温暖着我的心。

221

自从我进入了初中，睡懒觉对他来说仿佛已不可能。因为家住得离学校比较远，如果坐车来学校，那么迟到就躲不掉了，所以，他就不得不每天开车送我到学校。想必大家都有同感，冬天一到，起床就越来越难。因为被窝里实在太温暖，就不想起床。这时父亲就会说："起床了，再不起床就要迟到了。"他每次这样说，我就会想到，是我让他睡不成懒觉，反而是我在这里赖床，好意思吗？

父亲为我付出，无所抱怨。正是这颗无怨无悔为我付出的心，温暖了我，让我的心不再寒冷。父亲，好温暖啊，父亲的温度，令人难忘啊。

师：这里面哪些细节是生活当中真的发生过的？和大家说一下。

生17：基本上都发生过。

师：好，没说谎话。读一下这句话。

生17："快起床了，再不起床就要迟到了。"

师：这句你听起来是种什么样的感觉？

生17：其实还是想赖会儿床嘛，后面一想如果我不用这么早上学，他也不用这么早就起床。

师：噢，好。你也写了起床这件事情吗？（指另一个学生，生点头）那我们一会儿可以对比一下。你这个文章我先点评一下，你为了点题，结尾这个地方做得很好。而且刚好抓了起床这件事，因为起床比较冷，父亲的话温暖了你。但是恕我直言，这个细节可能是真实的，但是后面在表达父亲的话给我温度的时候，还不太真切，你觉得原因在哪里？谁都不愿意起床，为什么父亲的话就温暖了你？肯定他是让我理解到了道理，对不对？这个地方要稍稍过渡一下。好，我们给点儿掌声鼓励一下。来，你来。先读原文，然后读一下改的地方。

生18：我先读原文。

叙述之真：诚实地再现生活

冬日的早晨，天还未亮，我正准备继续睡去，突然，刺眼的光伴随着父亲富有磁性的声音亮起："该起床了，6：30了。"如果我想赖床的话，父亲就会把他刚用冷水洗过的手伸进我的被窝里，那冰冷的感觉会使我瞬间坐起，毫无睡意。这时，父亲的温度要冷过中山站外的坚冰。

修改的地方：

天还未亮，我迷迷糊糊地看了下表，才6：30，我正准备继续睡去，突然，刺眼的光伴随着父亲富有磁性的声音亮起："该起床了，6：30了。"我极不情愿地爬下床，我明白了。如果我想赖床的话，父亲就会把他刚用冷水洗过的手伸进我的被窝里，随即再怒气冲冲地补上一句，"再不起床就要迟到了！周末再补觉不行吗？"那冰冷的感觉会使我瞬间坐起，毫无睡意。这时，父亲的温度要冷过中山站外的坚冰。

师：你觉得你这样改了过后有什么效果？

生18：更注重细节性了，更突出我父亲因为我要赖床要迟到的急迫的心情以及很生气的样子。

师：好，我来点评一下。首先他写的一个细节非常好，就是他不愿意起床，这很真实。而且父亲叫我起床还有个动作很吓人，就是要用水冰过的手来冰我，这就有点不近人情。而且父亲说的这些话，看起来很凶。他怎么来扣题的呢？父亲是有温度的，父亲的温度胜过了坚冰。这儿可能还要多点儿议论，就是父亲这个动作虽然很恶劣，但是心是好的，他是希望我早点起床去学习，这就扣题了，也真实了。这篇比刚才那篇的细节要生动一点。好，同学们，我也写过一段文字，我们一起来看一下。我是成年人，我的父亲已经走了，我写了这么一段文字。

【PTT示】

刚解放，徐叔叔和我爸都担任村干部，我爸是书记，徐叔叔是村长。孩子们没地方上学，村干部们便着手建学校。自己烧

223

砖，自己开山，自己架梁，很快在当年的破庙矗立起一座崭新的刘家观小学，孩子们琅琅的读书声不时惊起树丫欢跃的鸟飞。而我的父亲却躺在了病床上。在建房时，一根中梁砸在父亲的背上，砸断了几匹肋骨。徐叔叔说，他本来可以不用亲自抬中梁上房的，但危险的事非要自己去。

最有趣的是桂铁匠，养了九个儿子，很早丧偶，靠打铁为生，日子过得很苦，他一有困难就找我爸，我爸总是想办法帮忙。称点谷子，打点酒，割点肉，隔三岔五地去看看他。有一次专程给他弹了一床新棉絮，还替他铺好，而在我的记忆里我们家就没有盖过新棉絮。那个年头一床新棉絮就可以驱走一个寒冬，铺展一个暖融融的幸福人生。桂铁匠和我妈同姓，我们平时叫他"铁外公"，我爸叫他"铁爸"。他一到刘家观就用打铁的力气大声呼喊："黄书记——"可是今天的刘家观，校舍已彻底坍塌，村里已没有几个孩子读书了，零星的几个远在乡中心校住读，全乡已有很多年没有考上一个大学生了，操场杂草丛生，其他房屋已被贱卖，包括四周合抱的大树都已卖了，当年热闹而祥和的记忆已化为支支枯草，任冰冷的岁月剥蚀。

我伫立在残破的刘家观，一代代悲凉的鸟鸣挟风而过。

最后回到老屋，说是老屋其实只是残垣断壁满地碎瓦。但门楣还在，留守着我父亲走那年徐叔叔写的春联："好人平安"。

在城市，人多我倍感凄凉；回农村，人少我更感悲凉。但"好人平安"几个模糊而柔软的汉字，历经风雨冲刷，依然挺立在这颓败的院落，温暖着这凄冷的山沟，温暖着我、妻和女儿。

仿佛看见一束阳光，透过青冈树叶暖暖地躺在父亲的墓碑上……

——黄明勇《父亲的温度》

教师：（朗读这段文字）这是我写的《父亲的温度》，里面写的都是真实的事情。特别是前面写的几件事：一个是我父亲当时是村书记，他为了修村小就自己抬中梁，把肋骨给砸断了。还有一个是桂铁匠的事情，当时他家很穷，我父亲给他送棉絮、割肉等。这些都是真实的，都是细节，没有必要去编，但是同学们，写这个文章要扣到温度，我就在想，现在这些人都不在了，而且农村都很荒凉、很破败，给人的就是很冰凉的感觉。再加上父亲也已经走了很多年，我现在想起来就是，虽然父亲已经走了，但是父亲做好事，这些事情温暖着我，以及温暖着刘家观。同学们，其实写文章，没有大家想象的那么难，就是把生活当中真实发生的事情，扣到这个主题，然后表达我们真实的感情就行了。所以我们今天这节课，就是讲写记叙文怎么才能做到真实，我最后用一句话来说，就是"诚实地表达自己的生活和感动"。对你们来讲，可能还需要很多真实的生活细节和感情去表现。

【PPT 示】

叙述之真：

诚实地表达自己的生活和感动

今天我们就讲到这里，谢谢大家！

【学后偶感】

真实还原生活细节

——听黄明勇老师《叙述之真：诚实地再现生活》课有感

上黄明勇老师《叙述之真：诚实地再现生活》一课，惊喜颇多，收获颇多。黄老师讲课深入浅出、循循善诱，内容丰富有趣，课堂生动活泼而富有启发性。在这堂课上，我印象最为深刻的是对艺术真实和生活真实的区分以及循序渐进步步深入的课堂教学环节。

最初，当我看到课堂标题"诚实地再现生活"时，我认为再现生活就是完全真实地记载生活中的事件，剔除所有虚构，生活中发生了什么，就写什么。但黄老师巧妙地选取了《史记》中项羽被围垓下的例子生动地告诉我们，达到"真实"这一目的，并不是单纯通过"记载"完成的。适当的虚构与艺术加工，不仅不会削弱作品的真实性，反而能够起到诸如烘托、突出主题等独特的作用。虽说在生活真实的基础之上进行虚构与加工似乎有"不真实"的成分存在，但这样产生的作品却比单纯的"记载生活"更具有文学价值。

而在课堂教学过程中，黄老师先是通过向我们展示贾平凹的作品，通过提问引导我们去思考，步步深入而得出结论——文章要还原生活细节，表达真切的情感。随后又引导我们去回想和描述生活中观察到的触动自己的细节。这样体验式的教学方式，让我们既有理性认识，又有感性经验，二者互相融通。通过黄老师的点评我不断深化对"还原生活细节，表达真切情感"的理解，对如何修改课前写好的文段产生了一些更加明确的想法。最后，黄老师向我们展示了他所写的文章《好人的温度》，我认为这一环节最为重要，也最为动人。在之前的方向性指导之上给我们提供了具体的借鉴范本，而黄老师最后对他的写作思路的详细讲解也为我写作文提供了思路：还原真实、紧扣主题、表达真情。

整堂课内容循序渐进，不断深入，黄老师不仅引导我们步步思考，层层剖析，还给了我们许多具体的材料，以供借鉴，内容非常丰富，整堂课思路清晰而又灵动有趣味，在感动中、体验中收获了知识和方法。

（学生　唐艺真）

叙述之象：造物无言却有情

【可"玩"之点】

语文教学，尤其是作文教学不能搞花架子，要注重实效性。记叙文关于"象"的选择，关涉到作文的文化味、情感味、思想性、艺术性等，最能体现学生的语文素养，特别是语言、思维、文化、审美方面的核心素养。学生对生活观察得多了，阅读得多了，体验得多了，感知生活的能力也就逐渐提高了，这时再来选择恰当的叙述之"象"，就容易得多了。

我在执教《叙述之象：造物无言却有情》时，设计了几个可"玩"之点让本课增添趣味：一是选择一篇合适的文本（本课中，我选择了自己的文本《邻居》），将拍成的电视散文和文本都放手交给学生，让学生们在影视效果的冲击下和文字阅读的分析中，交流碰撞，体会这篇作文中的物象及其特点、作用。二是利用小语段中字词填空的方式，引导学生辨析物象表达的两个重要技巧。由此，在趣味中学习，在讨论中明晰，操作方便、记忆深刻，自行写作时，有法可依，有章可循，学生自然愿意跟随。

【课堂实录】

师：高一我们都在讲记叙文，上一节课我们讲了叙述之真，今天我们来谈第二个话题：叙述之象。叙述之象是怎么回事呢？我们先来做个游戏吧，大家看这幅画面：

【PPT示】

教师：我的要求是：大家看图说话，你们看到这幅画面，编一个故事，口头表达。哪位同学来试一下？大家先思考，有没有同学有想法呢？

生1：还没想好。

师：没关系，请坐。来，这位同学。

生2：我觉得这应该是一个男的向女的表白的故事。

师：然后呢？

生2：就是他把别人约到了山上，然后表白。

师：就完啦？（生点头）好，请坐。还有没有？

生3：天气很好的一天，男的约女的出去游玩，到了山坡上，男的做了一些事情讨女孩开心。

师：他做什么事啦？

生3：爬树，或者摘什么果子。

师：哦，看不出来。你怎么看出天气很好呢？

生3：因为山坡和后面的那些背景都很明亮。

师：好像没下雨，有点儿太阳，但也不是烈日。

生3：对。

师：你关注到这个画面哪些元素？

生3：后面的山坡，他们所在的位置、动作、表情、旁边的树。

师：噢，表情，那个男的在笑。大家对这幅画面熟悉吗？这是一个很著名的电影的画面。这个电影名字叫《山楂树之恋》。你知道啊，来，你说一说。

生4：我知道这个画面，但是没看过电影。

师：那这样吧，你点评一下前面几位同学说的，你觉得他们哪些地方讲得好？哪些地方讲得不好？

生4：我觉得他们都有自己对画面发生了什么事的发散性思维，但是没有谈细节性的东西。

师：你觉得有哪些细节？

生4：就是不只说谁做了什么事，而是要说谁怎样做了什么事。

师：好，请坐。同学们，这个画面大家首先关注到的是人，而且是一个男的和一个女的。所以大家在编故事的时候首先想到的肯定是一个爱情故事。大家刚才说了男的向女的表白。大家也关注到了环境，比如说背后的山坡，好像应该有阳光映照。不过大家也都忽略了一个元素，就是那棵树。那个树丫应该说还是非常有意思的，同学们想一想，就算是像你们说的，他们两个去约会，在树下约会，这棵树是肯定要写的哦。那么是不是这个故事就很美了？如果你只是说他们两个去表白，那就不行。所以我们小说的名字叫《山楂树之恋》，后来张艺谋把它拍成了电影也叫《山楂树之恋》。故事其实很简单，就是讲了男女主人公是知识青年，上山下乡到农村去，然后在那儿发生的一段凄美的爱情故事。因为后来这个男的得了病死了。应该是讲爱情故事，不过这个故事里面反复出现一个物象，这个物象是什么？就是这棵树，山楂树。我就在想，为什么名字叫《山楂树之恋》，为什么要反复出现山楂树呢？而你们刚才为什么又没有发现这棵树呢？我想采访一下同学们。你说一下。

生5：因为男的的表情太让人往这件事情是怎么样的上面去想，而没有太注意要烘托一个怎样的氛围。

师：关注的是人，确实这幅画面这两个人很突出。现在你看，小说也好电影也好，他一定要起个名字叫《山楂树之恋》，你觉得山楂树好在哪里？

生5：山楂树有一种象征意义，好像寄托了男女主人公的爱情。以这个山楂树可以更加吸引不管是小说的读者也好，还是电影的观众也好。它还起到一种烘托环境氛围的作用。

师：如果不是山楂树，是别的树行不行？有很多别的树啊。

生5：山上这么多树嘛，但是就只有山楂树这么特别、这么突出，更能够起到一种强调的作用。

师：假如说一个长得很粗的很高的参天大树，很坚硬的那种树，可能又是另外的象征意义。这个地方山楂树不是那么坚挺、挺拔，它有一种柔美在里面，可能有另外的象征意义。好，请坐。这个故事是这样的，他们两个人到农村去第一次见面，就在山楂树下面，后来又多次到山楂树那个地方去，包括他们的很多故事都发生在山楂树那里，所以山楂树在里面反复出现。它除了有一个线索的作用，是一个环境的交代、故事的发生地点之外，可能有象征意义在里面，象征他们这种爱情的纯洁。可不可以这样说呢？因此，我们通过刚才的口头作文，大家明白了物象的描写在故事的叙述当中重不重要？

生齐：重要。

师：好。接下来我们来看一个片子。

【多媒体播放视频】

《邻居》（根据黄明勇先生同名散文改编的电视散文）

师：好，看完了。这里面应该说有两个故事，写了两个女人。大家注意到了没有？一个是小时候农村的邻居，叫冉嫂。后来我搬到城里面去了，隔壁的小王是另一个邻居。这里讲了这么两个故事。刚才大家看了画面，现在看看文字。

【PPT示】

邻居

黄明勇

杜甫在《南邻》中写道："锦里先生乌角巾，园收芋栗未全贫。惯看宾客儿童喜，得食阶除鸟雀驯。秋水才深四五尺，野航恰受两三人。白沙翠竹江村暮，相送柴门月色新。"杜甫一生饱受乱世的艰辛，却有幸在草堂拾到了邻居的友善。我的家离杜甫草堂不足100米。我羡慕杜甫。

我先前也是有邻居的。

她叫冉嫂。与我同辈，但年岁比我大许多，甚至比我父母还大。她丈夫与我爸在旧社会为同一个地主帮长年，便同住一个院坝。后来结婚生子，子又结婚生子，分户异爨，两户人家繁衍成五户人家。我爸经常出差，母亲又忙耕作，哥哥姐姐远在县城读书，我常一个人在门口呆望。冉嫂叫我"弟弟，过来烤火哟"，我便知道她家要开饭了。她们家小孩多，还喜欢玩扑克，我们经常围坐在她家火坑旁，边吃东西边玩扑克，或者听冉嫂摆鬼龙门阵。我最喜欢吃冉嫂做的清明菜粑粑，清香沁脾。

在那个饥饿年代，有吃的就是幸福人生。有一次，冉嫂和我妈吵架，她却悄悄地把我拉到她家火坑旁，塞给我一个清明菜粑粑，顿时，冉嫂温暖的微笑映得我嘴巴灿烂。冉嫂叫我"弟弟"，我叫她"冉嫂"，后来，冉嫂去世了，我父亲也走了，我母亲随我进城了，冉嫂的孩子们迁到了县城的郊区。

当年嬉闹的院坝人走楼空，土墙坍圮，热情的火坑已长满冰冷的野草，还有几株年复一年兀自开花的清明菜。

通往院坝的山路已被茂密的荆棘覆盖，虽然我的汽车根本无法抵达我的童年，但我心中永远有一条清幽的小径，通向我的邻居冉嫂。

我现在家住繁华的都市，还有一个隔壁的。

我隔壁住着一个女的。远看十分漂亮，喜欢穿一件红色的外衣在屋顶花园的躺椅上晒太阳，我也喜欢在屋顶花园种菜浇花。

我们两家花园仅有一排低矮的铁栅栏隔着。我在浇花时偶尔会望见她，她也似乎望见了我，距离仅一步之遥，但彼此绝没有招呼的意思。她有一个男孩，时常在花园的阳光房里看书，孩子也不招呼人，表情阴郁。她似乎有一个丈夫。经常传来争吵声，还伴随着摔东西的乒乓声，有一次还动了武，就在花园，弄坏了一大片花草，我听到打闹声，急着想去劝架，但终于没有开口，因为之前从未搭过话。有天清晨，匆匆地赶去上班，不小心在楼梯口相遇，点头，但终于没有说话。但这次我确信，她是一个美丽而忧伤的女人。

随着岁月流逝，我们两家的花草好像有约定似的一起疯长，全然不顾中间坚硬的铁栅栏，那胜景可谓"枝枝相覆盖，叶叶相交通"。后来，我们在一次学术会上同坐一排，才发现我们竟然是同行。于是，亲切交谈。她说，她离婚了已搬家。我猛然觉醒，原来住在我隔壁的就是我的邻居小王啊！她不但美丽，而且和我一样善良、诚实和疲乏。

小王当年种的月季已爬满我的花台，我早先栽的赤竹也已高过了栅栏，枯黄的竹叶就落在她当年的鱼池。而今隔壁住的是谁我全然不知，也没想知道。"肯与邻翁相对饮，隔篱呼取尽余杯。"我偶尔在花园吟诵杜甫《客至》的诗句，脚下的阳光一片苍白。

从天宝山到天府城，从院坝到楼房，我始终是一个有家的人，但我的邻居却在熙攘的人群中走散了。冉嫂已住到了时间的背后，小王虽然和我同饮今日的府南河水，但留下的只有一些关

于风的碎影。我孑孑地行走在人和车的缝隙，惊恐得四处张望。

师：这是我本人写的一篇散文。讲完冉嫂之后这里有两段加粗的文字："当年嬉闹的院坝人走楼空……通向我的邻居冉嫂。"后面又讲到城里的事情，讲完之后也有一段文字："小王当年种的月季……也没想知道。"现在我们的问题出来了，大家讨论一下。刚才那些加粗的文字，写了哪些物象？有什么作用？

【PPT 示】

讨论：加粗的文字，写了哪些物象？有什么作用？

（生讨论中，四人小组互相交流）

生6：我想说的是第一句，这里面写到的物象有院坝、土墙、火坑、野草，还有清明菜。后面写了山路、荆棘、清幽的小径。

师：它有什么作用呢？

生6：第一句当中提到的那几个物象，首先土墙是坍圮的，烘托了一种荒凉的氛围。文章还提到当年的火坑已经长满了冰冷的野草，因为那个时候冉嫂已经去世了，所以表达了一种对冉嫂的怀念。而且最后他点到的清明菜，之前冉嫂做给他吃的清明菜粑粑就是用这个东西做出来的，所以这个地方提到清明菜表达了一种自己对冉嫂很怀念的情感。

师：不错，请坐。还有没有补充的？

生7：火坑和野草也是一种对比，突出了现在人走楼空的荒凉的感觉。

师：你觉得是一种对比，现在院坝里长满了野草，过去有人住可能没有这样的野草，所以你觉得前后有对比，通过对比突出了冷清。好，请坐。大家也可以关注后面的部分。

生8：我觉得不管是前面的地方还是后面的地方，前面写到的热炕与野草，后面写到的月季和赤竹，都表现了一种物是人非的感觉。特别是这个地方的月季和赤竹，我觉得感觉要明显一

233

些，由这两种植物写出了时间的变化。这两处物象描写用的形容词全是荒凉感觉的形容词，这些都应该烘托了……

师：你觉得这里写的是荒凉吗？这里我们可以讨论一下。

生9：我觉得这里是表现一种时间的推移，从开头的冉嫂，到小王，到隔壁住的是谁我全然不知也没想知道，以及后面写到的邻居也在人群中走散了。

师：哦，邻居都搬走了我也不知道。好，我们讨论一下，这儿写的到底是不是荒凉，如果不是荒凉又是什么？

生10：我觉得可能不是荒凉，而是一种物是人非的感觉，她当年种的东西还在、鱼池还在，只不过对面已经换人了。

师：好，你读到的是物是人非，因为这儿人已经搬走了。你觉得他为什么要这样写呢？

生10：通过写这种人遗留的物象来表达对以前的人的情感吧。

师：好，那我问一下，这篇文章的主题你们觉得是什么？

生11：表达人与人之间、邻居与邻居之间的那种真诚在时间的流逝下……

师：你觉得后面我跟小王这个邻居之间也是真诚吗？

生11：不真诚。因为他们虽然只有一步之遥，但是没有交往。

师：而前面冉嫂呢？

生11：冉嫂的话，即使她跟我妈吵了架，但是我们依旧很好，她还给我吃馍馍。

师：这两个故事之间是什么关系？

生11：对比。

师：哦，对比，很显然作者是很怀念当初住在院坝里时和邻居相处的日子，而现在大城市里虽然看起来只有一墙之隔，可是在生活中人与人之间的心灵是很隔阂的。这个名字叫《邻居》，

其实他想表达他很渴望人与人之间彼此的沟通交流,表达了现在大城市生活的孤独。可不可以这样讲?

生11:可以。

师:好,请坐。同学们,我们现在假设一下,如果这两个故事没有这两处环境物象的描写,会怎么样?显然不行。它的作用在哪里?我觉得前面你们第一处讲得非常好,这个院坝已经没人住了,只剩下一些野草,而且房子也坍塌了,这些物象的描写主要表现一种荒凉冷清。越是荒凉冷清,越突出了作者对过去这样一种邻居的怀念,对冉嫂的怀念。后面呢?后面现在还在住,所以不能说是荒凉。你们刚才说物是人非有点道理,但我觉得还没说到本质上去。本质是什么?当年小王种的月季爬满了我的花台,大家注意这个定语,而我早先栽的赤竹也已高过了栅栏,枯黄的竹叶就落在她当年的鱼池里。大家注意看这是不是有象征意义在里面?我们仅一墙之隔,人与人之间有没有交往啊?没有。可是这些植物随着时间的推移却跨越了栅栏,相互融合在一起了。所以他不是写的荒凉,而是写的一种茂密。我认为他不是在写物是人非,恰恰是在说这些植物叶叶相交、枝枝相覆盖的茂密的景象,来反衬出人与人之间的隔膜。这些物象的选择,就是为了烘托人物的思想感情,来突出文章主题。所以同学们,你写文章时选择什么样的物象是很讲究的,现在明白了吗?那么多的物象不可能随便选啊,原来是有这样的原则,那就是要看这些物象能不能烘托人物思想感情,能不能突出文章主题。

【PPT 示】

物象如何选择:

烘托人物感情　突出文章主题

师:好,我们现在再来看一篇文章,鲁迅的《好的故事》,以前学过吗?来,请一位同学读一读。

【PPT 示】

好的故事

鲁迅

灯火渐渐地缩小了，在预告石油的已经不多；石油又不是老牌，早熏得灯罩很昏暗。鞭爆的繁响在四近，烟草的烟雾在身边：是昏沉的夜。

我闭了眼睛，向后一仰，靠在椅背上；捏着《初学记》的手搁在膝髁上。

我在朦胧中，看见一个好故事。

这故事很美丽，幽雅。许多美的人和美的事，错综起来像一天云锦，而且万颗奔星似的飞动着，同时又展开去，以至于无穷。

我仿佛记得曾坐小船经过山阴道，两岸边的乌桕，新禾，野花，鸡，狗，丛树和枯树，茅屋，塔，伽蓝，农夫和村妇，村女，晒着的衣裳，和尚，蓑笠，天，云，竹……都倒影在澄碧的小河中，随着每一打桨，各个夹带了闪烁的日光，并水里的萍藻游鱼，一同荡漾。诸影诸物，无不解散，而且摇动，扩大，互相融合，却又退缩，复近于原形。边缘都参差如夏云头，镶着日光，发出水银色焰。凡是我所经过的河，都是如此。

现在我所见的故事也如此。水中的青天的底子，一切事物统在上面交错，_____成一篇，永是生动，永是展开，我看不见这一篇的结束。

河边枯柳树下的几株_____的一丈红，该是村女种的罢。大红花和斑红花，都在水里面浮动，忽而碎散，拉长了，缕缕的胭脂水，然而没有晕。茅屋，狗，塔，村女，云，……也都浮动着。大红花一朵朵全被拉长了，这时是泼刺奔迸的红锦带。带织入狗中，狗织入白云中，白云织入村女中……。在一瞬间，他们又退缩了。但斑红花影也已碎散，伸长，就要织进塔，村女，

狗，茅屋，云里去。

生12：（朗读）

师：好，谢谢。你说这个故事里的物象，写得多不多？太多了，应该是讲的小时候那些景色。现在请同学们做一件事情，就是刚才画红线的那些空，"＿＿＿＿成一篇"，这儿是一个空，要填一个字；后面要填两个字。你们说填些什么比较好？为什么？

生13：我觉得第一个填"连"。

师：为什么呢？

生13：因为说的是事物在上面交错，交错的话就应该是连在一起。

师：哦，好。实际上在写一个什么物象呢？

生13：就写水中的倒影。

师：对，然后后面呢？

生13：我填的是"桃花"。

师：桃花？为什么这样填呢？

生13：因为从后面可以看出，是在写村里的一些景色和他们的一些生活，所以我觉得应该是比较符合生活化的一种物象。

师：好，请坐。有没有不同的？

生14：第一个我想写"绘成一篇"。

师：你填的是"绘"，为什么呢？

生14：因为"绘"是形容的画，上面说一切事物统在上面交错，但我想这种交错并不是杂乱无章的，画就体现了一种和谐，也有连接的意思，而且画本身是一种具有美感的东西，所以我觉得应该用"绘"。

师：那下面那个空呢？

生14：没想到。

师：好，那你点评一下他这个字，（示意生15）你认为可能不太满意，为什么？

生15：我认为他所含的意思稍微单一了一点，没有美感。

师：你觉得没有美感，从这儿看水中的倒影应该是很美，好，请坐。还有谁想表达一下？

生16：还是第一个空，我觉得可以用"织成一篇"。

师：为什么呢？

生16：首先因为我觉得这里应该用一个动词；其次后面都是用"织"，织入白云中，织入村女中；再次就是一种画面感，之前同学说的"绘"我觉得也可以，但是这里更像一种田园风光，我觉得用"织"会更好一点。

师：你觉得"绘"跟"织"不同在哪里？

生16："绘"是一种画面，但是"织"更有一种手工的感觉。

师：而且这儿写的是农村啊，可能"织"更符合农村的情况。后面呢？

生16：后面也没想好。

师：好，请坐。首先我们要表扬积极发言的同学，你们都在努力地思考，但是有时候需要勇气，需要挑战自我。那么我们看一下作者是怎么写的呢？

【PPT 示】

现在我所见的故事也如此。水中的青天的底子，一切事物统在上面交错，<u>织成一篇</u>，永是生动，水是展开，我看不见这一篇的结束。

河边枯柳树下的几株<u>消瘦</u>的一丈红，该是村女种的罢。大红花和斑红花，都在水里面浮动，忽而碎散，拉长了，缕缕的胭脂水，然而没有晕。茅屋，狗，塔，村女，云……。也都浮动着。大红花一朵朵全被拉长了，这时是泼剌奔迸的红锦带。带织入狗中，狗织入白云中，白云织入村女中……。在一瞬间，他们又退缩了。但斑红花影也已碎散，伸长，就要织进塔，村女，狗，茅

屋,云里去。

师:我们这位同学对了,给她点掌声鼓励一下。前面我们讨论得非常有道理,"连"这个词也对,抓住了水中倒影的特点,是连在一起的,但是这样写有没有修辞色彩啊?没有,无法表现出这个景物的美。你们说这里用了什么修辞手法啊?

生齐:拟人。

师:对,把事物当人写。"绘"和"织"这两个词都用了拟人,不过"织"更有农村的特点,而且同学们很聪明,抓住了后面,其实后面有提示。第二个同学们说的是"几株桃花的一丈红",从"几株"来看,应该是写一个事物的名字,但是没想到鲁迅先生会这样写。那同学们点评一下,鲁迅先生这里写得好不好?

生17:我觉得好。先是用那个"织"字来写水中的青天的底子,一切事物统在上面交错,就很有画面感,非常有诗意。第二个"消瘦"应该是和他当时写作的背景有关吧。

师:什么背景?(生沉默)用了什么修辞?

生17:拟人嘛。

师:好,写出一丈红可能在凋零。还有吗?

生17:没有了。

师:好,同学们说得很好,就是拟人。来,继续完成。

【PPT示】

现在我所见的故事清楚起来了,美丽,幽雅,有趣,而且分明。青天上面,有无数美的人和美的事,我一一看见,一一知道。

我就要凝视他们……。

我正要凝视他们时,骤然一惊,睁开眼,云锦也已皱蹙,凌乱,仿佛有谁掷一块大石下河水中,水波陡然_____,将整篇的影子撕成片片了。我无意识地赶忙捏住几乎坠地的《初学记》,

239

眼前还剩着几点虹霓色的碎影。

生18：（朗读）但斑红花影也已碎散……将整篇的影子撕成片片了。

师：这儿又要填空，陡然什么呢？这儿写的物象就是水波，你觉得填什么词比较好？

生18：我觉得应该填"凌乱"吧。

师：为什么填"凌乱"呢？

生18：因为前面说扔了一块大石，大石扔下去水就会上下起伏，就会很乱。

师：哦，他为什么要写出这个乱呢？

生18：是想说明当时美好的事情已经破碎了。

师：这儿是写的什么景？看清楚哦。是在写水波吗？

生18：不是。

师：写的是什么？

生18：是那些倒影在水中的事物。

师：好，请坐。还有没有不同的说法？

生19：我想填"散乱"，因为"凌乱"更给人一种交错在一起的感觉，很混乱，"散乱"更体现出水波向周围发散出来一圈一圈的感觉。

师：好，请坐。我们看一下伟大的作者鲁迅是怎么写的。

【PPT示】

现在我所见的故事清楚起来了，美丽，幽雅，有趣，而且分明。青天上面，有无数美的人和美的事，我一一看见，一一知道。

我就要凝视他们……。

我正要凝视他们时，骤然一惊，睁开眼，云锦也已皱蹙，凌乱，仿佛有谁掷一块大石下河水中，水波徒然起立，将整篇的影子撕成片片了。我无意识地赶忙捏住几乎坠地的《初学记》，眼

前还剩着几点虹霓色的碎影。

师：他用了一个词叫"起立"，这就很奇怪了，为什么要用"起立"呢？来，你来点评一下。

生20："起立"就是他扔了块石头下去，然后水波就被溅起来了，就是把它拟人成人的那种起立。

师：好，请坐。这个故事的后面部分我就不多说了。

【PPT 示】

我真爱这篇好故事，趁碎影还在，我要追回他，完成他，留下他。我抛了书，欠身伸手去取笔，——何尝有一丝碎影，只见昏暗的灯光，我不在小船里了。

但我总记得见过这一篇好故事，在昏沉的夜……。

师：同学们，通过刚才的学习，我们学到了什么？就是物象怎么表达。你可不可以总结一下，鲁迅先生在写这些物象的时候用了什么方法来把这个物象表达出来？

生21：首先要抓住这些物象本身形态的特点；其次用适当的修辞，比如说拟人，给它人的感情，就显得更加的生动。

师：你们觉得她答得对不对？非常好。我们可以小结一下。

【PPT 示】

小结：怎么描写物象？

抓住物象特点

善用修辞：比喻、比拟，炼字炼句

赋予情意（移情）：托物言志　情景交融

师：我们向鲁迅先生学习，就是要抓住物象的特点，特别经典的就是最后写那个水波，应该是立起来更准确一点。同时我们要善用修辞，用得最多的就是比喻和拟人；还有炼字炼句。物象本身是没有思想感情的，但是为什么我们都出来都有思想感情呢？那是因为我们把人的思想感情寄托在事物上，这就是一个重要的写作方法，我们把它称作移情。这儿有两种情况：一个是同学们很熟悉的情景交融,我们经常要借景抒情,前面讲的《邻居》也是这样的;另一个是通过物来表达我们的志向,叫托物言志。你们初中应该学过很多这样的文章,《石缝间的生命》,学过吗?

生22:没有。学过《紫藤萝瀑布》。

师:好,说得好,这个也很经典。鲁迅先生在前面写了那么多的物,他到底是要干什么?他真正要突出的不是这个美。你看最后,正当他要欣赏这些美的时候,突然这些水中的倒影都没了。你们觉得他要表达一种怎样的思想感情呢?是一种很美好的感情吗?

生23:看起来像,但不是。这些都非常美好,但是像突然被惊吓了一样,画面开始褶皱、凌乱,什么都没了。

师:哦,所以这篇文章其实是要通过他对童年故事的回忆表达他的一种孤独之情。现在明白了吗?请坐。所以我们说文章里面的物象的描写很重要,要把人的思想感情熔铸其中,然后来表现。我给你们布置了一个作业,改写《蒹葭》,哪些同学写了的举下手。来,展示一下。

生24:芦苇茂盛,随风飘荡,露珠晶莹,凝结成霜。

他走过河畔,偶然望见了对岸伊人,停下来,然后静静地凝视良久。伊人俯身浣衣,在蓝天碧水中,伊人的红衣格外显眼,好像是那名画上的点睛一笔,让他眼中平常的芦苇荡多了生机多了——美。

他就一直静静地注视着,不发出一点声音打破这动人的静谧美好。他也曾想上前与那伊人交谈,奈何分隔两岸,只能看着伊人在芦苇荡间时隐时现……

不知何时,伊人已去。他转身叹息,刚行两步,却又回头望了望,只期待伊人犹在,纵使可望而不可即。

师:这样,我们大家鼓鼓掌。根据我们前面讲的,你自己点评一下自己。你觉得你这个故事写了哪些物象？怎么写的？为什么要这样写？

生24：我写了天、水，还有芦苇。我写天和水的目的就是想用这个环境配合对岸伊人，就像一幅画一样，我觉得是有美感的。因为《蒹葭》的主旨本来就是说可望而不可即嘛，在芦苇荡间就能写出伊人是时隐时现的。

师：初中几年级学的这首诗？

生齐：初三。

师：好，印象深刻。他说要表现这种可望而不可即，爱情也可以，人也可以。那么怎么来表现？他觉得用芦苇荡的随风飘荡，好像是恍恍惚惚的，你们觉得有没有道理呢？（生齐点头）那你用了什么修辞没有呢？

生24：没有，不喜欢用修辞。

师：好，谢谢。下次还是可以用的。我们再请一位同学。

生25：我顺着水流，寻找我的意中人。苍苍的芦苇摇荡着，秋霜白露结在芦苇叶上，像挂在上面的珍珠。我逆着水流、顺着水流，她就在水中央了，朦朦胧胧，触不到。我于是越发想去见到她，逆水顺水寻找。芦苇十分茂密，清晨的露水好像也理解我执着的心，道路又十分险阻，找到她时，她仿佛在岸边徘徊。河边的芦苇繁盛稠密，像一排排的士兵要挡住我的去路。早上的露水还没有完全干掉，躺在芦苇叶上。这时道路迂回曲折，像丝带一般。我又顺水去找她，她好像就在水中的沙滩上，那么真实，却又那么神秘。

师：这样，我们请其他同学来点评一下。你觉得好在哪儿？也可以给她提点建议。

生26：她也是和上一篇一样，想表达那种可望而不可即的感觉。

师：哪里看得出可望而不可即？

生26：就是芦苇"像一排排的士兵要挡住我的去路"，要挡住我去追那个女子。

师：你觉得这句写得好，好在哪里？

生26：这句用了修辞，比喻，"像士兵"，然后又运用了拟人，"要挡住我"，表现了我对那个女子的可望而不可即。

师：好，你觉得写的怎么样？

生26：写得还可以。

师：一个"还"字，就说明你觉得她还有写得不足的地方，不足在哪儿？

生26：因为她的物象就只有芦苇和露水这两个比较形象一些，没有刻画出大的画面感。

师：哦，就是物象还不够，画面感还不强，想象还不够丰富。好，请坐。我点评一下，你这里用了比喻就比刚才那篇要好，而且比喻用得很恰当，确实突出了芦苇挡住路了过不去这个特点，也烘托了人物的思想感情，这就很好。但是那位同学也点评得好，你这里可以再丰富一点。

【PPT示】

分享：

请关注叙述中物象的选择与表达

师：我们通过刚才的分享说明了两个问题，就是我们要写物象，怎么去选择呢？又怎么去表达呢？这儿有一篇别人写的文章，大家看下写得如何？

【PPT示】

发生在河边的故事

早晨，天空刚刚有一点熹微的白色。

深秋的晨露在瑟缩的冷风中凝成了严霜，白茫茫的一片，分外萧条。

河边，芦花飘荡，时而扬在秋风里，时而跌落水面上，激不

起丝丝涟漪,却无奈地染白了秋水。

河岸,有一男子,独立严霜,望着芦花掩映的河水,神情漠然,无一丝流动的气息,只是孤独地站着,好似在守候着什么。

对岸,芦花丛外,隐隐约约有一座房屋,浅浅的瓦,淡淡的墙,在纷飞的芦花映衬下,也有了些许不食人间烟火的味道。或许这座房屋里住着一个风姿绰约婷婷玉立同样不食人间烟火的女子,而她,或许不知此刻在芦花飞舞,银霜凝成一片惨淡的时节,对岸有一个愿倾其一生来守护她的痴心人。

他与她,一个在岸边,一个在水中央,可望而不可即呵,河水滔滔,激起的浪花如白色的眼泪滴落在沙滩……

芦苇依旧那么多,优雅地随风飘,舒展着纤细的腰肢。大片大片的白霜渐渐融成了浅露,雾气生起,他依旧是站在哪儿,没有别的神情,也无别的动作,眉宇之间,刻画着——坚定。

对岸的房屋,在一片朦胧中变得更加隐约,恍若是海市蜃楼一般,是真实的梦境。她在梦里,可是她是否知道呢?

他与她,一个在岸边,一个在水中坻,近了,但是仍然隔着一片水。秋天,芦花飘荡,模糊了彼此的视线。

太阳已然露出了脸,芦苇在阳光下享受着温暖的抚摸,雾气渐散,晨露微干,水面上还氤氲着一片朦胧,他仍旧是那样站着,透亮澄澈的眼睛依旧是注视着对岸,那芦花掩映下婷婷的身影,似是闪过一丝黯然。

而她,立于秋风中,乌黑的长发和芦花一样飘荡,望着河里宛如飞扬的雪海的芦花,那逐渐消散的水雾,却始终未看到那双眼睛和那些许遗憾。他和她,一个在岸上,一个在水中,相隔不远,却始终错过。

晚霞洒满河水。

他仍旧是站在那儿,对岸的影子却消失不见。

望着她离去的背影,他怅然……

他与她，始终隔着一片水啊！

师：（快读全文）大家觉得写得怎么样啊？

生齐：好。

师：好，因为文章抓到了原诗里面的很多物象，比如芦苇、河水、霜……而且渲染得更丰富。总之一句话，要通过这些突出可望而不可即。《诗经》如果没有这些物象的话，那故事肯定是无味的。我们总结一下：

【PPT示】

总结：

物象的选择：烘托人物性格，突出文章主题

物象的表达：修辞和移情（托物言志、情景交融）

叙述之象：发生在河边的故事

师：刚才用了一个标题，《发生在河边的故事》，这个故事如果不是发生在河边，你说它还有什么意思？就没意思了，所以河边很重要。你们现在高一学写记叙文，一定要记住，除了把故事说清楚、人物说清楚，一定要有环境的描写、物象的描写来烘托它。好了，我们今天就学到这里，下课。

【学后偶感】

物象传递的情思味道

——听黄明勇老师《叙述之象：造物无言却有情》课有感

我在听了黄明勇老师《叙述之象：造物无言却有情》课后受益匪浅，这是一节目标明确、气氛活跃、实效满满的课堂。

第一，黄明勇老师的教学目标十分明确。教学内容体现了语文学科的人文性；整个课堂的教学设计也根据我们的年龄特点和对新知识的认知规律来设计，可谓用心良苦。教学有利于提高我们现阶段记叙文写作能力，难易适度，全面而具体。

第二,"形散而神聚"。我们从对《山楂树之恋》的图片描述开始,观赏录像,讨论与探究物象的作用,品读鲁迅的文章,等等,教学手段紧密地围绕"物象"。

第三,黄明勇老师在处理材料和教法选择上,突出了重点,突破了难点,抓住了关键。课堂衔接过渡自然,每一个小结都特别棒。课堂安排详略得当,讲练结合,教学思路设计是多种多样的。

第四,"一支粉笔,一本书,一块黑板,一张嘴"的陈旧、单一的教学手段在黄老师的课堂上是见不到的,取而代之的是由语文组的八位老师亲自上阵排演、制作的电视散文《邻居》,更可贵的是,这个电视散文是根据黄明勇老师同名散文改编而成的。演员的认真投入、文本的细致刻画、场景的精挑细选……让我们在观看时,加深了直观感受,对环境描写的作用有了更进一步的理解。

第五,黄老师努力创设宽松、民主的课堂教学氛围,整个课堂是自由的,发言自由、思维自由、体验自由,这恰好是作文写作最宽松的环境,能自由且自然地表达自己的情感体验。

(学生 程文)

叙述之曲：文似看山不喜平

【可"玩"之点】

作文的表达形式是丰富多彩的，但作文教学中，关于表达形式的教学无法也不必面面俱到。采用"痛点"教学的方式，最能解决学生的问题。所谓"痛点"，即重点、难点以及学生的薄弱点。本课所讲的"叙述之曲"，针对性解决"文似看山不喜平"的问题，旨在教会学生写波澜起伏、曲折有致的叙述。

本课力求在以下几处有"玩"语文的体验：一是教学生活化。介入各种类型生活材料、文本材料，让学生从就近选取生活素材，真正走进生活，将课堂学习和生活体验相结合，而非枯燥地抄写背诵概念方法。二是作文教学不在于教师所教的技巧有多么高深，而在于如何创设情境让学生体验、领悟、习得、内化方法。因此，从这两个意义上说，化难为易、化深为浅、化抽象为具体、化枯燥为生动的教学需求，鞭策教师不断提升自我素养和职业技能。

【课堂实录】

师：同学们好！很久没上作文课了，我们先回忆一下，大家还记不记得我们前面讲了叙述的哪两方面呀？

生1：叙述之象。

师：还有呢？还有叙述之真。前面我们讲了高一写记叙文，首先要有真情实感；然后要有形象感，要学会去描绘一些东西。

叙述之曲：文似看山不喜平

今天我们讲叙述之曲。刚才我已经听到下面有同学说，是不是讲的什么波澜啊？是有点像波澜，但是和我们平时讲的波澜还有点不一样。我们先来看一下，请大家欣赏这幅画，这应该是我们在生活中经常看到的重峦叠嶂的一些山脉，你们说好不好看？

【PPT示】

请大家欣赏这幅画，你想到什么？

生齐：好看。

师：为什么好看呢？

生2：山不是平的，而且每一座山都有它各自的形态。

师：哦，这是不是人工故意去做的？

生2：不是，是大自然的。

师：好，是大自然的鬼斧神工，如果都是一样的那就不好看了。再来看一幅画，这个是什么？黄河。你觉得黄河好不好看？

【PPT示】

249

生3：好看。

师：为什么好看呢？

生3：因为它蜿蜒回旋，非常雄伟。

教师，好，请坐。那我们现在再来看一下这个游戏，这是第一句，同学们猜一下下句会是什么？

【PPT示】

游戏

这个婆娘不是人　　举座皆惊

九天仙女下凡尘　　喝彩

儿孙个个都是贼　　惊怒

偷得蟠桃献至亲　　拍手叫好

（生沉默）

师：猜不到哈，当我们看到这句话的时候我们觉得好像是骂人的，举座皆惊。那么当我们看到这句话的时候呢？九天仙女下凡尘，前面还是在骂她，后面感觉就是在表扬她了。儿孙个个都是贼，是不是又是在骂她？听到这里的时候又很生气了。偷得蟠桃献至亲，是不是又是在表扬她？同学们，我们这儿给大家举得这个例子其实不叫游戏，这是古时候那些说书的人经常玩的一种把戏。他们要去赚钱，要通过语言去获得观众的支持，那语言要干什么？就要波澜起伏，要有变化。包括我们的一些传统章回小说，你们看过哪些传统章回小说呢？

生4：《三国演义》。

师：哦，它会怎么说？——且听下回分解。实际上你是不是很想去看下回？这就是章回小说运用的一种方法，叫作设置悬念。因此，我们看大自然的山河，我们通常说的看山不喜平，就是喜欢有波澜起伏，平时说话的时候也要这样。那么它的作用是什么？就是这几个词——波澜起伏，跌宕生姿，让我们产生丰富的联想，这就是语言的妙处。那同学们就会思考一个问题：为什

250

么我们在叙述事情的时候要这样曲折有变呢？

【PPT示】

妙处：波澜起伏，跌宕生姿，联想丰富。

为什么叙述要曲折？

生5：因为如果不曲折的话，就会显得叙事很平淡，不能吸引读者的兴趣，激发读者的好奇心。

师：哦，你觉得就是要激发读者的好奇心。说的有道理。你呢？

生6：可以使读者感到出乎意料。

师：两位同学都是从艺术效果上来说的，有道理。但是我的思维方式可能和你们不一样，我觉得首先事物本身就是有复杂性的，比如我们前面看到的这些山和水，是不是都很复杂？我们写文章都要反映生活、反映自然，生活、自然中的事物本身就是复杂的，那你写的文章太平淡了，那不行啊。还有你们刚才都说到了，作为读者本身的心理就是好奇的。所以，作为高一的学生，你们就要思考，写作内在是有规律的，作为表情达意来讲，也是有凸显性的。从事物本身的角度，从读者的角度，从写作者的角度，都是具有复杂性的。因此我们的文章，就是要有曲折的点。

【PPT示】

事物本身的复杂性

阅读心理的好奇性

表情达意的凸显性

师：接下来有个问题就出来了，我们怎样才能实现叙述之曲呢？怎样写文章才能有变化呢？先来比较下面两篇文字，你觉得哪篇写得好？

【PPT示】

怎么才能实现叙述之曲呢？

比较下面两篇文字，你觉得哪个好？

1. 天说变脸就变脸，刚刚还晴空万里，霎时大雨倾盆。可是，我恰恰没有带伞。慌乱之中，我跑进了小区门口的一间水果店。想假装买水果，可一掏钱包，竟然忘记带了，好尴尬。一时间，我呆愣在原地，望着门外已经积成小水塘的路面，犹豫着迈出了脚步。"你拿把伞出去吧，伞就在门边。"那边的女人突然开了口。原来她早看出来我的窘迫。唉，可我并没能给她带来生意，她真的愿意借给陌生人一把伞吗？不过，听她那平淡的语气，我心里像是激起了层层涟漪，也感受到了一种平淡的温暖。于是，拿起伞，我匆匆道了谢，承诺明日来还伞，便从小店里撤出来，奔向那看起来也平淡了许多的雨幕里。而小店，还在雨中静默着，除了瓜果香气，还有橘黄色的暖意。

2. 天说变脸就变脸，刚刚还晴空万里，霎时大雨倾盆。可是，我恰恰没有带伞。慌乱之中，我跑进了小区门口的一间水果店。想假装买水果，可一掏钱包，竟然忘记带了，好尴尬。一时间，我呆愣在原地，望着门外已经积成小水塘的路面，犹豫着迈出了脚步。"你拿把伞出去吧，伞就在门边。"那边的女人突然开了口。原来她早就看出来我的窘迫。唉，可我并没能给她带来生意，她真的愿意借给陌生人一把伞吗？不过，听她那平淡的语气，我心里像是激起了层层涟漪，也感受到了一种平淡的温暖。于是，拿起伞，我匆匆道了谢，承诺明日来还伞，便从小店里撤出来，奔向那看起来也平淡了许多的雨幕里。而小店，还在雨中静默着，除了瓜果香气，还有橘黄色的暖意。
后来听说，这位中年女人年轻时在一家外企上班，有一份很好的工作。有一次，她与客户谈生意，回家时突然下起了大雨。当时，她没有带雨伞，而手里拿着刚刚签好的合同，于是，躲进一家商店避雨，当那家商店的主人问她买什么时，她却发现自己没有带钱。她央求店主让她避一会儿雨，店主却把她推出了门。合同弄湿了，她的工作也丢了。后来，她便在小区门口开了一个小店，过着平淡而又充实的日子。

教师：看完了我们讨论一下，你觉得这两篇文字，哪一篇写得好呢？

生齐：第二篇。

师：哦，第二篇，来，你说一下。

生7：我觉得第一篇就是第二篇的第一段嘛。

师：你觉得第二篇就是多了一段文字而已。

生7：第一篇没把女人为什么把伞借给我说清楚。

师：你的观点是第二篇文字写得好，原因在于它说出了她为什么借伞。还有没有不同的观点？

生8：我觉得第二篇添加的文字丰富了中年女人的形象。

师：那个中年女人是什么形象？

生8：她最开始被别人冷漠导致工作丢失，就自己开了一家店，不想这种事情再发生、再出现，当别人来躲雨的时候，没有像之前的店主那样去做，说明她是个非常热心的人。

师：好，你也觉得第二篇写得好，不仅仅是交代了原因，更重要的是丰富了形象。这个女人曾经受过挫，现很热心。这篇文字虽然写的是生活中的小事，但是你们想过没有，如果你们到一个陌生的店里去借一把伞，你借得来吗？这不是一件小事啊，实际上涉及我们这个社会人与人之间的关系。第二篇为什么写得好？就是它多了一段插叙，插叙了店主人为什么要借伞给我。怎么让我们的文章写得波澜曲折？第一个方法就出来了，就是运用插叙。这里涉及一个知识，就是叙述的顺序，按照时间的先后顺序，叙述可分为顺叙、倒叙、插叙、补叙。那你们平时用的最多的是什么顺序？

生齐：顺叙。

【PPT示】

- 方法一：插叙来历，交代缘由

师：刚才的文章只是多了插叙，是不是文章一下就生动起来了？而且文章的内容也就丰富起来了。当然同学们今后还可以用很多手法，比如倒叙，这里就不多说了。来，补空白。

【PPT示】

请填补空白段，并说理由。

- 一列火车缓慢地驶出柏林，车厢里尽是妇女和孩子，几乎

看不到一个健壮的男子。

· 在一节车厢里，坐着一位头发灰白的战时后备役老兵，坐在他身旁的是个身体虚弱而多病的老妇人。显然她在独自沉思，旅客们听到她在数着："一，二，三……"声音盖过了车轮的"咔嚓咔嚓"声。停顿了一会儿，她又不时重复数起来。两个小姑娘看到这种奇特的举动，指手画脚，不假思索地笑起来。一个老头狠狠扫了她们一眼，随即车厢里平静了。

生9：这篇文章我看过，叫《在柏林》，讲的是一个退役老兵对旅客说，他的几个儿子都在战场上死去了，他在上战场前要把这个老妇人——他的妻子，送去疯人院。

师：好，请坐。你是什么时候读的？

生齐：小学。

师：哦，为什么多了这段文字就好了呢？你来说一说。

【PPT示】

· "一，二，三……"神志不清的老妇人重复数着。两个小姑娘再次偷笑起来。这时，那位灰白头发的后备役老兵挺了挺身板，开口了。

· "小姐，"他说，"当我告诉你们这位可怜夫人就是我的妻子时，你们大概不会再笑了。我们刚刚失去了三个儿子，他们是在战争中死去的。现在轮到我自己上前线了。在我走之前，我总得把他们的母亲送进疯人院啊。"

· 车厢里一片寂静，静得可怕。

生10：因为这段文字使文章有了曲折。这里解释老妇人是他的妻子，点出了他们刚刚失去三个儿子的悲剧，现在又轮到他自己上前线了，就更加剧了悲剧的氛围，读起来比较震撼。

师：好，请坐。其实这就是一种悬念。我还想问你们，从前面哪儿可以看出来这个女的和他是有关系的？

生11：前面说过"一个老头狠狠扫了她们一眼"。

师：就是这里，实际上是为后文埋下了伏笔。这里我就教给同学们一种新的方法，就是我们要用伏笔和照应，要留悬念。在叙述故事的时候，不要慌着把结果说出来，让别人去猜，有悬念。同学们在写作的时候一定要用这些方法。

【PPT 示】

方法二：巧设悬念，伏照相映

师：这是我写的一篇文章，《野望》。有没有同学想来读读？

【PPT 示】

野望

黄明勇

霓虹闪烁着欲望，高楼林立着债务，汽车喘息着疲惫；雾霾蔽天，连阳光都被丝丝折断。我要逃离，从城市逃向旷野。

驱车一口气逃到远离成都的雅安名山。穿过名山县城，又加足马力，奔向旷远的荒野。不一定是名胜，只要没有人车就好。

又往深山跑了一个多小时车程，路上再也不见车辆。我和爱人便兴奋地下车。好像怕被城市的喧嚣追上似的，又急着步行，狂走几里之后，才停住脚步。放眼一望，夕阳涂抹山峦，余晖斜挂树梢，澄澈的天空与落日辉映，像少女羞涩的红晕。那不知名的鸟儿越过天际，又倏地躲进远山，像情郎欲言又止的表白。纯净的山风，也似乎被夕阳染红，传递沟壑的天籁，撩得我们一脸灿烂，不知不觉我和爱人已十指相扣。

到荒无人烟的地方去，远离尘嚣，这是我们的夙愿。

我们乘兴一路向前，不觉已进入深山老林，空气清新可口，泉水叮咚迷藏，稀疏的阳光从树叶的密缝滴下来，又滚落在蕨根上。抬头一望，树冠搭棚，千年寄生，枯藤缠绕，手指挥处，茂密的草丛似乎在晃动，噗的一声，一只野鸡蹿飞，扬起我们一阵惊喜。好空旷，好爽朗，好自由。我突然放肆地大声喊叫，"哦呵——"，又听见"哦呵——"，回声响起，断断续续，渐被山野

255

的空寂淹没。

再往前走,陡见廊宇翘起,走进一看,一石碑耸立。原来是一个亭子,抹去灰尘定睛细看,知为当年牺牲的红军而立。国共两军曾在此恶战,双方对峙不过十米,想象当年炮声隆隆,硝烟弥漫,尸横遍野。此刻已是山雾袭来,白茫茫,如千军困山。天色已暗,间或树荫移动,如鬼影憧憧,突然一声异响,惊得爱人尖叫,原来一只山鼠从我们脚边溜过。赶紧回撤!连我也心虚了。可是完全不见崎岖的来路,我们只好借着微弱的手机电筒,彼此搀扶,或高或低,踉跄而行。正急着下山,天又飘起雨点。真是山里气候多变,刚才还是晴空万里,而今却是细雨霏霏,小路泥泞,凉风嗖嗖。早没有刚才的诗情画意,只想着安全地走进一户人家,可在这荒野之地,除了悲凉而惊悚的山野怪叫,哪有什么人家呀。忽然,真摸索着拐进了一间院子,但不见半点灯火,走进院坝,杂草乱生,门楣脱落,依稀可见狼藉的桌椅破碎的瓦片。大概是废弃已久的"农家乐",或是整体搬迁的山民,或是遭遇不测的农户。想着想着,更感荒凉、凄冷而惊惧。

赶快回走。

可是走了很久都没走出荒野,走上回家的大路。

终于看到亮光了。对,那是我们的车,我们的车就在那里,居然车灯还开着。先前,急着下车走进野山,连灯都忘关了。

开着车急急地往回赶。终于,看到山下一片灯火,是的,那就是我们刚才经过的名山县城。

黑暗吞没了旷野。在旷野的黑暗中,几条街灯却自信地闪烁着,明亮着,温暖着。还听得见夜宵的划拳声,小贩的吆喝声,汽车的鸣笛声。

那不是我居家的城市,但我可以在那个热闹的县城找到今晚安稳的睡床了。我们不再害怕。

回望旷野,城市的灯火从没如此让我感到安全踏实。

（生举手，朗读）

师：读完了，你觉得怎么样？

生12：我觉得先前那个是很迫切希望离开城市，然后又是迫切想离开那些宁静的想让人安稳的地方。我感觉心情起伏很大。

师：是什么样的起伏呢？

生12：就从自己迫切地离开到迫切地想回去。很纠结。

师：纠结什么？

生12：纠结自己到底是去还是不去。

师：我大概明白了，第一段说想逃离城市，觉得城市雾霾很重，想到山野去。到了山野之后，开始觉得很舒服，空气清新。但是情况又发生了变化，走到深山老林之后，天色暗了，雾来了，走着走着就看不到路了，还下起雨来。换句话说，这一段就是写很害怕，因为没有人了，看不见路了。这时候就不想在山里面待了，想到城里面去。最后的主题是，我觉得城市里挺好的，城市的灯火会让我感到安全踏实。你们觉得，这篇文章用了什么技巧？

生13：跌宕起伏。

师：好，请坐。实际上我主要想问开头那段有什么作用？

生14：我觉得应该是欲扬先抑吧。

师：怎么个欲扬先抑呢？

生14：就是我要说城市灯火的安全感，我就先说城市的灯火非常喧嚣。

师：他说得对不对？说得非常好，请坐。确实是欲扬先抑，开头说城市不好，最后说城市好。而且是层层铺垫，写山里面这段，写那种害怕。为什么写害怕？是为了反衬出后面城里面的安全。这就是一种叙述的技巧。

【PPT 示】

请问：开头一段有什么作用？

方法三：层层铺垫，欲扬先抑。

师：我们现在来看一段视频，《老人与海》。看过没有呢？

生齐：看过。

【多媒体播放】

《老人与海》视频片段（老人在大海上与鲨鱼的搏斗）

师：我们截取的这个电影片段是最精彩的，老人与鲨鱼的搏斗。你们觉得它为什么这么精彩？

生15：我觉得在于它的叙述。它的叙述很有波澜，开始的时候那么多鲨鱼来了还是非常吓人的，但是他拿着一把小刀就把他们赶走了，这让人感到很惊奇。不过小刀最后还是被弄断了，就让读者觉得如果鲨鱼再来一次他就没办法了。尽管后面鲨鱼还是来了，但他还是一直在尽力保护他钓起来的那条大鱼，这是很让人震惊的。

师：请坐。假如说让你们来讲这个故事，你们会怎么讲？其实故事就是讲一个老人和鲨鱼搏斗的事情。其他的我就先不说，今天主要是说叙述的变化。你们刚才注意没有，他和鲨鱼搏斗，使用的工具有没有变化？

生齐：有。

师：开始是很长的矛，而且有刀，不过后来没了，就只有桨。肯定是原来的工具好用。那么鲨鱼有没有变化呢？

生16：有，开始是一只一只上去咬，后来是一群一群。

师：说得太好了。其实这部小说一共写了五次搏斗，每次搏斗的鲨鱼是不一样的，老人使用的工具也有变化。结局是什么样的？是老人把鲨鱼赶跑了，可是老人自己呢？到最后整个都喘不过气来。

教师：因此，这样一个叙述，可以说真的是波澜起伏，真的

是激烈。那么小说实际上用了什么写作手法？

生齐：对比。

师：将什么对比？将鲨鱼和老人对比。鲨鱼是他的对手，越来越强大，而老人是越来越脆弱。但是，这个对比的结果是什么呢？是老人打败了鲨鱼。这样小说就更能够来表现老人身上的硬汉精神。其实小说是有象征意义的，鲨鱼可以说是我们人生当中的困难、挫折，而我们在面对这样的厄运的时候，要有永不屈服的精神。

【PPT示】

老人：
年老体衰　精疲力竭
头晕眼花　右手受伤
左手抽筋　没有事物
缺乏武器　孤立无援

鲨鱼：
接二连三
成群结队
凶残强悍

对比——力量悬殊的对抗

力量的悬殊、老人的精神

勇敢、坚强、顽强、坚毅、不放弃、不屈服

无畏地面对厄运、决不屈服的硬汉形象

人与厄运的对抗

方法四：矛盾对比，突出强调

师：其实这些都是叙述的技巧，这个技巧就是：矛盾对比，突出强调。那么，大家猜一下，这个结尾是什么？

【PPT示】

猜猜结尾是什么

新学期伊始，我们高年级学生去车站迎接新同学。我见一似乎善解人意的小女生站在一个大箱子旁不知所措，便主动上前帮她提起箱子。不料箱子似乎重逾千斤，我又不好意思放下箱子，只好勉强支撑。

259

才走了几步，那女生便对我说："背不动就滚吧！"

生17：我觉得她应该说的是把那个箱子拿来滚。

师：你太聪明了，其实真的是这样。不是叫我滚，是叫箱子滚。

【PPT示】

我一听此言，顿时怒从心起，放下箱子，怒视着她。那女生愣了几秒钟，才满脸通红地指着箱子的底部对我说："我指的是轮子。"

师：其实这也是一个小技巧：出乎意料的结尾，但是又在情理之中。你写一段文字，特别是写小说，结尾是很重要的。这其实又叫"欧·亨利式结尾"。你知道欧·亨利写了什么小说吗？

【PPT示】

方法五：出乎预料，情理之中

生18：《警察和赞美诗》。

师：那你能不能说一下其中的故事？

生18：刚开始那个主人公因为冬天来了，想进监狱躲暖。那个监狱在岛上，非常温暖，还有吃的东西。第一次他就去调戏一个女的，结果那个女的主动迎合；第二次他去抢一个人的伞，结果那人把伞给他了；第三次他去餐馆里白吃东西，被人赶出来了；最后他去了教堂，在教堂外面听到了一首赞美诗，突然就醒悟决定重新做人，结果这个时候警察来了就把他抓了。

师：请坐。意思讲得非常完整，可以再生动描绘下，我补充一下细节。就是有个流浪汉，冬天来了，很冷啊，这个冬天怎么过呢？他想了想，只有一个办法，坐监去，因为监狱里面可以避风，还有吃的。怎么才能坐监呢？那就要去犯法犯罪。怎么犯法呢？你刚才说了几点。总之一句话，他想了很多办法想去坐监，但是都失败了。最后他在教堂边上听到教堂的钟声，突然觉得自己这样不对了，应该重新做人，做个好人。文章里面还用了一个

词，叫"醍醐灌顶"。可是正在这个时候，突然一只大手搭在他的肩膀上，转身一看，原来是个警察。警察说，走，跟我走一趟。结果他被抓到监狱里面去了。就是这样一个结尾，我们把它称作"欧亨利式结尾"，今年高考就考了"欧亨利式结尾"的作用哈。所以同学们，你想一想，这样一个结尾的妙处在哪里呢？

生19：结尾出乎意料，带给读者更多的惊喜，突出主题。

师：是不是还表达了对社会的批判？一个人想当好人结果反而把他当作坏人，说明这个社会是黑暗的，可以这样说吗？（生点头）好，请坐。它有讽刺作用。这里我们就可以总结一下，我们前面讲叙述波澜起伏很好，讲了几种方法，是哪几种方法？

生20：第一个是插叙来历，交代缘由；第二个是巧设悬念，伏照相映；第三个是层层铺垫，欲扬先抑；第四个是矛盾对比，突出强调；第五个就是出乎预料，情理之中。

师：对，当然方法很多，我们时间有限就只能讲这几种。你觉得我们学这些方法的最终的目的是什么？

生20：造成情节波澜起伏的感觉。

师：对，造成这种艺术效果。但是最终肯定不是为了波澜起伏而波澜起伏，而是为了……

生20：突出强调。

师：突出强调什么？

生20：主旨。

师：说得太好了，最终是为了突出强调主题或者主旨，为了更好地表情达意。之前布置了作业，我们分享一下，口头表达。假如你来续写一个莫泊桑《项链》的结尾，你会怎么写？虽然他原来的结尾已经很出乎意料了，但其实还留下了很多悬念。

【PPT示】

作业分享

"我从前还给你的是另外一串完全相同的。到现在，我们花了十年时间才付清它的代价。像我们什么也没有的人,你明白这件事是不容易的……现在算是还清了账,我是结结实实满意的了。"

伏来士洁太太停住了脚步:"你可是说从前买了一串金刚钻项链来赔偿我的那一串?"

"对呀,你从前简直没有看出来,是吗?那两串东西原是完全相同的。"

说完,她用一阵自负而又天真的快乐神奇微笑了。

伏来士洁太太很受感动了,抓住了她两只手:"唉。可怜的玛蒂尔德,不过我那一串本是假的,顶多值得五百金法郎!……"(节选自《项链》)

生 21:可能伏来士洁太太听了这件事后,就把真的项链退还给了她,然后玛蒂尔德后来就过得很好了。

师:为什么要退给她呢?

生 21:因为她那串是真的呀。

师:那你觉得前面有伏笔交代吗?伏来士洁会退给她吗?

生 21:不知道。

师:好,请坐。你续写的结尾是?

生 22:玛蒂尔德知道真相后,内心非常崩溃。

师:为什么崩溃呢?

生 22:因为她花了十年工夫才付清它的代价。

师:如果你是玛蒂尔德,你听到这个消息会是什么反应?

生 22:我会觉得自己很气吧。

师:哦,同学们你们发现没有,刚才你们加了那么多,好像都觉得没有原来那个好,是不是这样的?原来的留下了无限的想象。当然,我们通过刚才的续写也可以看出,续写一定要和前面的伏笔有所照应,要符合人物的性格特征,而且还要跟主题结合起来。所以本身这个结尾是最好的,既出乎意料,戛然而止,又

让人有丰富的联想。好，我们今天就学到这里，下课。

【学后偶感】

叙述方法的"教"与"学"
——听黄明勇老师《叙述之曲：文似看山不喜平》课有感

黄明勇老师的《叙述之曲：文似看山不喜平》这一节课给我留下最深刻印象的，不是所学叙述方法有多么高深，而是我们体验、领悟、习得这些叙述方法的过程本身。黄老师的课堂，重点不在于"如何教"，而在于"如何学"。

首先，黄老师在讲课过程中并没有无凭无据地空讲方法，而是给了我们许多图片材料、记叙文材料、小说材料甚至黄老师自己写的下水作文《野望》，这样让我觉得学习写作和叙述方法并不是枯燥地抄写背诵概念，而可以是生动有趣、轻松愉快、充满欢乐的。

其次，黄老师的课堂，并不是老师一个人唱"独角戏"，而是在我们学生与老师的思维碰撞和语言交流中不断推进的。我们不是被动地听老师讲，而是在阅读材料的过程中随着老师的引导和提问不断深入思考，比起被动地"听"，更多的是在主动地"学"。

比如，在讲插叙的时候，黄老师给了我们两段文字材料，让我们去阅读，去体会，哪一段材料更好，为什么更好；然后黄老师才从我们的回答出发去推出插叙这一叙述手法的作用。这样我就能够真正理解插叙的作用，这样没有"设计感"的课堂和"灌输式"的课堂，让我听起来很轻松，完全没有害怕被提问的压迫感，当然，这样获得的写作技巧，也更能够在以后的写作过程中大胆使用了。

又比如，在讲到"出乎意料，情理之中"这一方法时，黄老师先给我们看了一个很生活化的例子——"背不动就滚"。例子很有趣味,但又并不止于此,黄老师随后通过欧·亨利的小说来引导我们去感受这种方法的妙处,既浅显易懂,又有所提升。

而以上这些,都是由我们与老师交流而逐步推进的,在这一过程当中,我感觉自己不是被"牵着鼻子走的牛",而是主动思考主动学习的个体,这一切都让我感受到了思维与学习的乐趣,我喜欢这种内容充实又轻松愉快,充满幽默感和思考力的课堂。

(学生　唐艺真)

叙述之意：形意的距离在醉酒之间

【可"玩"之点】

本课是"记叙文写作"系列的最后一课，设计时颇动了一番脑筋，因为想要不落窠臼地解决"记叙文如何立意深刻"的问题。最终，在几篇古文的诵读中，突发灵感，以"形意的距离"来谈作文立意的技巧。

"形"即文中所叙的人和事，"意"即文章的思想情感。根据三篇古文赠予的灵感，本课大致有三处可"玩"：其一，借助生活释义。借助对《醉翁亭记》的赏析对作文形与意之间的距离作了阐述，借助哲学上"形而上""形而下"的概念，帮助学生理解"形"与"意"的内涵，并辅之以《我的老师》《背影》《老王》三篇已学课文，让学生体会抒情议论的作用。其二，让学写作文的过程更具操作性和成就感。以《游褒禅山记》为例，让学生明白"形"与"意"的关系，再以《荔枝蜜》《阳关雪》《都江堰》和王开岭经典文句为例，教授寓意于形的三种笔法（杨朔笔法、秋雨笔法、开岭笔法）。其三，描写生活，尝试方法。我原创了一个作文题，并给出了下水作文为例，启发学生在游记中怎么把"形"与"意"和谐地统一起来，希望能对学生有所触动。

【课堂实录】

师：上课。今天这堂课很特别，这是我们本学期最后一堂课，期望同学们能够善始善终，把这门课学好，期末获得好成

绩。今天是我们这学期作文的最后一个部分，记叙文怎么来立意才深刻？所以我们今天讲叙述之意。这里给了个标题：形意的距离在醉酒之间。

师：为什么这样说呢？我们经常说自己的文章立意不深刻，写的都是具体的东西，怎样立意才深刻呢？"形"就是说我们叙述的一些具体的人和事，"意"就是我们要表达的思想感情。形意之间的距离有多远呢？我想起了你们初中时候学过的一篇课文。大家熟悉吧？好，来齐读一下这篇文章。

【PPT示】

环滁皆山也。其西南诸峰，林壑尤美，望之蔚然而深秀者，琅琊也。山行六七里，渐闻水声潺潺而泻出于两峰之间者，酿泉也。峰回路转，有亭翼然临于泉上者，醉翁亭也。作亭者谁？山之僧智仙也。名之者谁？太守自谓也。太守与客来饮于此，饮少辄醉，而年又最高，故自号曰醉翁也。醉翁之意不在酒，<u>在乎山水之间也。山水之乐，得之心而寓之酒也。</u>

生齐：环滁皆山也。其西南诸峰，林壑尤美，望之蔚然而深秀者，琅琊也……寓之酒也。

师：这篇文章写的一件事情就是他在山水之间高高兴兴地喝酒，主题是不是在写喝酒？不是。最后还有一句话，是什么话啊？

生齐：在乎山水之间也。

师：对，在乎山水之间也。山水之乐，得之心而寓之酒也。这个才是他真正要表达的。什么意思？要表达他的山水之乐，所以我们说"醉翁之意不在酒，在乎山水之间也"。如果你写文章，就只是写点喝酒的事情，那这就没有趣了，所以说我们在表达文章的思想感情的时候，在它叙述的事情或者叙述的形和意之间，是有一点小小的距离的。那么形意的距离究竟有多远？在微醺之间。所谓"形"，就是这篇文章写的人、事、物；所谓"意"，就

叙述之意：形意的距离在醉酒之间

是这篇文章表达的情、志、理。

【PPT示】

形和意的距离：

在醉酒之间

形（人、事、物）

意（情、志、理）

形而上与形而下

师：那么，形而上与形而下这个哲学概念，大家以前听说过没有？（生摇头）没有哦？我们认为，前面的"形"可以说是具体的形而下的东西，"形而下"就是指具体的事情。"形而上"是什么呢？就是一些抽象的东西。比如说情、志、理，是不是就是抽象的东西？写记叙文，你既要写一些具体的东西，还要写一些抽象的东西。那我们接着来欣赏这篇课文。学过没有，《我的老师》？这是初中的一篇经典课文。

【PPT示】

记得在一个夏季的夜里，席子铺在当屋，旁边燃着蚊香，我睡熟了。不知道睡了多久，也不知道是夜里的什么时辰，我忽然爬起来，迷迷糊糊地往外就走。母亲喊住了："你要去干什么？""找蔡老师……"我模模糊糊地回答。"不是放暑假了吗？"哦，我才醒了。看看那块席子，我已经走出六七尺远。母亲把我拉回来，劝说了一会，我才睡熟了。我是多么想念我的蔡老师呵！至今回想起来，我还觉得这是我记忆中的珍宝之一。一个孩子的纯真的心，就是那些在热恋中的人们也难比呵！……什么时候，我再见一见我的蔡老师呢？

——《我的老师》

生1：学过。

师：来，你起来读一遍。你觉得这篇文章哪些地方是抒情议论的？

267

生1：从"我是多么想念我的蔡老师"开始，一直到结尾。

师：这个地方是抒情，他抒的是什么情呢？

生1：我对蔡老师的怀念。

师：对蔡老师的怀念之情。我不知道你读了这篇文章之后有没有共鸣？生活中有没有这样一位老师让你做梦都想去见他，有吗？

生1：没有梦到过。

师：好，但是生活中、人生中可能确实有让你想念的老师，对吧？（生点头）也就是说，你读了这篇文章以后，不但知道了这篇文章表达的就是对蔡老师的深深的怀念，同时也引起了人们的共鸣，你们觉得对不对？（生齐点头）好，说实话，我在读这篇文章的时候就突然想到我的小学老师，他是我们的住校老师，还会帮我们盖被盖、做饭啊，甚至还帮我们洗脚啊，我们对老师的感情很深。好，我们再来看一下下面这则材料。来，你来读一读。

【PPT示】

我看见他戴着黑布小帽，穿着黑布大马褂，深青布棉袍，蹒跚地走到铁道边，慢慢探身下去，尚不大难。可是他穿过铁道，要爬上那边月台，就不容易了。他用两手攀着上面，两脚再向上缩；他肥胖的身子向左微倾，显出努力的样子。这时我看见他的背影，我的泪很快地流下来了。我赶紧拭干了泪。怕他看见，也怕别人看见。我再向外看时，他已抱了朱红的橘子往回走了。过铁道时，他先将橘子散放在地上，自己慢慢爬下，再抱起橘子走。到这边时，我赶紧去搀他。

——《背影》

生2：（朗读）我看见他……赶紧去搀他。

师：嗯，哪些地方是抒情议论的？

生2：没有抒情的。

叙述之意：形意的距离在醉酒之间

师：哦，没有很明显的。但是，这些话看得出他的感情吗？（生点头）哪些话？

生2：我赶紧拭干了泪。怕他看见，也怕别人看见。

师：对，我的泪很快地流下来了。我赶紧拭干了泪。"流泪"这样一个动作的描写，可以看出我对父亲的一种什么样的感情？

生2：老师当时讲过，我忘了。

师：好。关于背影，我和父亲的情感是很复杂的。至少，我们这里读到他有愧疚之情。因为之前呢，我和父亲之间是有矛盾的，他说什么话我都和他反起来。特别是最后，父亲去给我买橘子，我突然一下就感觉愧疚了。请坐。大家看这则呢？你来读一下。

【PPT示】

我回家看着还没动用的那瓶香油和没吃完的鸡蛋，一再追忆老王和我对答的话，捉摸他是否知道我领受他的谢意。我想他是知道的。但不知为什么，每想起老王，总觉得心上不安。因为吃了他的香油和鸡蛋？因为他来表示感谢，我却拿钱去侮辱他？都不是。几年过去了，我渐渐明白：那是一个幸运的人对一个不幸者的愧怍。

——《老王》

生3：（朗读）我回家看着……那是一个幸运的人对一个不幸者的愧怍。

师：你觉得哪些地方是抒情议论？

生3：最后一句话：那是一个幸运的人对一个不幸者的愧怍。

师：对，这个就很明显了。这个抒情议论要表达怎样的思想感情？

生3：表达老王是真心真意地来对待她，而她却用钱去叫老王走这样的一种内疚。

师：哎，这是老师讲过的哈。这个地方有点不好理解，别人给了我鸡蛋我给了钱，从现在来讲应该是个公平的交易了，结果我反而觉得自己做得不对。你刚才说了一个重要的点，老王给我送鸡蛋，他想过没有要让我给钱呢？没想过，他是真心地对我好。可是我呢却给他钱，在我现在看来是对他的侮辱了，现在想起来很愧疚。好，请坐。我选的这几篇课文片段，都是我们初中应该学过的，主要是让我们体会这样一个作用：抒情议论在记叙文当中的作用。什么作用？我们可以这样概括：

【PPT示】

作用：

1. 有利于渲染气氛，增强文章的感染力。
2. 有利于升华情感，引起读者感情共鸣。
3. 有利于揭示本质，深化凸现文章主题。

师：是不是渲染气氛？你看，前面几篇文章，特别是《我的老师》那篇的情感是非常浓烈的。有利于升华感情，我们刚才不是说了吗，我们读了之后都感动了，特别是《背影》。还有揭示本质，凸显文章的主题，我们刚刚选了《老王》这篇文章，这是很深的一个东西，不好理解，但是通过这样一句抒情议论，文章主题一下就凸显了。那么通过这样的学习，大家就明白一个道理，记叙文的写作一定要有抒情议论揭示文章的主旨，可不可以这样讲？抒情议论可以放在很多地方，可以在开头，也可以在结尾，也可以在语段的中间，或者说是边叙述边议论。初中的时候不知道老师这样讲过没有？反正高中的时候我们写记叙文一定要有抒情议论的哦！好，那我们继续来探讨形与意的关系。

【PPT示】

形和意的关系

师：究竟如何将叙述和抒情议论结合起来？我这儿给大家提供一篇经典的课文。学过没有？这是一篇文言文，预习作业里发

叙述之意：形意的距离在醉酒之间

了这篇文章，你们读了吗？哪位同学来读一遍？

【PPT示】

游褒禅山记

王安石

褒禅山亦谓之华山。唐浮图慧褒始舍于其址，而卒葬之；以故其后名之曰"褒禅"。今所谓慧空禅院者，褒之庐冢也。距其院东五里，所谓华阳洞者，以其乃华山之阳名之也。距洞百馀步，有碑仆道，其文漫灭，独其为文犹可识曰"花山"。今言"华"如"华实"之"华"者，盖音谬也。

生4：（朗读）褒禅山亦谓之华山……华（huà）山之阳……盖音谬也。

师：这里不读华（huà）山哈，陕西那个才读华（huà）山，这里读华（huá）山。很多地方读错了，应该是：褒禅山亦谓之华（huá）山。……独其为文犹可识曰"花（huā）山"。今言"华"（huā）如"华实"之"华"者，盖音谬也。这是讲褒禅山是怎么来的。怎么来的啊？当时有一个僧人慧褒在这里修房子，死了就葬在这里，所以后来就叫作"褒禅"。今天所谓的慧空禅院就是慧褒的庐冢，就是坟墓。距其院东五里，是华阳洞，是在华山的阳面，就是南面。距离洞百来步有个碑倒在地上，它的文字都已经漫灭了，但是上面还是有些文字可以辨识到，写了什么字呢？叫"花山"。所以现在所说的那个"华"，大概是读音读错了。可能这个地方以前不叫"华山"，叫"花山"。这一段讲褒禅山的来历。好，请坐。来，我们继续来看。

【PPT示】

其下平旷，有泉侧出，而记游者甚众，——所谓前洞也。由山以上五六里，有穴窈然，入之甚寒，问其深，则其好游者不能穷也，——谓之后洞。余与四人拥火以入，入之愈深，其进愈难，而其见愈奇。有怠而欲出者，曰："不出，火且尽"；遂与之

271

俱出。盖余所至，比好游者尚不能十一，然视其左右，来而记之者已少。盖其又深，则其至又加少矣。方是时，余之力尚足以入，火尚足以明也。既其出，则或咎其欲出者，而余亦悔其随之，而不得极夫游之乐也。

生5：（朗读）其下平旷……而不得极夫游之乐也。

师：请坐，读得还不错哈！这里说它的下面很平，有水就流出来，到那里去游览的人很多，这就是所谓的前洞。从这个山往上走五六里有个洞穴很深，进去之后很寒冷，问它有多深呢？即使那些很喜欢游览的人也不能穷尽，这就是后洞。我和四个人拿着火把进去，进去得越深就越难，看到的景色就越奇特。有懒惰的人就想出来了，就说："再不出去，火就要灭了。"于是就和他们一起出来。大概我所到的地方，比起那些喜欢游览的人还不足他们的十分之一，可是看一下左右，来记游的人已经很少了。大概到更深那儿的人就更少了。这个时候，我的力量还足够往前走，火把还足够用来照明。出来了，就有人责备那些想出来的人，而我也很后悔自己跟随那些想出来的人一起出来，没有能够穷尽游览的快乐。好，又来，你来试一下。

【PPT示】

於是余有叹焉：古人之观於天地、山川、草木、虫鱼、鸟兽，往往有得，以其求思之深，而无不在也。夫夷以近，则游者众；险以远，则至者少。而世之奇伟、瑰怪，非常之观，常在於险远，而人之所罕至焉，故非有志者不能至也。有志矣，不随以止也，然力不足者亦不能至也。有志与力，而又不随以怠，至於幽暗昏惑而无物以相之，亦不能至也。然力足以至焉而不至，於人为可讥，而在己为有悔；尽吾志也，而不能至者，可以无悔矣，其孰能讥之乎？此余之所得也！

余於仆碑，又以悲夫古书之不存，后世之谬其传而莫能名者，何可胜道也哉！此所以学者不可以不深思而慎取之也。

生6：（朗读）於是余有叹焉……此所以学者不可以不深思而慎取之也。

师：好，请坐。于是我就感叹啊，古代人去观察那些天地、山川、草木、虫鱼、鸟兽，往往有收获，因为他们思考得很深，没有思考不到。那些又平坦又很近的地方，游览的人就很多；那些险要的远的地方，游览的人就很少。可是世上那些神奇伟岸的、瑰丽奇怪的、不一般的景观，常常在那些险远的地方，而人们却很少到达，所以没有志向的人是不能到的。有了志向，不跟随别人一起停止，然而力量不足够的人也是不能到的。有了志向与力量，又不跟随别人懈怠，到了那些幽暗昏惑的地方没有什么事物来帮助，也是不能到的。可是力量足够到达那个地方又不能到，对于别人就觉得是很可笑的事情，对于自己又觉得很后悔；竭尽了自己的志向又不能到的就可以不后悔了，那么谁还能讥笑你呢？这就是我的收获。我观察那块仆碑，又悲叹古书没有保存下来，后来的人就错误地传言没人能把它说清楚，像这样的情况太多太多了，谁能说得完呢！这就是做学问的人不能不深深地思考而谨慎地获取的原因。翻译完了，你们觉得他的收获究竟是什么？

生7：做学问的时候应该经过不停地思考然后去谨慎地得出结论。

师：他感叹了那么多，其实就是讲了志、力、物三个东西，这是他的议论。

【PPT示】

第三段：游华山洞的心得。——议论

非常之观　常在险远 { 有志 / 有力 / 有物 }

思考：三者的内在联系？

273

师：一个人要想成功做成一件事情，是不是一定要具备三个条件？志、力、物。这里，物就是火把，力就是力气。那么这三者，又有什么内在联系呢？

【PPT示】

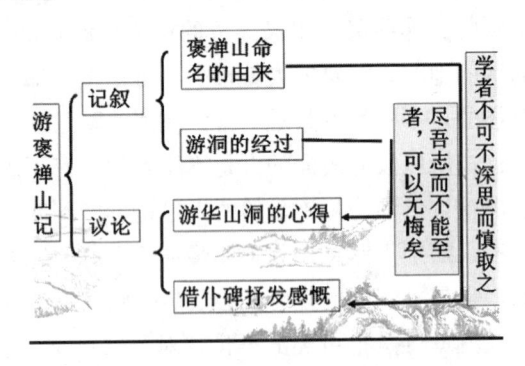

```
                ┌─ 褒禅山命名的由来 ──┐
        ┌ 记叙 ┤                    │   学
        │     └─ 游洞的经过 ────────┤   者
游褒      │                          │   不
禅山  ────┤                          ├── 可  尽吾志而不能至
记        │                          │   不  者，可以无悔矣
        │     ┌─ 游华山洞的心得 ────┤   深
        └ 议论┤                    │   思
              └─ 借仆碑抒发感慨 ────┘   而
                                        慎
                                        取
                                        之
```

师：看一看，这就是前面记叙的事情，记叙他在褒禅山的由来，以及游洞的经过，议论他的心得。最终的心得就是这个：一定要尽志。虽然三者都很重要，但是最重要的是志向。还有一个，结合褒禅山命名的由来，得出"学者不可以不深思而慎取之"。这篇文章叙述的事情就是一次游历，不过也通过抒情议论表达了思想感情。我通过这篇文章就是想要让同学们明白：叙事和抒情议论，就是形和意之间是有内在的情理逻辑的。这个情理逻辑是靠一个什么样的思维关系获得的呢？又是怎么想到的呢？我们也经常出去旅游，可不可以学一下他呢？

生8：他是通过他去游洞的心得，有感而发。

师：好，你可能没到褒禅山去过，但是你可能走过很多地方，是不是每次回来，你都有这样的心得？

生8：不是。

师：好，就像现在很多人出去玩都只忙着拍照，没感觉。请坐。你有什么收获？

生9：王安石当时是处于一个什么背景？

师：为什么你一定要先了解一下他的背景？

生9：因为可能和他的经历有关。

师：他是一个改革家。

生9：对，但是后面又没有改革成功。那就是说，我是有志向改革的，虽然没有成功，但也不后悔了。

师：有道理，联系到作者的经历，他的生活。很好，请坐。

【PPT示】

形和意的关系：

类比和移情

师：这就是一种类比关系，将这次叙述的游历和自己的生活结合起来，然后把自己的一些思想感情赋予到这个事物上去。就像你刚才讲的，说不定就是和他的改革有关。接下来，我再给大家介绍几种笔法，我们先来看这段文字。

【PPT示】

我想起一个问题，就问："可是呢，一只蜜蜂能活多久？"

老梁回答说："蜂王可以活三年，一只工蜂最多能活六个月。"

我说："原来寿命这样短。你不是总得往蜂房外边打扫死蜜蜂么？"

老梁摇一摇头说："从来不用。蜜蜂是很懂事的，活到险数，自己就悄悄死在外边，再也不回来了。"

我的心不禁一颤：多可爱的小生灵啊！对人无所求，给人的却是极好的东西。蜜蜂是在酿蜜，又是在酿造生活；不是为自己，而是在为人类酿造最甜的生活。蜜蜂是渺小的；蜜蜂却又多么高尚啊！

透过荔枝树林，我沉吟地望着远远的田野，那儿正有农民立在水田里，辛辛勤勤地分秧插秧。他们正用劳力建设自己的生活，实际也是在酿蜜——为自己，为别人，也为后世子孙酿造着生活的蜜。

这黑夜，我做了个奇怪的梦，梦见自己变成一只小蜜蜂……酿造着未来……

——杨朔《荔枝蜜》

（学生默读）

师：好，你们读过这篇吗？（生摇头）这是我们当年初中教材里学的，后来删掉了。你能不能总结一下，他是怎么把他的思想感情通过写荔枝蜜来表达的？我们先来看他表达了什么思想感情，再来看怎么表达。

生10：我觉得他要表达的就是让人们看到当今的农民为别人默默付出，让我们关心那些农民。

师：你觉得哪一句话能够体现他要表达的思想感情？

生10：他们正用劳力建设自己的生活，实际也是在酿蜜——为自己，为别人，也为后世子孙酿造着生活的蜜。

师：噢，是这句话，讲得非常好。明明写的是荔枝蜜啊，怎么又是写劳动人民呢？

生10：他用蜜蜂来与劳动人民作类比。

师：由蜜蜂类比到了劳动人民，有道理。如果从写作技巧来讲，这是一种什么技巧？是不是把蜜蜂比作劳动人民，或者说是托物言志，通过蜜蜂来寄托对劳动人民的赞扬。是这样的吗？好，请坐。我不知道你们平时写过这样的记叙文没有，记叙一个植物啊动物啊，再赋予一些人的思想感情？回忆一下。

生11：写过。就是把一些最近发生的事情跟很普通的一些事情，比如说太阳升起来，联系起来，然后写出来。

师：哦，我相信小时候老师教我们写记叙文，大多数都是这样的，比如说你记一件小事……你想表达，来，你说一下。插一句，大家不要只听老师讲，要分享你们写作中的真实的经验和困惑。

叙述之意：形意的距离在醉酒之间

生12：就是记一些小事，比如扶老奶奶过马路，让我们懂得要助人为乐，共创美好生活之类的，就这种作文。

师：好，你这种太直白了。这应该是写记叙文最基础的一种笔法，我们把它称为杨朔笔法。我们抓住动物植物的一些特点，通过托物言志或者是借景抒情的手法，然后再写一些人或者社会人生的道理，这样的文章也是不错的。这个方法大家能理解吗？

【PPT示】

杨朔笔法：动物或植物＋龙门阵或故事会＋特点＋托物言志（或借景抒情）＋人或社会人生

42分

生齐：嗯。

师：好，想不想听更高深的呢？

生齐：要。

师：要哈，来嘛。来看这一段，我们齐读一下。

【PPT示】

实在是温厚到了极点。对于这么一个阳关，他的笔底仍然不露凌厉惊骇之色，而只是缠绵淡雅地写道："劝君更尽一杯酒，西出阳关无故人。"他瞟了一眼渭城客舍窗外青青的柳色，看了看友人已打点好的行囊，微笑着举起了酒壶：再来一杯吧，阳关之外，就找不到可以这样对饮畅谈的老朋友了。这杯酒，友人一定是毫不推卸，一饮而尽的。

——余秋雨《文化苦旅·阳关雪》

生齐：（朗读）实在是温厚到了极点……一饮而尽的。

师：我想问，这写的是谁啊？

生13：王维。

师：凭什么知道就是王维？

生13：凭那句"劝君更尽一杯酒，西出阳关无故人"。

师：还有呢？你觉得他想写王维什么？

277

生13：他和友人要别离了嘛，就劝酒，就说"阳关之外，就找不到可以这样对饮畅谈的老朋友了"。

师：写出了王维一种什么样的思想感情？

生13：想挽留友人，但是知道欲留却留不住的思想感情。

师：你觉得这个和杨朔的笔法比起来，是高级了还是低级了呢？或者你更喜欢哪一种？

生13：还是这种。

师：为什么你喜欢这种？

生13：就是他把古诗扩写了，很有画面感。

师：好，请坐，确实是王维。再来看这一段，我们又来读。

【PPT示】

他（都江堰的建造者李冰）是郡守，手握着一把长锸，站在滔滔的江边，完成了一个"守"字的原始造型。那把长锸，千年来始终与金杖玉玺、铁戟钢锤反复辩论。他失败了，终究又胜利了。

他开始叫人绘制水系图谱。这图谱，可与今天的裁军数据、登月线路遥相呼应。

他当然没有在哪里学过水利。但是，以使命为学校，死钻几载，他总结出治水三字经"深淘滩，低作堰"、八字真言"遇湾截角，逢正抽心"，直到20世纪仍是水利工程的圭桌。他的这点学问，永远水汽淋漓，而后于他不知多少年的厚厚典籍，却早已风干，松脆得无法翻阅。

——余秋雨《文化苦旅·都江堰》

生齐：（朗读）他是郡守……松脆得无法翻阅。

师：这个讲的就是李冰。作为成都人啊，我们对都江堰是非常熟悉的。余秋雨的笔法很有特点，有什么规律呢？

生14：我觉得他没有直接进行抒情，而是通过写李冰的各种形象，又写了他做过的一些事情，来突出他的性格特点，表达

自己对李冰的赞扬。

师：哦，没有直接抒情。我觉得首先是一种画面感，而且很有诗意，甚至还有一些哲理。可以这样讲吗？请坐。这是我总结的：

【PPT示】

秋雨笔法

历史故事＋故事情节＋时空穿梭＋意象组合＋画面渲染＋诗意蕴藉……

54分！

师：如果是我来打分，可以打54分了。如果同学们，让你们用"秋雨笔法"来给这些历史故事来写一段，你会怎么写呢？

【PPT示】

任选一个话题，运用"秋雨笔法"进行写作。（不少于200字）

屈原投江、霸王别姬、伯牙断琴、昭君出塞……

请比较下面的片段，你最大的收获是什么？

师：我这儿收集到的同学们写的：

【PPT示】

他开始寻找着足够重的石头。"如果找不到合适的石头，还死不死呢？"他想着。没错，一个临死的人只能想到这些。不过似乎上天注定他发现了一个正适合投江的石头，他拿出绳子，便开始向石头上套，捆好后，又把绳子在腰上绕了几圈，打个死结。

一块石头引发的血案！！

不能让历史成为惨案！！！

师：（朗读，读完问）你们觉得这个写得怎么样？（生齐笑）大家都在笑，这个"一块石头引发的血案"，虽然也有画面感，也有形象，但是感觉符不符合屈原悲剧故事的主旨啊？

279

生齐：不符合。不够悲壮。

师：那再来看这个。

【PPT 示】

汨罗江畔，你静静地伫立，一身素衣，长发凌乱地披在肩上，长长的衣袖里，紧卷着一封封冒死进谏的奏章，微风袭来，吹拂着你的苍发亦撩动着你的心绪。

汨罗江的浪花，吹打着江中的一叶孤舟，渔夫的船桨，荡起一圈圈楚国亡国的悲音。

你缓缓地迈开步子，向河边走去，身后，是楚国城里的片片废墟和无数猩红的尸体。你抬起脚，无助的双眸中泛起了泪光，一抹凄然的笑容渐渐浮现，让人为之心颤。

师：（朗读，读完问）写得怎么样？

生15：好。

师：好在哪里？你说一下。

生15：非常具有画面感。

师：不光是有画面感，而且关键的是文章有要表达的诗意，是符合故事的。这是个很悲壮的故事。请坐。再来看这段文字，和前面两段文字比，你喜不喜欢呢？我们一起读一段。

【PPT 示】

请看下面的文字，您又发现了什么？

"故乡"，不仅仅是个地址和空间，它是有容颜和记忆能量、有年轮和光阴故事的，它需要视觉凭证，需要岁月依据，需要细节支撑，哪怕蛛丝马迹，哪怕一井一石一树……

而地点是个生活空间，是个有根、有物象、有丰富内涵的信息体，它繁殖记忆与情感，承载着人生活动和岁月内容。

"按时看日出"，是生命健康与积极性情的一个标志，更精神明亮的标志！它不仅仅代表了一记生存姿态，更昭示着一种热爱生活的理念，一种生命哲学和精神美学。

生齐：（朗读）故乡……一种生命哲学和精神美学。

师：这个和刚才比有什么不同？发现没有？

生16：它用了抽象的词。

师：（板书"抽象"）哪些是很抽象的呢？

生16：记忆能量。

师：哦，记忆能量（板书），这两个中哪一个是抽象的？

生16：能量。

生17：我觉得记忆是抽象的。能量是存在的。

师：噢，那我们用一个词，具体（板书）。我觉得他说得对（指生17）。如果我们只说记忆的话会怎样？说记忆能量的话又会怎样？你们觉得这儿有什么不同的效果？

生16：使记忆更活跃吧。

师：应该说是更具体，记忆本来是模糊的。好，请坐。你们喜不喜欢这样的文字？

生18：不喜欢。

师：噢，你觉得为什么？

生18：没有画面感。

师：它确实没有画面感，但是你不觉得比起余秋雨那个更深刻一些？

生18：是要深刻一些。

师：你觉得你喜欢啊，你来说一下。

生19：我觉得他虽然没有了画面感，但是它是那种半散半议的。

师：好，请坐。同学们觉得和余秋雨那个比起来没有画面感。我们再来读这一段。

【PPT示】

"仰望"——让人端直和挺拔！它既是自然意义的昂首，又是社会属性的膜拜；它可喻指一个人的生命动作，亦可象征一代人的文化品性和精神姿势。

对星空的审美态度和消费方式，往往可见一个时代的生存品格、文化习性和价值信仰。我发现，凡有德和有信的时代，必是谦卑的时代，必是尊重万物、惯于膜拜和仰望的时代；凡理想主义和浪漫主义涨潮的季节，也必是凝望星空最深情与专注之时。

信仰，始终代表一种指向终极的灵魂姿势，一种精神的奔赴性，一种向上的生存向度。它象征这样一副情形：西西弗里斯不断地把滚石推向山顶——虚无中超越虚无的努力，绝望中杀死绝望的运动。

师：（朗读，读完问）这里的"精神姿势"，"精神"是不是抽象的，"姿势"是不是具体的？

生齐：嗯。

师：对了，我们就找到规律了。

【PPT示】
前后两个词语的组合会有意想不到的效果
生存格局
灵魂高度
政治博弈
岁月内容
生命的浓度
生存的姿势
历史的阻力

师：这些都是从作品里面抽出来的表述，我们发现一个规律：形而下，是具体的；形而上，是抽象的。两个词语组合产生了意想不到的效果，什么效果？是不是显得很有哲学意味？

【PPT示】
表达方式：
形而上概念与形而下术语相结合

形而上的概念	形而下的术语
精神	温度
灵魂	亮度
生命	速度
生活	质量
思想	压强
物质	阻力
权力	伫立
岁月	格局

生齐：嗯。

师：这样显得很深刻，这个深刻就是我们要追求的所谓的"意"。我们可把这种笔法称为"开岭笔法"。

【PPT示】

形而上概念：具有哲学意义的抽象概念

形而下术语：具体学科范畴的专业名词

师：这是谁写的呢？是王开岭，这个人是个作家。这是我总结的，叫"开岭笔法"。他的特点就是我们刚才说的，一个抽象的加上一个具体的。好，同学们，今天我给大家介绍了三种笔法：杨朔笔法、秋雨笔法、开岭笔法。这都是黄老师总结的，你们去试一下，绝对能够帮助你们把文章写得深刻。这就是我叫我的学生用"开岭笔法"写的，大家齐读一下。

【PPT示】

红尘或许并不够美好，我们所依附的这片土地似乎也并不是一块高尚的美玉，我们或许感到了樊笼内的无限喧嚣与拘束。然而美恶相形，有无相生，有诸多束缚，才有真正的大自由。这不是通过畅饮山川的清冽了悟的，不是通过阅读自然的周长实现的，它来自社会之内，来自集体的共同进步。我相信即使庄周陶潜顾城有再高明的哲思与文学造诣，也比不上达·芬奇、伏尔

泰、蔡元培在历史上留下的山岚水雾。生命的味道和思想的重量，其实汲汲于尘世之人可及？时常有人在历史的辗转中向小自在化作几缕白白的飞沫，而真的猛士却向着大自由前行。小自在怎及大自由？

生齐：（朗读）红尘或许并不够美好……小自在怎及大自由？

师：这是在讲要追求大自由，你看这些话，"思想的重量"啊，"历史的辗转"啊，是不是有这种味道？

生齐：是。

师：本来我布置了一个作业，叫你们写一个游记，由于时间关系，我就不分享你们的了。

【PPT示】

有人说：人一辈子是一次远足，短的是旅途，长的是人生。旅行，能让你遇到那个更好的自己。请分享你的某次颇有感受的游历，按要求写一篇游记。要求：（1）题目自拟，立意自定，角度自选；（2）记叙、描写、议论、抒情多种表达方式相结合；（3）抒发真情实感，不得套作和抄袭；（4）字数不少于800字。

师：我也写了一篇游剑门关的体悟。同学们去过剑门关没有？一起来看一看。

【PPT示】

穿越文化的边界
——探访剑门关蜀道

人一辈子是一次远足，短的是旅途，长的是人生。旅行，能让你遇到更好的自己。

——题记

"噫吁嚱，危乎高哉，蜀道之难，难于上青天"，一直以来，文人笔下的剑门关以高峻险恶著称，"尔来四万八千岁，不与秦塞通人烟"更是让这片土地充满神秘。剑门关，这座川蜀地域的边界关隘，历来让人敬畏而神往。

来到剑门关镇,便见一座沧桑的古城楼,登楼远眺,层峦叠嶂中兀立着一面巨岩峭壁,刻在崖壁的"蜀道"二字在夕阳晚照中古朴而淡然,虽也宏壮,却丝毫没有"一夫当关,万夫莫开"的凌然傲气。

通往剑门关正门的是一条幽深的古柏林荫道,小道两旁密密排着合抱大小的苍劲古柏。此柏又称"张飞柏",据说是张飞当年亲手所植,而今大多空心脱皮,如翻烂的线装书;暴突的树根交错杂串,难分彼此,一如当年桃园结义的坚定。从叶缝间漏下的阳光,映在地上的枯枝上,形成斑驳错杂的光斑,感觉三国的岁月就摆放在路边,任由今人捡拾。

据传,剑门关为诸葛亮所筑,其奇绝险隘早已被人反复咏叹。唯独一亭,颇有意思:此亭位于剑门关北面而下的山谷中,潺潺小溪顺谷而下,亭间涧风习习,悠然畅快。由亭通往更深的山谷已无山路,悬于峭壁的是一条曲折险要的石栈,传说为诸葛亮所凿,战时行军,六出祁山即由此挥戈北上,无事时则供魏国百姓行走往来。当年的魏蜀百姓在硝烟散尽之时,也偶尔坐在诸葛亭间听风纳凉,闲逸攀谈。想起诸葛亮七擒孟获的宽柔胸怀,再抚摸此处敞亮的亭柱,一种开放怀柔的智慧在温婉的谷风中扑面而来。

师:同学们,这里我表达的思想感情是什么?是不是像李白那样说"蜀道之难"啊?不是的,而是要说这个地方有三国的文化在里面。那么我要表达一个什么东西呢?是要表达一种开放的怀柔的智慧,我没有去写蜀道多么艰难,而是写诸葛亭多么敞亮。你们觉得有没有道理呢?(生点头)前面我讲了《游褒禅山记》,这儿又讲了我自己写的游剑门关,同学们,写游记最能够体现怎么把叙述的形和要表达的意结合起来。我们今天讲了几种方法,不知道大家有没有收获?今天我们就学到这里,下课。

【学后偶感】

太守之乐，众人之乐

——听黄明勇老师《叙述之意：形意的距离在醉酒之间》课有感

正式上课前，黄老师就对我们说，今天这堂课是一节特别的课。

于我而言，这堂课第一个特别之处便在于标题——叙述之意：形意的距离在醉酒之间，妥帖独到、韵味绵长。在我听完黄老师的整堂课后，这种感触尤深。

写作上，我们讲究"虎头猪肚凤尾"。黄老师这堂教我们写作的课，也真真是有"虎头猪肚凤尾"的。黄老师开门见山，首先提出了本堂课的中心问题——记叙文怎么立意才深刻？进而引出了两个关键词："形"和"意"。如何理解这样抽象的词呢？黄老师的讲解恰恰是形意结合，有具体的例子，也有抽象的理论。

黄老师从《醉翁亭记》入手，阐释了形与意之间的距离，还借助哲学上"形而上""形而下"的概念，来加深我们对形、意的理解。接着，黄老师以三篇学过的文章为例，带着我们领会抒情议论在记叙文中的作用；以《游褒禅山记》为例，让我们明白形与意之间的关系；再以三篇拓展文章为例，教会我们寓意于形的三种笔法。

本堂课的结尾也有点睛之妙，黄老师以自己写的游记《穿越文化的边界——探访剑门关蜀道》来作结，引导我们把叙述的形和意结合起来，用善于发现的眼睛，观察生活，品味生活。

整堂课一环扣一环，我们的思维跟随着黄老抑扬顿挫的讲解而不断跳跃、碰撞。纵然不能当即吸收课上全部的精华，若能学得十之一二，对我今后的写作也会大有裨益吧！师者，传道授业解惑也，当如是！

（学生　韦雅萍）

描写之摹状

【可"玩"之点】

　　记叙文的写作，除了叙事之外，还要描写。《描写之摹状》《描叙之赋形》两课，就是主要讲描写方法的。教中学生写作，不是"玄"学，也不能空谈，例子和方法要看得见、摸得着，学生才能学得会、用得顺。

　　本课的可"玩"之点主要有二：一是借助生活经验讲"摹声"。《诗经·伐檀》翻译，历来人云亦云，我结合自己的生活经验，得出"坎坎"的真实解读。这个获得知识的过程，远比知识本身更为生动，我把这个经验讲出来，就是为了让学生真实面对生活，鼓励学生发现生活、热爱生活。二是咀嚼文字，审美语言。在"具备生态常识""抓住景物物性"两个环节中，介入生活中多个生动的描写实例，采用比较法，锻炼学生的语言敏感性和体悟力。鉴赏文章，从某种意义上讲就是体味语言的准确性和丰富的联想意义，这样不仅可以准确解读文字的情感，而且增加了鉴赏的趣味性与生动性。

【课堂实录】

　　师：写作课不光是听老师讲，同学们要做到动手、动脑、动口，为之"三动"。今天呢，我们继续谈的是记叙文的写作。沿着上一学期的叙述，这学期我们要重点学习描写。那描写谈什么呢？就是怎么来抓住事物的特征——摹状。看着这个标题，大家是不是觉得有点陌生？

【PPT示】

亲近自然　写景要抓住特征

——描写之摹状

师：陌生是吧？那知不知道什么叫摹状呢？罗素说过一句话："我遇见了一个独角兽。"或："我遇见了一个海蛇。"两句话的意思是差不多的，那你觉得哪一句话听起来更舒服一点呢？

生1：我觉得是独角兽。

师：为什么呢？

生1：因为独角兽比较神圣。

师：哦，其实罗素这两句话表达的都是一个意思。有人把海蛇叫独角兽。但是呢，你看独角兽是不是在描摹它的形状——它的角长什么样子。而那个海蛇呢？就是对它的名字的指称。我给大家说这个就是想让大家明白，什么叫摹状，什么叫指谓。

【PPT示】

摹状：独角兽

指谓：海蛇

师：摹状就是把它的形状描绘出来，而指谓就是直接叫它。比如，大家看我，你们会叫我什么？黄老师，或者黄明勇。但是你们回去给爸爸妈妈聊天，说黄老师怎么怎么样……长得特别英俊，两眼发光，身材窈窕（笑），这就是描写。

师：摹状其实也可以说是一种修辞，又叫摹绘、仿拟或摹拟，是摹写人或事物的声音、色彩和情状的一种修辞方式。它分为摹形、摹声和摹色三种情况。（同时PPT显示）我们描写一个事物，可以从形入手。

【PPT示】

例如：

1. 旱獭……到了夏至后，发青的酥油草把它们养得胖墩墩，圆滚滚。（摹形）

——《天山景物记》

师："獭"怎么读？

生：tǎ。

师：对了，tǎ。"胖墩墩，圆滚滚"是不是写的旱獭这个动物的形状，是不是很可爱？

生：对。

师：这就是摹形。

【PPT示】

2. 坎坎伐檀兮，置之河之干兮……（摹声）

——《诗经·伐檀》

师：这个字认识吗？"干"古音读 àn，通假字。坎坎，这是什么？

生：声音。

师：意思就是——砍啊砍啊，砍伐檀树啊，把它放在河边。有位翻译家是这样翻译这一句的：叮叮当当，砍伐檀树啊。你们觉得是我翻译得对，还是老翻译家翻译得对？

生2：我觉得是翻译家，用了摹声。

师：用了摹声，说得好。但是他翻译错了。我是农村长大的，是农民的儿子，我当时读他的翻译时就在想，砍树怎么会是叮叮当当的声音呢？你们想象一下，农民砍树的声音会是叮叮当当吗？叮叮当当只能是敲在铁板上。所以砍树的声音不会是叮叮当当的，那位翻译家翻译错了。恰恰《诗经》原始的描写是非常准确的，就是"坎坎"。而我们翻译的时候没法翻译，只能翻译成砍啊砍啊，砍伐檀树啊，砍砍砍啊。所以这个拟声写得太好了，找一个拟声词真难找。再来看：

【PPT示】

　　突然是绿茸茸的草坂，像一只充满幽情的乐曲。（摹色）
　　　　　　　　　　　　　　　　　　　　——《长江三峡》

师：这是在描写它的什么？色彩绿茸茸。找到没有？

生：找到了。

师：好。我们通过刚才这些例子来认识了什么叫摹状，什么叫描写，现在明白了吗？

生：明白了。

师：好的。我们来做个游戏，读一下：

【PPT示】

路迢迢而非远，

石迷迷而无山。

雷轰轰而未雨，

雪飘飘而不寒。

生齐读。

师：猜一猜，这首诗写的什么事物呀？

生3：是不是写的季节？

师：什么季节？

生3：雷轰轰应该是夏天打雷，雪飘飘应该是冬天。

师：老师说了，是一个事物，是具体的，而不是抽象的。好，你们讨论了，你来说一说。

生4：是水。

师：水，何以见得是水呢？

生4：第二句可以看出它没有形状。

师：大家猜测的原则，是不是根据诗句去看它的特点？

生：是。

师：我启发你们一下，现在我们生活中已经没有这个东西了,但是在一些旅游景区和在一些古镇上还可见。

【PPT 示】

本诗写的是:石磨

生5:我不知道为什么说"路迢迢而非远"。

师:石磨要推着,究竟要推多久、走多远呢?为什么说"石迭迭而无山"?

生5:因为是石头做的,像一座山。

师:但是又不是山。

生5:对。

师:"雷轰轰而未雨"什么意思?声音像打雷一样。这个可以理解。"雪飘飘而不寒"呢?

生众:磨出来的豆花像雪花。

师:哦,这下大家明白了。看,这个诗写得像不像?

生众:像。

师:好,现在我们又来猜一猜,下面的诗又描写了什么景物?

【PPT 示】

1. 不论平地与山尖,无限风光尽被占。
   采得百花成蜜后,为谁辛苦为谁甜。(   )

2. 雨打灯难灭,风吹色更明。
   若飞天上去,定作月边星。(   )

生:第一首是蜜蜂。

师:你怎么猜出是蜜蜂呢?

生6:因为"采得百花成蜜后"。

师:哦,这句话,抓住了蜜蜂采蜜的特点。那好,第二首诗呢?

生7:萤火虫。

师:为什么是萤火虫?

生7：因为"雨打灯难灭，风吹色更明"，所以它有光。飞到天上去"定作月边星"就确定是萤火虫了。

师：哦，你抓住了萤火虫闪亮的特点。大家说，对不对？

生：对。

师：非常正确。我们现在是在阅读，我们从写作的角度可以想象一下，如果你来写蜜蜂，你怎么写？如果你来写萤火虫，你怎么写？你就要抓住事物的特点来描写。我平时要写点东西，比如我一写花啊草啊，就觉得知识缺乏。为什么？因为叫不出这些花花草草的名字。实际上我们在生活当中，花花草草都是有名有姓的，所以我们首先就要具备生活的知识。你们认识多少植物？多少动物？你看我们的《诗经》好厉害，这就是《诗经》中出现的植物的名字。

【PPT示】

如果才能抓住自然景物的特点？

1. 具备生态常识

文学源于生活。我们要描写自然景物，首先必须了解生活中常见的植物动物，以及它们生长的时令、环境等自然条件。如《诗经》就描写了艾蒿、飞蓬、荠菜、旱柳、桑陌、白杨、芍药、郁李、桃花、腊梅、古柏等。

师：有的我们现在还有。艾蒿是不是还有啊？

生：芍药、桃花也有。

师：对，大部分都有。我在看同学们的作文，特别是高一的记叙文，描写的功夫确实需要提升。要想具备这些知识也简单，就是多到大自然走一走，看到那些花花草草，去认一认，把名字叫出来。好，现在我们来看一下，这些诗句分别描写的是哪个季节？

【PPT示】

【训练1】请问下面诗句分别描写的是哪个季节？

1. 繁枝容易纷纷落,嫩蕊容易细细开。
2. 林花著雨胭脂湿,水荇牵风翠带长。
3. 芳菲歇去何须恨,夏木阴阴正可人。
4. 清江一曲抱村流,长夏江村事事幽。
5. 桂魄初生秋露微,轻罗已薄未更衣。
6. 山明水净夜来霜,数树深红出浅黄。
7. 墙角数枝梅,凌寒独自开。
8. 隔牖风惊竹,开门雪满山。

师：第一句诗写的什么植物？

生思考。

师：看不出来，没名儿。但是从"嫩蕊"可以看出来季节。

生：春天。

生7：第二句，"翠带长"和"水荇"，是春天。

师：对，这里有植物名了，"水荇"，是春天。

生8：第三句，是夏天。

师：从哪儿看出来的？

生8："夏木阴阴"。

师：哦，这儿有个"夏"，但是更重要的是"阴阴"，非常的浓密，抓住了夏树树冠的浓密。下一句呢？

生8：也是夏天。

师：哪儿看得出来？

生8："事事幽"。

师：哦，也是很浓密。还有"清江一曲抱村流"，说明水多，夏天往往雨水多。下一句呢？

生8：秋天吧。

师：从哪儿看出来的？

生8："秋露微"。

师：哦！从其他写景的地方可以看出来吗？

生8:"轻罗已薄"。

师:而且还看出这是写的桂花树,八月桂花。然后下一句呢?

生8:也是秋天,"数树深红出浅黄"。

师:还有前面"夜来霜"。好,接下来呢?

生8:冬天吧。

师:因为有梅花。

生8:对。

师:梅花一般是冬天开放。接下来呢?

生8:也是冬天。

师:哪里看出来的?

生8:"开门雪满山"。

师:还有"隔牖风惊竹",实际上写风吹到竹子上,风很大。请坐。

【PPT示】

2. 抓景物的物性

【训练2】填补文中空白处所描写的景物名称。

不逢北国之秋,已将近十余年了。在南方每年到了秋天,总要想起陶然亭的_____,钓鱼台的_____,西山的_____,玉泉的_____,潭柘寺的_____。在北平即使不出门去罢,就是在皇城人海之中,租人家一椽_____来住着,早晨起来,泡一碗浓茶,向院子一坐,你也能看得到很高很高的碧绿的_____,听得到青天下_____的飞声。从_____叶底,朝东细数着一丝一丝漏下来的_____,或在破壁腰中,静对着像喇叭似的_____的蓝朵,自然而然地也能感觉到十分的秋意。说到了_____。我以为以蓝色或白色者为佳,紫黑色次之,淡红色最下。最好,还要在牵牛花底,教长着几根疏疏落落的尖细且长的_____,使作陪衬。

(郁达夫《故都的秋》)

师：刚才我们说了写景首先要有生活常识，要认得到这些花花草草，第二件事是要做什么？抓住事物的物性，每个事物都有物性。那怎么抓呢？生活中同样都是树，松树和柏树有没有区别？

生众：有。

师：有呀，树叶都不一样。所以，不同的东西是不一样的。你们学了这篇文章没有？

生众：学了，刚刚学的。

师：好，那来填一下空行不行？请一个人来讲，其他人配合。

师：好，你来。第一个是什么？

生9：想不起来了。

生众：陶然亭的芦花，钓鱼台的柳影，西山的虫唱，玉泉的夜月，潭柘寺的钟声……

师：同学们，你们可能要说黄老师说了要抓住事物特点，但这里没有形容词，没有说这些事物的特点。这里都是北国之秋的经典景象，所以即便没有用形容词来修饰，我们也自然就会联想到这些意象。一些同学写文章都是空话、大话，没有具体的景象。又来，后面。

生众：一椽破屋。

师：在破屋之后，首先写了什么？

生9：天色。

师：你写北国的秋自然要写它的天色呀。接下来，什么声音？

生众：驯鸽的飞声。

师：北京人喜欢玩驯鸽。如果要写成都的鸟儿的话会写什么呢？

生众：画眉。

师：画眉，还有白鹭，"一行白鹭上青天"。望江楼公园有很多。好，从什么叶底？

生众：槐树叶底。

师：如果是成都的话就是榕树了。一丝漏下来的是什么？

生：日光。

师：好，我们一起来完成后面的任务。

生：喇叭似的牵牛花的蓝朵；说到了牵牛花；秋草。

师：这篇文章抓住了秋天的什么特点啊？清、静、悲凉。这些景象丰不丰富？

生：丰富。

师：如果叫你来写这一段，能不能出现这么多的景象？出现这么多的景象，能不能抓住北国之秋的清、净、悲凉？

师：好，接下来填这一段。刚才是填景物，现在是填景物的修饰语。我们描写的时候，写景第一个是要写出景物的名称，第二个是要写出突出景物特点的形容词。

【PPT 示】

【训练3】下面描写景物的句子用了很多修饰语，请根据景物的特点，填补空白。

暖国的雨，向来没有变过冰冷的坚硬的灿烂的雪花。博识的人们觉得他单调，他自己也以为不幸否耶？江南的雪，可是滋润美艳之至了；那是还在隐约着的青春的消息，是极壮健的处子的皮肤。雪野中有_____的宝珠山茶，白中_____的单瓣梅花，_____的磬口的腊梅花；雪下面还有_____的杂草。蝴蝶确乎没有；蜜蜂是否来采山茶花和梅花的蜜，我可记不真切了。但我的眼前仿佛看见冬花开在雪野中，有许多蜜蜂们忙碌地飞着，也听得他们嗡嗡地闹着。

生众：血红的宝珠山茶。

师：看过没有？我们四川也是有茶花的。

生众：白中隐青的单瓣梅花。

师：这里的特点是白中隐青。后面呢？

生众：深黄的磬口的腊梅花；雪下面还有冷绿的杂草。

师：现在不管你想的词对不对，说一下他用的这些词，结合这个语段，从表义看，和你想的有什么不同？

生10：我想的很多颜色和他的不一样。

师：举个例子。

生10：宝珠山茶和单瓣梅花。我想的是茶应该是绿色的，他是血红的。

师：你要看他这个语段的中心，不要孤立静止地看事物的颜色，还要看他这儿究竟要表达什么。这个肯定不是我们四川冬天的景象，应该是哪个地方的？

生10：江南。

师：至少有几点。第一个是关于颜色的描写，是不是很细腻？第二个我特别佩服的是"雪下面还有冷绿的杂草"。我们刚才用了一个词"枯黄"，其实江南冬天的很多草并不是枯黄的，真的是这样的。写得棒不棒？好，请坐。

师：我们说写景要认识更多的生活中的景象，还要抓住事物的特点，不外乎就是形、色、声，同时还要融入个人情致。所以登山则情满于山，观海则情溢于海，一切景语皆情语。下面这些语段，都是写月亮的，你们看看，分别是哪些人看到的月亮？读一下吧。

【PPT示】

3．融入个人情志

【训练4】请问下面的月亮分别是什么人眼中的月亮？

（1）夏夜的月亮山平添一份静谧之美！远山凝重，天空薄暮轻垂，暗蓝的星辉点点，路边繁花竞香。月亮一如往日的沉默，静静聆听情侣们爱的心语！

（2）一朵薄得像轻纱一样的浮云飘过来，慢慢地把月亮给遮住了，可在浮云的后面，月亮的轮廓和迷迷蒙蒙的月光依然楚楚动人，仿佛是一位"犹抱琵琶半遮面"的女子。呀，月亮一定是知道了我在看她，有点儿害羞了，于是用纱巾遮住了自己的面容。这真是童话般的夜晚，真是童话般的月亮！

（3）夜色下，月亮是迷人的，但繁忙都市里的人们已无心欣赏月亮的皎洁，偶尔抬头的人却也会被路灯的绚丽耀眼迷惑。哪怕在有圆月的夜晚，人们也无法再看到月亮，因为，乌云遮盖了月亮，路灯迷惑了人的双眼。久而久之，人们只知道月亮是迷人的，却无法看到真正的月亮。都市里的人们渐渐开始麻木在灯红酒绿之中，月亮的身影在人们的心中朦胧了……

（4）月亮并不总是顺心如意，有时瘦瘦的，可怜兮兮，弯弯的，像是有什么劳役累弯了她的腰，像一只孤零零的小船，怎经得起旷宇中的海啸巨浪呢，也似一把总在劳作的镰刀，够累的。看到了弯月，宋朝词人就发出了"月有阴晴圆缺，人有悲欢离合，此事古难全"的感慨。

生齐读第一个语段。

师：你觉得是谁在看？

生11：是一对情侣。

师：从哪儿看出来？

生11："月亮一如往日的沉默，静静聆听情侣们爱的心语！"

师：一对情侣在月光下行走，他们望着天上的月亮，美不美啊？心情好啊。

师：那第二个呢？

生11：像个多情的人，而且是个男人。

（生笑）

师：第三个呢？

生11：讨厌都市生活的人吧。

师：月亮还是天上那个月亮，但是城里的月亮已经不是我们能看到的很美的月亮了，我们看不到月亮了。第四个你来。

生12：第四个应该是比较悲伤或孤僻的人。

师：从哪儿看得出来？

生12：他说了"月有阴晴圆缺，人有悲欢离合，此事古难全"的感慨。

师：说得好，他抓住了月亮忧伤的样子。所以我们在写景物的时候，一定要把个人的心志融进去。同是写景的时候，是不是要有顺序，要有视角？

【PPT 示】

把握顺序和视角

观察的顺序有定景换点、定点换景、移步换景，描写的顺序有时间、空间、情感和逻辑。观察的视角有远看、近看，仰视、俯视、平视等，或者视觉、听觉、嗅觉、味觉、触觉等。由于站在不同的视角，看到的景物特点不一，按照不同的顺序描写，可能展示的景物样态也不相同。

师：所以同学们，我们写记叙文很容易犯的毛病就是写得很乱。怎么来解决很乱这个问题呢？就是要有顺序。不仅仅是全篇文章要有时空顺序，在写一个语段的时候，我们也要注意有观察顺序。你们学过《荷塘月色》没有？你们觉得它的顺序清不清楚？是以什么顺序来写的？

生：时空顺序。

师：就是时空顺序。从家里面出来，走到小煤屑路上，来到荷塘，在荷塘的四周，最后又回去。老师画过这个行踪，是一个环形。观察的角度也有：荷塘上的月色，月光下的荷塘，还有荷塘的四周。应该算是移步换景，这里面也有定点换景，同样在荷塘岸边，一会儿看荷塘上的景色，一会儿看月下的荷塘，是不是定点换景？对了。

【PPT 示】

下面是描写冬风的一段文字,请您也联系自己的生活经验,抓住风的特点,融入自己的感情,写一段描写风(或其他自然景物)的文字。

那里的风,差不多日日有的,呼呼作响,好像虎吼。屋宇虽系新建,构造却极粗率,风从门面隙缝中来,分外尖削,把门缝窗隙厚厚地用纸糊了,缝中却仍有透入。风刮得厉害的时候,天未夜就把大门关上,全家吃毕夜饭即睡入被窝里,静听寒风的怒号,湖水的澎湃。靠山的小后轩,算是我的书斋,是全屋子中风最小的一间,我常把头上的罗宋帽拉得低低地,在洋灯下工作至夜深。松涛如吼,霜月当窗,饥鼠吱吱在积尘上奔窜。我于这种时候深感到萧瑟的诗趣,常独自拨划着炉灰,不肯就睡,把自己拟诸山水画中的人物,作种种幽邈的遐想。

(夏丏尊《白马湖之冬》)

师:这篇文章学过没有?写白马湖冬天的风。风这个景象,很多同学应该都感受过。来,我们一起来读一下。

生齐读。

师:这一段是名人写的风,你也可以仿照他来写,最好是能够结合前面我们讲过的写作知识来描写一段风,也可以写其他自然景物。这个风,他是写的冬风,也有春风,有夏风,有秋风。现在同学们想一想,我给大家一点时间,写一写。

(学生现场写作)

师:我们简单分享一下。

生13:(分享描写春风的句子)迎面的是三月的春风,吹到脸上轻轻的,暖暖的。春风不同于其他脾气暴躁的风,它更像一位慈母,心寄怜爱地把花草吹绿。走在田野上,它与你并肩而行,又像是淘气的小孩子,时不时地轻轻拍一下便悄然隐去了。它又像一张薄薄的轻纱……

描写之摹状

师：你们觉得写得怎么样？抓住了春风的什么特点？轻轻地、暖暖地吹在脸上，是人的感受。为什么我要叫你们写风，因为风是看不见、摸不着的，是最难写的，你就必须通过其他事物来从侧面烘托。今天我还没有讲写作技巧，如比喻啊，侧面烘托啊，但实际上我们的同学已经开始用了，你看这儿是不是用了比较的方法。"心寄怜爱地把花草吹绿"是不是用了拟人？哦，"走在田野上，它与你并肩而行，又像是淘气的小孩子"是不是用了比喻？"时不时地轻轻拍一下便悄然隐去了"又用了拟人。这一段写得好啊！抓住了春风的轻柔、欢快，和冬风不一样呐，还用了很多技巧。因为时间关系，没办法进行更多的展示，但是我这里有一篇文章给同学们看一看，一起读一读，看看写得怎么样。

【PPT 示】

初春的风带着未散的炽热的年味，早早地潜伏在阔叶林的林间树隙里，有时兴起了便低低地掠过树梢，柔嫩的新叶与它相擦，协唱出春的韵律，声带上自有一种款款深情——我是喜爱这韵律的，这不能纯以"沙沙"指代的欢歌。

抑制不住兴奋地朝声源走去，风却不知是害羞或是怎的又重新藏回枝丫低低交错之中去了。叶尖隔空挽起手来，凑成摇头晃脑的琴弦，树梢柔柔地循环风的韵脚，如同小奶猫的舌头一点点舔湿我的耳郭。

——祝沈涵

师：这是我们一位叫祝沈涵的同学写的。写得怎么样啊？你写得好还是他写得好？

生14：他写得好。

师：好在哪儿呢？

生14：他的风有声音，有质感，有画面。

师：你们都写的是春风，你侧重于写感觉。你们都抓住了春风柔和的特点，而他呢，更多的是写风吹在树林里的景象。他还用了"沙沙"的声音,今天我们学了摹状,这是不是就是摹声?风吹在树林里面是不是就是摹形?通过树叶的动作来写风的样子。你呢,侧重于写感受,都很不错!请坐。

师:今天我们就学到这里,大家有没有收获啊?

生:有!

师:下课!

【学后偶感】

秋菊有佳色　春华亦可人
——听黄明勇老师《描写之摹状》课有感

　　学习写作技巧,并不是一件轻松有趣的事。但黄老师的这节课却很有意思,一开始通过罗素说过的一句话直观地让我们明晰了何谓"摹状",何谓"指谓"。这样由浅入深的思维引导方式,让我们接受知识特别顺畅。

　　黄老师的课堂十分风趣幽默,延续了一贯轻松易懂的风格,我很喜欢听黄老师讲课,总感觉时间过得飞快。《诗经·伐檀》翻译的例子非常有趣,"坎坎伐檀兮"中,什么是"坎坎"?这是黄老师抛弃众多人云亦云的资料书,结合真实经历进行的分析,使我印象深刻,深深地记住了这就是"摹声"。

　　这节课给我印象最深的就是比较的讲解方式。无论是在开课时,还是在课程中,甚至是课堂即将结束时,黄老师在讲解每一个知识点和技巧的时候,基本上都采用了比较的讲解方式。例如,将四季景物作比较,然后用郁达夫《故都的秋》做填空练习,引导我们发现每个季节的特殊景物和景物在每个季节的特殊之处;最后一个环节里,又让我们与祝沈涵的文段做比较,寻找异同点,从而更进一步地理解和运用"摹状"的方法。这节课上,黄老师用了许多语段例子,课内课外皆有,这让我们在学习新知的时候也回顾了旧知。

通过生动、灵动的多个语言片段和描写例子，我真实地走进了描写之摹状的语言世界。原来，学习写作手法并不是一件枯燥无味的事，也可以变得很有趣，很好玩。黄老师把这些语言符号上的生命力和创造力唤醒了回来，并且使我们感受到了语言的生命力量。

黄老师还喜欢夸奖和赞许同学，不论是从哪个角度的回答，黄老师都能发现其中的美和长处，鼓励思考、鼓励探讨。因此，我在黄老师的课上常受启发，也渴望和黄老师分享我的想法。

（学生　罗丹伶）

描叙之赋形

【可"玩"之点】

本课旨在教学生用"反复"和"对比"这两个赋形思维的操作模型为文章渲染、造势服务。其可"玩"之点在于运用情景还原法,还原生活情景、学习情境,调动学生的经验,达到本课教学目的。具体来说,即利用学生所学必修教材中的课文(鲁迅《祝福》)片段,体悟"反复""对比"的写法与作用,从而让学生在自我写作时,通过相关联想,回忆起课文中的鲜活印象。再用教材中学过的两篇课文(《故都的秋》和《诗经·采薇》)来巩固这种操作模型。

教授写作的路径有很多,笔者认为,以能实现教学生活化为好。

【课堂实录】

师:上一节课我们学习了描写之摹状,这一节课呢我们来学习描写之赋形。上一节课其实就是告诉我们在描写时一定要抓住事物的特点,还记得吗?有没有印象?这节课呢,我们就来学习怎样写得很有文采。可能大家看到"赋形"都觉得很生僻,它究竟是什么意思呢?我们先留下悬念,后面再探讨。

【PPT 示】

读《祝福》两段文字,是否重复?

(片段1)

"我真傻，真的，"祥林嫂抬起她没有神采的眼睛来，接着说。"我单知道下雪的时候野兽在山坳里没有食吃，会到村里来；我不知道春天也会有。我一清早起来就开了门，拿小篮盛了一篮豆，叫我们的阿毛坐在门槛上剥豆去。他是很听话的，我的话句句听；他出去了。我就在屋后劈柴，淘米，米下了锅，要蒸豆。我叫阿毛，没有应，出去一看，只见豆撒得一地，没有我们的阿毛了。他是不到别家去玩的；各处去一问，果然没有。我急了，央人出去寻。直到下半天，寻来寻去寻到山坳里，看见刺柴上挂着一只他的小鞋。大家都说，糟了，怕是遭了狼了。再进去；他果然躺在草窠里，肚里的五脏已经都给吃空了，手上还紧紧的捏着那只小篮呢。……"她接着但是呜咽，说不出成句的话来。

（片段2）

她全不理会那些事，只是直着眼睛，和大家讲她自己日夜不忘的故事："我真傻，真的，"她说，"我单知道雪天时野兽在深山里没有食吃，会到村里来；我不知道春天也会有。我一大早起来就开了门，拿小篮盛了一篮豆，叫我们的阿毛坐在门槛上剥豆去。他是很听话的孩子，我的话句句听；他就出去了。我就在屋后劈柴，淘米，米下了锅，打算蒸豆。我叫，'阿毛！'没有应。出去一看，只见豆撒得满地，没有我们的阿毛了。各处去一问，都没有。我急了，央人去寻去。直到下半天，几个人寻到山坳里，看见刺柴上挂着一只他的小鞋。大家都说，完了，怕是遭了狼了；再进去；果然，他躺在草窠里，肚里的五脏已经都给吃空了，可怜他手里还紧紧的捏着那只小篮呢。……"她于是淌下眼泪来，声音也呜咽了。

大家现在读一读。来，你来读。

生1读。

师：你觉得这两段文字，有什么特点？

生1：都是祥林嫂在讲她的故事。

师：两段文字的内容基本是一样的。有没有不同？

生1思考。

师：是不是很难找出不同？但是还是有。我给你找一个，比如这里"我叫阿毛，没有应"，后面是"我叫，'阿毛！'没有应"。这两个，哪个要生动点？后面一个。为什么？是不是更有情境些？包括"可怜"这一处，片段1是没有的。"可怜"这个词表现了祥林嫂对孩子悲伤的心情。我的问题是什么？鲁迅先生这篇小说前后为什么要用几乎一样的文字呢？为什么不只说一段就可以了呢？我的问题是这个，你觉得它的妙处在哪里？

生2：反复写祥林嫂儿子被狼叼走的事情，而且一次比一次更生动，更能体现祥林嫂的悲惨。

师：为什么就更能体现祥林嫂的悲惨？

生2：因为她反复地说，越说就越能感受到悲痛。

师：好。你们觉得他讲得对不？当一个人痛苦的时候，他就需要倾诉，他就要老讲他的故事。其实这就是心里痛苦的表现，你答得非常对。鲁迅先生是惜墨如金的作家，不过他在这篇文章里用了大量篇幅，几乎一样的文字，来讲祥林嫂说阿毛被狼吃了的故事，就是要表现祥林嫂内心的悲痛。刚开始她讲故事还有人听，后面大家都不想听了，都烦了，而且大家刚开始还陪着流泪，后来都笑她。如果你是祥林嫂，你心中很痛苦，给别人讲故事，反复地讲，别人都不想听了，是不是更难受？所以这一段不是重复，是一种反复，对人物性格的塑造具有帮助。

【PPT示】

比较祥林嫂的三次肖像描写，有哪些异同？

1. 头上扎着白头绳，乌裙，蓝夹袄，月白背心，年纪大约二十六七，脸色青黄，但两颊却还是红的。

2. 她仍然头上扎着白头绳，乌裙，蓝夹袄，月白背心，脸色青黄，只是两颊上已经消失了血色，顺着眼，眼角上带些泪痕,眼光也没有先前那样精神了。

3. 五年前的花白头发,如今已经全白,全不像四十上下的人,脸上瘦削不堪,黄中带黑,而且消尽了悲哀的神色,仿佛是木刻似的,只有那眼珠间或一轮,还可以表示她是一个活物。

师:好,我们再来看,这又是祥林嫂。鲁迅先生总共写了三次祥林嫂的肖像。你看这三次,有没有什么不同?有没有什么相同?哪位同学来说一说?

生3:相同之处就是装束是一样的,不同的是脸色和精神状态不一样。

师:从哪儿看出来?

生3:第一次是脸色青黄的,但两颊却还是红的,第二次是消失了血色,带着泪痕,眼光也没有那么精神了。

师:因为同学们没有读过原著,对肖像描写可能不太熟。这是祥林嫂三次到鲁镇时的肖像。相同点主要在前两次,头上扎着白头绳,乌裙,蓝夹袄,月白背心。从装束来看祥林嫂至少是一个朴素的、爱整洁的女人,虽然命运很悲惨,但至少是很周正的、不邋遢的。不同的是什么呢?第一次是脸色青黄,但两颊却还是红的。脸色青黄说明营养不良,很贫困,但两颊却还是红的说明对生活充满希望,有精神。第二次来呢,已经消失了血色。第二次儿子已经被狼叼走了,她的眼角有泪痕,很伤心。第三次就完全不一样了,头发已经全白了,脸上瘦削不堪,黄中带黑,这个是什么样的神色啊?是不是麻木了,呆滞了?这就是祥林嫂要死时的肖像,她再讲阿毛的故事没人听了,而且她被撵出了鲁四老爷家,成了一个乞丐了。三次肖像描写,鲁迅先生用了什么描写方法?对比。我们一下就看到了祥林嫂的人生变化。你们写文章也可以利用对比的手法来表现。

【PPT示】

我给那些因为在近旁而极响的爆竹声惊醒,看见豆一般大的黄色的灯火光,接着又听得毕毕剥剥的鞭炮,是四叔家正在"祝福"了;知道已是五更将近时候。我在蒙眬中,又隐约听到远处的爆竹声连绵不断,似乎合成一天音响的浓云,夹着团团飞舞的雪花,拥抱了全市镇。我在这繁响的拥抱中,也懒散而且舒适,从白天以至初夜的疑虑,全给祝福的空气一扫而空了,只觉得天地圣众歆享了牲醴和香烟,都醉醺醺地在空中蹒跚,预备给鲁镇的人们以无限的幸福。

问:这段景物描写有什么作用?

师:我们一起来读一下。

生齐读。

师:这也是《祝福》里的一段景物描写。这段景物描写有什么作用?我给大家稍微提示一下,祥林嫂快死了。

生4:祥林嫂快死了,周围的氛围却是很喜庆的,特别的讽刺。

师:说得好,是不是有对比的作用。以鲁镇人们的欢庆、热闹,反衬出祥林嫂的寂寞、孤独与悲惨。请坐。我们的关键词就是"对比"。《祝福》里的关键技巧我们都可以提炼出来了,一个是反复,一个是什么?

生:对比。

师板书:反复,对比。

【PPT示】郁达夫《故都的秋》两段节选文字:

秋天,无论在什么地方的秋天,总是好的;可是啊,北国的秋,却特别来得清,来得静,来得悲凉。我的不远千里,要从杭州赶上青岛,更要从青岛赶上北平来的理由,也不过想尝一尝这"秋",这故都的秋味。

江南,秋当然也是有的;但草木凋得慢,空气来得润,天的颜色显得淡,并且又时常多雨而少风;一个人夹在苏州上海杭州,或厦门香港广州的市民中间,混混沌沌地过去,只能感到一

描叙之赋形

点点清凉，秋的味，秋的色，秋的意境与姿态，总是看不饱，尝不透，赏玩不到十足。秋并不是名花，也并不是美酒，那一种半开，半醉的状态，在领略秋的过程上，是不合适的。

——郁达夫《故都的秋》

问：你认为第二段文字可以删去吗？

师：《故都的秋》大家都学过，你认为第二段文字可以删去吗？

生5：第二段不能删去。后面写的是北方的秋，这里写的是江南的秋，和北方的秋形成对比。

师：真聪明。我们这篇文章标题叫《故都的秋》，故都的秋就是北方的秋。通过对比，更加突出了北方的秋的什么特点呢？清、静、悲凉，是这样吗？

生：是。

【PPT示】《诗经·采薇》

采薇采薇，薇亦作止。曰归曰归，岁亦莫止。靡室靡家，猃狁之故。不遑启居，猃狁之故。

采薇采薇，薇亦柔止。曰归曰归，心亦忧止。忧心烈烈，载饥载渴。我戍未定，靡使归聘。

采薇采薇，薇亦刚止。曰归曰归，岁亦阳止。王事靡盬，不遑启处。忧心孔疚，我行不来。

师：有没有不认识的字？都是学过的。好，我们一起读一读。

生齐读。

师：老师当初讲了《诗经》中的一个重要特点，就是重章迭唱。实际上就是我们刚才讲到的一个什么技巧的运用？

生：反复。

师：这就是文学技巧。这样的好处是什么？你看看，是不是有渲染在里面？而且，看起来是一样的，实际上又不一样，又有变化——作、柔、刚,我们好像就看到薇草生长的过程。这个生长的过程实际上就是情感加剧的过程。因此,反复和重复最大的区别是什么?重复就是语病,反复就是修辞。好,有点感觉了,现在我们就来讨论:你觉得这个经典描述用了什么思维方法?讨论一下。

师:讨论有没有结果啊?请你说一说。

生6:从不同的场景用相同的句型来进行描述。

师:哦,你在找它的规律。说得对,还有吗?

生6:它也用了一点反复的东西。

师:好,请坐。刚才有同学在问黄老师这个思维方法是什么。其实刚才我们已经提到了反复和对比,这是技巧,是外在的东西,我们要看究竟是什么思维方法——就是"赋形思维"。"赋形思维"是写作中重要的思维方法。什么叫"赋形思维"?

【PPT示】

写作者对自己要写的文章的主题进行渲染、造势的思维行为。简单地说,就是为了更充分地表达文章的立意,在选材、布局、用语上进行渲染和造势。

师:那究竟怎么做呢?我给大家教两种模型——"反复"和"对比"。

【PPT示】

赋形思维的操作模型——"反复"与"对比"

1. "反复"的赋形思维操作模型,指主题展开的写作过程中,选择那些和自己的写作主题相同、相似、相近的文章因素(文章材料、结构单元、段落、语段、句子、词汇)进行铺排(渲染),以增强文章的感染力、说服力。

——铺排

2. "对比"的赋形思维操作模型,指主题展开(材料生成、结构生成、起草行文)的写作过程中,选择那些和自己的写作主题相反、相对、相背的文章因素（文章材料、结构单元、段落、语段、句子、词汇）进行对比反衬，以增强文章的感染力、说服力。

——对比反衬

师：其实造势很简单，就是把相同、相似、相近的要素拿来反复地说，对比就是把文章里一些相对、相反、相背的东西拿来对比反衬，增强文章的感染力和说服力。现在我们又来学习同龄人的文章。这是一篇学生写的文章，标题叫《带您去看花海》。文中有反复和对比，同学们来找哪里有反复和对比，你觉得它妙在哪里？

【PPT 示】

带您去看花海

昨日之时，你教我草长莺飞，细雨朦胧。

今日之时，我教你细数花名，测天看云。

仍记得小时候，父母外出，外婆你总是在乡下带着我忙农活。正当夏时，天气炎热，忽然一场大雨，你放下农活，笑眯眯地翻过我趴在床板上的身子，说："囡囡，热了吧？走，外婆带你凉快去。"一个激灵，鱼跃而起。外婆打着把破旧的伞，肩上骑着小小的我便出了门。外婆所说的"纳凉好去处"竟是村里的一片莲藕地。地是小方的浅池塘，有一间破木屋，我们进去时已湿了身，外婆顺手摘了片荷叶搭在我的头上，浅浅的荷香，仿佛我就正是荷花欲开时刚醒来的花仙子，我离荷塘多么多么近啊！大雨冲刷了盛夏的暑气，连人身上的毛孔都是清凉的，溢着花香的。

荷花淡淡开，在风雨中舒展姿态，绿色的裙摆随风扬起。我偎依在你怀里，糯糯的声音问道："外婆，为什么下雨了就会凉快？为什么荷花夏天开？为什么……""哎哟，可问怕外婆了！外婆哪里知道些什么，外婆只管晓得看看天，就知道明天下不下雨。""那后天呢，大后天呢？"我追着问，你捏了捏我的小脸，说："那要等囡囡长大后才能教外婆了。"我心中略有惆怅，这片荷塘已离我有些远了。是啊，长大了，我会了。我会牵着你去散步，瞧见路边开得正烂漫的小野花，我可以指着它，告诉你："外婆，那是覆施子，有清热解毒之用……那是金钱草，因为它的叶子圆圆的像铜钱……"你笑而不语，脸上尽是自豪。你突然看看天，我知道你想看清天上的云是怎样的状况。但你眯着眼，总是看不清，觉得天更远更远了，自嘲地说道："哎！老了，眼睛不中用了。"我拍拍你的手背，翻了翻手机里近几天的天气预报，说："外婆，明天又是晴天呢，这个星期都不会下雨，我们去看荷花吧，我可以告诉你荷花有哪些药用价值哦。"我扬了扬手机，天空就在这里，自然也在这里，不远。我们可以离那片荷塘更近。

生7：前面两句用了对比的手法。

师：嗯，那你欣赏一下它的妙处。

生7：把昨日外婆教我的事情和今日我教外婆的事情作对比，表现了随着时间流逝，我和外婆关系的转变，体现出我的成长和我对外婆的爱。

师：这篇文章其实就是小时候外婆带我去看那些美景，外婆老了之后，我带外婆去看风景。开头就用了对比，这种对比强化了两代人之间的情谊。如果没有这样的对比，有没有这样的效果啊？

生：没有。

师：好，还有没有？

生8：这里面应该还有一处对比。就是外婆总是带着我在乡下忙农活，但是有一天外婆带着我去纳凉了。

师：这体现了什么呢？

生：状态的改变。

师：好，其实后面还有文字，接着看后面部分。

生9：应该是长大了之后和小时候的一个对比。

师：哪些文字呢？读一读。

生9："'那后天呢，大后天呢？'我追着问。你捏了捏我的小脸，说：'那要等囡囡长大后才能教外婆了。'我心中略有惆怅，这篇荷塘已离我有些远了。"这和后面"我拍拍你的手背，翻了翻手机里近几年的天气预报，说：'外婆，明天又是晴天呢，这个星期都不会下雨，我们去看荷花吧，我可以告诉你荷花有哪些药用价值哦。'"形成对比。

师：你觉得就是将小时候的我和长大后的我做了一个对比。要表达的是什么呢？

生9：要表现的是时间的流逝。

师：确实也有时间的流逝的感叹在里面，外婆老了，不过也有对外婆的深情，对吗？

生9：对。

师：从小到大，大家写亲人，写爸爸妈妈、写老师、写外公外婆、写爷爷奶奶，写得多不多？多。因为各种题材都会写到那儿去，因为这就是我们的生活，特别是现在好多孩子都是外婆、奶奶带大的。但是，要写好很难啊，在立意上很难有标新的地方，不外乎就是表达亲情和爱。但是怎么来渲染，怎么写更有文采，这篇文章给我们提供了一个思维方法，就是赋形。说通俗一点，就是对比。将小时候外婆怎么带我，长大后我怎么对待外婆对比，里面既有对外婆的深情和深深的爱，同时也像你刚刚说的，有时间的流逝。好，现在我们来尝试一下，就要动笔了。尝试前呢，我给大家讲一下。很多时候我们写文章，在开头就会用一种方法，就是赋形的思维方法，喜欢用意象的叠加、重叠，很容易让文章出色。比如这位同学写的，也是学生写的。标题叫《飞翔的权利》，你看他的开头。

【PPT 示】

　　当我看见树荫之下一朵即将凋谢的野花时，我想，在某个悬崖峭壁之上，总有那么一枝傲梅迎寒怒放；当我们看见铁笼中的小鸟呆呆地望着窗外的世界，我想，在某一片草原之上，总有那么一只雄鹰展翅飞翔；当我看见城市之中为生存奔波忙碌的人们时，我想，在某一座房子的顶端，总有一个负手而立的人睥睨众生。

——余欣鑫《飞翔的权利》

【PPT 示】

　　每一片绿色，都有权会晤阳光；每一块石头，都可能成为雕像。

_____

_____

——《平凡的天使》

　　师：现在就用反复的思维方法来写。每个人都要写，现在开始动笔。当然，这就涉及联想，你要去想。

　　师：可以交流了吗？

　　生10：每一滴水珠都能够环游世界，每一个笔尖都可能决定命运。

　　师：前一句挺好的，后面半句有点牵强，应该说每一个笔尖都能写出优美的文字。你觉得呢？

　　生11：每一条河流都要流向海洋，每一只丑小鸭都能变成白天鹅。

　　师：为什么说每一条河流都要流向海洋？冰心说了"不是每一条河流都要归向大海"，读过这篇文章吗？这样的联想就有点问题，当然你也可以这样说，但是自然现象中是有规律在里面的，确实不是每一条河流都要流向海洋的。

生 11：改为"可能"。

师：可能。或者说"每一条河流都要接纳小溪"，要符合自然规律。鲁迅先生说过，北方的雪花大如席。如果你要说南方的雪花大如席，就不太合理，有点夸张。

师：好，不错。通过刚才的训练，大家已经知道了这种思维赋形，就是可能联想有点吃力，要符合生活常理。

【PPT 示】

每一片绿色，都有权会晤阳光；每一块石头，都可能成为雕像。

每一滴雨露，都渴望滋润大地；每一缕阳光，都期待照耀大地。

师：这是和你们同龄的学生写的。写得好不好？

生：好。

师：这就是我们教的赋形的思维。又回到今天我们一节课讲的重点，就是两个技巧，一个是反复，一个是对比。赋形可以让我们的文章更有文采。今天我们的课就上到这里，同学们再见！

【学后偶感】

铺采摛文　体物写志
——听黄明勇老师《描叙之赋形》课有感

一开始，我看到"赋形"二字，觉得很生僻难懂，黄老师留下了悬念：赋形究竟是什么意思呢？

这节课教会我"反复"和"对比"两个技巧。通过黄老师呈现的《祝福》里祥林嫂反复讲阿毛的故事，想象如果我是祥林嫂，心中已经很痛苦了，还给别人讲故事，反复地讲，别人都不想听了，也就更难受了。同样是《祝福》，对祥林嫂三次出现的不同肖像描写之比较，就是对比的手法。还有《祝福》里祥林嫂在鲁镇的一片祝福声中死去的一段景物描写也是对比的手法。这样，在我们熟悉的才学过的《祝福》里，就一下子学会了反复和对比两种技巧。紧接着，又用我们学过的《故都的秋》和《诗经·采薇》来巩固、复习刚学习的赋形技巧。

最后，我们还用一些时间进行了赋形练习，掌握了能更好地渲染我们的文章的赋形技巧。这堂本应较为枯燥的课，却因为黄老师的精心设计变得轻松有趣了许多。

（学生　罗丹伶）

跋

很早以前,大概是我从教满二十年之后,我就想表达一个观点:语文也可玩。但由于才疏学浅,思想难成体系,又担心大方之家笑话,故不敢提笔成书。但心中难舍执念,便在各种小文中体现这一"玩语文"的思想。2013年终于获得一个机会,全国中语会邀请我发言,我第一次面向全国的语文同仁提出了"玩语文"的概念,题目是《语文也可以这样"玩"》,当然,其主要内容是关于选修课教学的。

但是,我还是很忐忑。一是当今语文彩旗猎猎,各路人马奔突,草根如我居然也举手挥旗,极可能贻笑大方。但我总觉得语文应该玩一玩,语文的本质可能就是玩一玩。有次在北京遇见《高中语文教与学》编辑罗先慧老师,她听说我"玩语文"一事,大加赞赏,并且《高中语文教与学》很快就全文转载了我一篇文章——《在"玩语文"中构建高中语文选修课"三四式"教学范式》。罗老师的鼓励极大地提升了我对"玩语文"这一理念和实践的探索信心。《高中语文教与学》在近十年,先后全文转载了我八篇文章。可以说,对一名中学一线老师来讲,颇有知遇之恩和再造之恩。我想,个人得失事小,对语文真理的追寻事大,我应该坚持"玩"下去。

说实话,要想倡导一种教法,得有理论建树。这于我未免太奢侈。而我作为一线教师的长处不在理论而在实践。我自知理论肤浅,即便努力探寻,也难以登堂入室,更谈不上自成一家。我深知自己的价值在于课堂,在于学生。于是,我多年以来,便在

"玩语文"的理念指引下，改造自己的课堂。慢慢地，被广泛解读为枯燥乏味缺乏效益的语文课，深得同学们喜欢，高考成绩也十分喜人，时有外来教师听课，感觉我的语文课很好玩，听起来既轻松愉悦，又学有所得。成都市教科院程一凡老师（四川省特级教师、正高级教师）发现后，便在成都市教研会等各种学术研讨会上宣传推广，还给了我很多机会上研究课开讲座。于是，成都市第七中学黄明勇"玩语文"的消息不胫而走。如此这般被扶上马背的渺小的我就下不来了，因此必须得高昂着头走下去，免得辜负了程老师等众多前辈和同事的期望。

好在之前，我为了反省自己的随堂课，随机录了一些课堂教学视频。汇集在一起，竟然发现还有些同质——好玩，又好用。再结合这些年来关于"玩语文"的思考和探寻，就想以课堂实录为蓝本，表达一下我的"玩语文"教学观。这一想法很快得到同事殷志佳老师（成都市第七中学语文备课组长）的赞成、鼓励和帮助。得到了好友罗丹伶、丁红杰、韦雅萍等老师的支持，得到了学生万陆祎、陈科宇、曾琢、程文、王楚晗、张钰坤、李昊宸、唐艺真、张知然、冯逸超、江心月、黄一佳、宁蒎等多位同学的支持。小著草稿按文体课型分类，选取典型课例，每堂课例研究由"可'玩'之点""课堂实录""学后偶感"三部分构成。

我怀着贻笑大方的不安，拜求刘永康教授（四川师范大学文学院）指导，没想到，刘老师不但通览书稿，悉心指导，还欣然命笔，挥毫写了一万多字的序，把小辈感动得几夜未眠。借此再深深叩谢。

这本小书还有幸参与成都教育丛书的遴选。感谢袁文、周小山、岳刚德、张伟、李松林等我认识和不认识的各位专家的辛劳与专业指导，如果没有你们的教育情怀和学术宽容，我和我的小书就难见天日了。请允许我真诚地说声谢谢。

拙著能得以问世，真诚感谢成都市教育局、成都市教科院。

感谢市教育局领导对教师专业发展的深切关怀和具体支持，感谢市教科院领导的精心组织和细心研磨。你们关心的话语、操劳的身影、博大的教育情怀，一直鼓励着我、鞭策着我，是我学术探索的真正动力，请允许我默默记住你们生动的名字，并化为精神力量，在玩语文的道路上不断前行。

最后，谢谢我的家人，特别是我女儿黄之爱，是你赋予了我生活的意义，你始终是我不知疲惫地工作的动力，爸爸和你一起努力！

小书难免有瑕，恳请同仁和方家指正。

黄明勇
2019 年 11 月 24 日于望江楼畔